文史哲學集成

鄭樑生著

中日關係史研究論集(十二)

文史哲出版社印行

國家圖書館出版品預行編目資料

中日關係史研究論集. 十二 / 鄭樑生著. -- 初版
. -- 臺北市 :文史哲, 民 92
面; 公分. -- (文史哲學集成 ; 473)
含參考書目
ISBN 957-549502-0 (平裝)

1.儒家 – 日本 – 論文, 講詞等 2.中國 – 外交關係 – 日本 – 論文, 講詞等 3. 中國 – 歷史 – 明（1368-1644）– 論文, 講詞等
643.128 92005632

文史哲學集成 473

中日關係史研究論集(十二)

著者：鄭樑生
出版者：文史哲出版社
http://www.lapen.com.tw
登記證字號：行政院新聞局版臺業字五三三七號
發行人：彭正雄
發行所：文史哲出版社
印刷者：文史哲出版社
臺北市羅斯福路一段七十二巷四號
郵政劃撥帳號：一六一八〇一七五
電話 886-2-23511028・傳真 886-2-23965656

實價新臺幣 四〇〇元

中華民國九十二年（2003）四月初版

ISBN 957-549-502-0

中日關係史研究論集(十二) 目次

序

本論集共收錄論文五篇，專著評介一篇，雜文四篇。

第一篇〈寧波事件始末〉，論述在明世宗嘉靖二年（一五二三）發生於浙江寧波之日本貢使之暴動經緯。首言明朝對諸外國的各種制度，次言明廷給與日本貢使的待遇，再次言日本各界的爭辦貢舶，然後說明寧波事件的眞相，及明廷對此一事件的處理情形，末言事件過後情勢之發展。由於此一事件的發生，致明、日兩國間的關係惡化。明朝當局擬以日本之擒送肇事元兇，及歸還被擄中國官員來作一個解決，日本則請歸還被捕使節人員，賜與金印、嘉靖新勘合而雙方意見未能交集。

第二篇〈《再造藩邦志》所見之豐臣秀吉〉，論述秀吉發動前後兩次長達七年的侵略戰爭，使朝鮮幾乎每一寸土都被捲入戰爭漩渦，致其社會、經濟陷於混亂，而人口的流動，身分的變遷，及兵制、稅制方面也都有很大的變動。朝鮮既然受到如此重大的浩劫，那麼，他們對秀吉這個侵略原兇到底有怎樣的認識？在此以當時士人申炅撰《再造藩邦志》所記載之相關文字作為探討之重點。我們由此可知，當時的朝鮮大員們對秀吉的為人與其來歷，不僅不瞭解，其所言者亦大都未能逸出道聽途說之範疇。

第三篇〈日本五山禪林的心性論〉，首言以「教外別傳，不立文字」爲宗旨的日本禪林之文學觀，與禪林文學之發展情形，然後論述他們對儒學尤其對朱子學的看法。就「心論」方面而言，他們雖從佛徒的立場來立論，然其說法卻與中國學者大致相同，係根據程、朱之學而來。在「性論」方面，則認爲以「性」爲體，以「情」爲用，而「性」爲上天所賦，人人所固有，其體中正、至純，然其治之者或失之過，或失之不及，故聖人建大中之道。道者無他，率「性」盡之耳。就整體上言，其說無非在祖述或敷衍程、朱之說。

第四篇〈五山禪林の儒學觀——仁について〉，在此論述「教外別傳，不立文字」，此固爲禪宗主張其獨自性，與標榜其高貴性之大纛，但他並非完全排斥教理與教相，乃是爲支撐其行的特性，及作爲理論的佐證而重視大乘教典，而用心於鑽研論疏方面。尤其在宋末元初以來，大陸佛教界之新趨勢的教禪一味思潮影響下發達起來的日本禪宗，尤其臨濟宗對儒學採包容、妥協的態度。因此，筆者乃從他們的文學觀、仁道說、推己及人等項目，來探討其對儒家中心思想之一的「仁」的看法。

第五篇〈日本江戶時代的儒學研究〉，言日本人士在其平安時代以前之儒學由公卿、貴族執其牛耳，他們所爲之儒學研究係根據漢唐古註，其作爲教材的版本是鄭玄、服虔、杜預、王弼、孔安國等人所註書。中世的儒學，則由公卿轉至僧侶，尤其是禪僧之手。迄至江戶時代前期的十七世紀至十八世紀初，乃儒學取代中世佛教，發展成爲近世思想之代表時期。當時出現許多具有獨創性的學者和思想家，給儒學之古典以新的解釋，形成有異於中國、朝鮮的日本獨有的儒學。因此，本篇乃就其朱子學派、陽明學派、古學派及折衷學派分別加以論述，並對其學術上的實證主義的發展作扼要的說明。

第六篇〈山根幸夫與其《明清時代之華北定期市場研究》〉，本篇首先介紹山根幸夫教授之學經歷，其次論述本著作之內容。此一著作共九章，每章篇幅之長短不一，所討論之主題亦互異，故可各自獨立成篇。第六章以後係「補篇」，這些篇章雖與定期市場無直接關聯，卻因牽涉到商業發達之情形與夫人口、土地等問題，所以並非與定期市場之形成和發展無任何關係。

第七篇〈壬辰之役始末〉，論十六世紀末，豐臣秀吉既已奠定日本國內的政權基楚，便開始謀求併呑亞洲各地的計畫，同時他又從倭寇頭目王直餘黨口中，得知明人畏倭如虎，因此企圖入侵中國。顯然先下朝鮮，再直入中國，是一條捷徑；可惜當時朝鮮正處於黨爭漩渦中，始終未覺察大難臨頭，因之延遲對明廷通報日人即將入寇的消息，致使明廷應急措施無章，且耗費兵卒、軍資甚鉅；而朝鮮本身，也因作爲戰場，首當其衝，損失更大。

第八篇〈日本武士與切腹〉，論述日本武士的起源與日本史上莊園農業興起有密切關係。最初，田園莊主爲了保護莊園，乃將武器給予自己子弟，及「下人」（Genin）、「所從」（Shioju）等隸屬民，訓練了一些習武的武士。最後這些武裝與組織便漸成爲常備。而武士制度發展下去，逐漸成爲日本史特殊的一個階層。他們的產生具有獨特的文化背景與倫理，這些因素也就造成他們行事作風獨特的價值觀。因此，本篇乃就武士的起源、武士勢力的擴張與干預政局、武士的主從關係、武士的切腹、切腹刑的執行方式等作一番說明，並舉日本史上切腹的顯著事例，以饗讀者。

第九篇〈太平洋戰爭期間日本政府的思想統制〉，論述日本於一九四一年十二月八日，由總指揮官淵田美津雄中佐下總攻擊令，從海、空兩方面同時偷襲珍珠港，因而爆發太平洋戰爭以後，日本政府為統一其國民意識，引導他們走上戰爭之路，便嚴加控制人民的思想、言論和活動，不准有任何反對或批判其所發動之侵略戰爭之聲音出現。於是日本國民便在政府的嚴厲管制下，耳朵被塞，嘴巴被封，眼睛被蒙，思想一元化的為「皇國」向戰爭之途邁進。日本政府為達到此一目的所採取的措施是頒布「軍政三原則」，舉辦「翼贊選舉」，實施「言論統制」，從事「戰鬪的廣播」，對大眾媒體的檢閱及要求他們的自我約束，以及排除異端。

末篇〈楊梅的鄭氏家族〉，論述於清雍正十三年（一七三五），從中國大陸陸豐縣大安墟方郭都隻身來臺的十九歲青年鄭大模，在張姓人家當長工。因他為人誠懇，工作認眞而獲主人之賞識，終於成為張家之乘龍快婿，且獲贈位於現今桃園縣楊梅鎮水美里一帶廣大土地，從而在此落地生根，致力開墾田畝。大模去世後，由其妻、子繼其志業，開闢了一望無垠的田園。如今，他們的子孫在各種行業上均有傑出的表現。故此一家族不僅在臺灣開發史上佔有一席之地，而且在經濟、人文發展史上也居於重要地位。

以上各篇什雖各有其主題，但他它們除六、八及末篇外，彼此之間都有或多或少的關聯性，所以本論文集若能因而有助於中、日兩國關係之瞭解以萬一，則幸甚。

淡江大學歷史學系　**鄭樑生**謹識

二〇〇二年歲次壬午初冬吉日

寧波事件始末——一五二三

一、前言

自從日本室町幕府第三任將軍足利義滿於明惠帝建文三年（應永八年，一四〇一），以其侍從祖阿及商人肥富為正副使前往中國朝貢以後，中、日兩國間便正式建立了邦交。祖阿、肥富一行東歸時，明廷曾遣僧道彝天倫、一菴一如隨之赴日，頒示《大統曆》，俾奉正朔。此乃明廷站在宗主國的立場，將日本納入中華世界帝國的藩屬之一員冊封關係之象徵，係根據往日中國國內封建的君臣關係，與傳統的中華思想而來。（註一）

道彝、一菴一行在京都停留約半年，於永樂元年三月初揚帆回國。當時，足利義滿遣釋堅中圭密、祥庵梵雲、明空至玉，及通事徐本元以下三百餘人至中國朝貢。（註二）燕王朱棣篡位（一四〇二）後雖擬遣左通政趙居任，行人張洪，僧錄司右闡教雪軒道成禪師等人赴日以登極詔諭，因見堅中一行朝貢而大喜，厚犒他們。成祖除以文綺、紬、絹等賞賜堅中一行外，又以冕服、龜紐金印、錦、綺、紗、羅賜與日本國王（足利義滿）。（註三）自此以後，足利義滿及室町幕府歷任將軍都成爲接受明朝册封的「日本國王」，臣服於明，直到世宗嘉靖二十八年（一五四九）爲止。

明廷爲防倭寇入侵，在太祖之治世（一三六八～一三九八）便已發布海禁，片板不許入海。（註四）故其貿易只許貢船至中國，當許某一國家遣貢船時，明廷就事先頒給蓋有騎縫印的證明書——勘合，於其貢舶至中國之際核對，以辨其眞僞。並且對各國之至中國有所限制，亦即對各國之朝貢有貢期、船數、人數的限制，對日本所作規定是：十年一貢、船不過三、人不過三百。

如據日本文獻的記載，明代的日本對華貢舶貿易，可獲二十倍的利潤，因此各諸侯與各大寺院、公卿們爲爭辦貢舶而彼此傾軋不已。此一貢舶貿易，初時係幕府將軍以下，「管領職家」（註五）的諸大名，大內、島津、大友等西陲諸侯，相國寺、天龍寺、興福寺等大寺院，三條家等富裕公卿均加入其行列。後來則許多佛教寺院、公卿都因財源不足而脫離，派遣貢船遂成爲細川、大內兩氏爭奪的對象，旋又爲佔有地利的大內氏所獨佔，致連原本掌握外交權的幕府將軍也被摒除。（註六）這種爲爭辦貢舶而引起的競爭，不僅在日本國內，即使到了中國亦未稍歇，其最顯著的例子，就是發生於嘉靖二年（一五二三）的寧波事件。此一事件的發生，不僅其兩造貢使手執兵器相互追殺，也還殺傷中國官員，並將指揮袁璡擄去。

有關寧波事件的經緯，筆者雖曾於十八年前在拙著《明代中日關係研究》第四章〈明代倭寇〉第四節探討過，但有若干問題略而未說。由於此一事件不僅是明代中、日兩國交通，也是兩千年來中日交通史上所發生的重大事件，因此海峽兩岸的若干學者曾建議筆者對它作更詳細的論述。職是之故，擬在本文對事件的顛末作進一步的考察，以就教於方家。

二、明朝的各種制度

1.明朝的對外方針

中國自唐代以後，隨著國內的工商業進步，交通發達，與南海方面的交通貿易也急速繁榮起來（註七）。迄至宋代，對外貿易的收入已成爲國家重要財源之一，而奬勵貿易的結果，與南海方面的貿易鼎盛，從而加深中國人對南方的認識。（註八）趙宋滅亡後，在世界史上具有空前大規模的元帝國出現，它控制了歐亞交通的道路，消除了政治的、人爲的種種障礙，使中國的對外貿易有了劃時代的進展。（註九）

迄至十四世紀後半，明朝消滅胡元，統一中國，重建漢族王朝。明朝政策的復古性頗強，它不僅站在儒家思想的立場，來要求人民守「分」，（註一〇）且於洪武三年（一三七〇）二月發布：「毋凌弱，毋呑貧，毋虐小，毋欺老，孝敬父兄，和睦親族，周給貧乏，遜順鄉里」（註一一）六諭，以爲人民應遵守此教訓，乃是他們本分。當時，明已成爲東亞世界的中心，朝鮮、眞臘、暹羅等國家接受明朝皇帝的册封，成爲明帝國的藩屬，就連自古以來一直保持其獨立自主立場的日本，也接受明朝册封，加入此册封體制。（註一二）在這種情況下，明朝的對外政策也就採取以中華主義爲基本立場的閉關自守，（註一三）因此要求四鄰諸國遵守藩屬之本分。明朝除要求各國嚴守朝貢貿易之形態外，對國內則實施海禁，以禁止人民航行海外，（註一四）所以它不許像宋元時代那種以貿易爲目的的外國商船出入中國港埠，只准外國元首所遣執臣下之禮，奉〈表〉進貢的使節船至中國交易。這種措施之被制度化的，就是「勘合制度」與「對外制度」。明朝的這種對外方針，在太祖朱元璋時代已大致完成。（註一五）

2. 勘合制度

衆所周知，朱元璋實施海禁的目的在防倭寇入侵，與由政府來統制對外貿易，故其貿易只許貢船至中國。當許某一國家遣貢船時，明廷就事先頒給蓋有騎縫章的證明書——勘合，於其貢船抵中國之際核對，以辨其眞僞。（註一六）

明代頒給各國的勘合由禮部發行。明廷首次頒發勘合給海外諸國的時間爲洪武十六年（一三八三），頒給對象是暹羅、占城、眞臘。（註一七）《大明會典》，卷一〇八，〈禮部〉「朝貢」條，及《皇明外夷朝貢考》，卷下，記載頒布勘合事例云：

洪武十六年，始給暹羅國勘合簿，以後漸及諸國。每國勘合二百道，號簿四扇。如暹羅國，暹字號勘合一百道，及暹、羅字號底簿各一扇，俱送內府；羅字號勘合一百道，及暹字號底簿一扇，發本國收塡；羅字號底簿一扇，發廣東布政司收比，餘國亦如之。

由上述可知明廷設勘合的目的。

明廷首次爲日本製作之勘合爲永樂勘合，它與發給諸國、土官衙門者相同，「每改元則更造換給」(註一八)，共頒永樂、宣德、景泰、成化、弘治、正德六次，係用「日本」兩字來製作日字號勘合百道，日字號底簿二扇；本字號勘合百道，本字號底簿二扇。日字號勘合百道由禮部保管，其底簿則在禮部、日本各置一扇；本字號勘合百道放置日本，底簿則分別置於禮部及浙江布政司。中、日兩國船隻前往對方國家時，均須持勘合以證明其爲政府所遣，否則便被視爲偷渡。明船赴日時，將所攜日字勘合與放置日本的日字號勘合底簿比對，日本貢船至中國時，則首先將其本字勘合與存放浙江布政司的本字號底簿比對，然後再與放置禮部的比對，來辨別該貢船之眞僞。如要領新勘合，必須先把未用完的悉數繳回。只因交通時必須攜帶勘合，給來往船隻造成不便，故日僧瑞溪周鳳歎謂：

今所謂勘合者，蓋符信也，此永樂以後之式爾。九州海濱以賊爲業者，五船十船，號日本使而入大明，剽掠瀕海郡縣，是以不持日本書及勘合者，則堅防不入。此惟彼方防賊，此方禁賊之計也。自古兩國商舶，來者往者，相望於海上，故爲佛氏者，大則行唱道之師，小則游方求法之士，各遂其志。元朝絕信之際尚爾，況其餘乎。有勘合以來，使船之外絕無往來，可恨哉！(註一九)

當時朝貢於明的國家不少，但獲頒勘合的僅有暹羅、日本、占城、爪哇、滿剌加、眞臘、蘇祿國東王、蘇祿國西王、蘇祿國峒王、柯支、浡泥、錫蘭山、古里、蘇門答臘、古麻剌等十五個國家而已。（註二〇）值得注意的是朝鮮、琉球兩國的入貢雖然相當頻繁，卻未給勘合，其未給勘合的理由在於該兩國對明最能盡禮節，態度誠懇而文移相通，無須給與符勅、勘合。（註二一）

3.貢期的規定

明太祖在洪武二年（一三六九）以後，曾遣使詔諭四鄰各國，告以建國事。三年，置市舶提舉司於寧波、泉州、廣州，以備日本、琉球、暹羅及西洋各國朝貢。宋、元時代，外國商船可以自由至中國交通貿易，明則只許買賣貢船附載的貨物。太祖以爲：古制「番邦遠國，則每世一朝，其所貢方物，不過表誠敬而已」。因此，在七年三月，以高麗近中國，有文物、禮樂而與他國不同，可執三年一聘之禮，如欲每世一見，亦從其意。對占城、安南、西洋瑣里、爪哇等國家，則言其入貢頻繁，勞費甚多，乃通知它們宜遵古制，無須頻頻入貢。（註二二）同年九月，廢市舶提舉司。九年五月，詔諭中書省官員謂：「諸夷限山隔海，若朝貢無節，實有勞遠人，非所以綏輯他們。去年安南來請貢期時，已諭以古禮，或三年，或世見。今乃復遣使至，實無甚意義。其更以朕意誠諭番夷外國，當守常制，三年一貢，無更煩數，來朝使臣，亦惟三五人而止。奉貢之物，不必過厚，存其誠敬即可」。（註二三）

明廷何以限制四鄰各國入貢？此乃由於明朝規定四鄰各國貢使自抵中國之日起至回國爲止，在中國期間的一切費用均由明廷負擔。所以宣德年間（一四二六～一四三五）以後，因事關國家財政，時有節約諸國入貢經費之議，故一再有人提議而逐漸付諸實施。例如：宣德十年當時的行在禮部尙書胡濙謂：

比奉勅旨，節一切冗費，以安養軍民。今四夷使臣，動以百數，沿途疲於供給。宜勅諸路總兵官，并都、布、按三司，繼今審其來者，量遣正、副使、從人一二十人赴京，餘悉留彼處，如例款待，庶免往復供送之費。（註二四）

又如：正統八年（一四四三），廣東參政張琰申奏爪哇朝貢頻繁，供億甚多，此乃因該國自永樂以來，「比年一貢，或間歲一貢，或一歲數貢」（註二五）之故。因此，英宗乃於爪哇使節回國之際，附勅告以海外諸國均三年一貢，宜體恤軍民遵從此制。（註二六）成化十九年（一四八三），則限二十日內照例茶飯管待起程，過期及中途無故停止一日以上者，廩給住支。（註二七）這種措施，當與明之歲入有關，此可由下舉

工部奏：「四夷朝貢，人數日增，歲造衣幣，賞賚不敷」。上命禮部：「議減各夷入貢之數」。尚書鄒幹等，具例以聞。（註二八）

獲得佐證。明廷對四鄰各國設限的主要項目如下：

⑴限制船隻、貢期、上京、犒賞或應支廩給人員的數目。
⑵限制賞賜使臣之物品，筵宴、廩給於其停留期間等。
⑶整頓爲諸夷入貢而特設之機構（市舶提舉司與其職官）。
⑷對國王、王妃的賞賜，與其附搭物貨的官方貿易數目的減少或限制。附搭物貨的限制分數量

限制與降低給價數目兩種。

上述限制雖與漏洩國情，及使臣與官司、居民之糾紛等問題錯綜，但明廷採這些措施的基本原因，存在於財政問題。（註二九）

明廷對諸國所作貢期的規定如下表：

國名	貢期
安南	三年一貢
占城	三年一貢
朝鮮	一年數貢
琉球	二年一貢（曾一度一年一貢）
日本	十年一貢
眞臘	不一定
暹羅	三年一貢
爪哇	三年一貢

典據：《大明會典》、《明實錄》、《皇明外夷朝貢考》

對日本貢期的規定，首見於《明世宗實錄》卷二三四嘉靖十九年（一五四〇）二月甲子朔丙戌條。朝鮮除聖節、正旦、皇太子千秋等固定的幾次朝貢外，許其慶恩、謝恩等臨時性入貢。（註三〇）對琉球，則在成化十年（一四七四）下詔：「今後船一，人百，至多不過百五十人，且將每歲一貢改為二年一貢」。十八年（一四八二），禮部奏謂：「琉球國進貢舊例，到京少則四五十人，多則六七十人，俱給賞有差。邇因各夷進貢，率多姦弊，每國只許五七人，多不過十五人到京，餘俱留邊以俟。今福建以例，只容正議大夫梁應等十五人」。（註三一）弘治三年（一四九〇）三月，中山王尚眞奏謂：「本國來貢人員，近只許二十五人赴京，物多人少，恐有疏失，宜增五人，以順其情」。並謂其國貢船抵岸，所在有司止給口糧百五十名，其餘多未得給，亦宜增二十名，而獲孝宗賜准。（註三二）迄至正德元年（一五〇六），明雖聽從琉球國多年請願，許其每歲一貢，然至嘉靖元年（一五二二），卻又勅其王尚眞遵先朝舊例，兩年一貢，每船不過百五十人，仍命福建巡按御史查勘放驗。（註三三）

明廷對琉球、朝鮮兩國的規定，係屬例外，而它們之所以能獲此優待，當與其對明態度誠懇有關。日本的貢期固亦屬例外，然與朝鮮同樣獲賜金印，卻不僅無法獲得一歲數貢，而且不及只獲賜鍍金銀印之琉球之兩年一貢。明廷之所以較三年一貢的規定，更嚴格限制日本貢期，當與倭寇問題有關。

4.限制日本貢期的時期

《明史》〈日本傳〉記載限制日本貢期的時期云：

先是，永樂初，詔日本十年一貢，人止二百，船只二艘，不得攜軍器，違者以寇論。乃賜以二舟，爲入貢用，後悉不如制。宣德初，申定要約，人毋過三百，舟無過三艘。

此一記載不足採信。如據《明實錄》、《明史》、《籌海圖編》、《日本一鑑》、《善鄰國寶記》、《相國寺文書》、《蔭涼軒日錄》、《大乘院寺社雜事記》、《異國使僧小錄》、《唉雲入唐記》、《戊子入明記》、《策彥入明記》等文獻的記載，永樂年間前半幾乎每年朝貢，前後六次，船數共三十八。宣德年間，則於八年（一四三三）五月，以五船至中國，十年則以六艘抵華；景泰四年（一四五三）爲九艘，成化四年（一四六八）三艘，十三年（一四七七）三艘，二十年（一四八四）三艘；弘治九年（一四九六）三艘；正德四年（一五〇九）一艘，七年（一五一二）三艘；嘉靖二年（一五二三）四艘，十九年（一五四〇）三艘，二十八年（一五四九）四艘，（註三四）因此，《明史》〈日本傳〉所言限制其貢期、船數的記載失實。所謂：「宣德初，申定要約」云云，全是臆說。其所以導致這種錯誤的原因，在於受鄭若曾《籌海圖編》、鄭曉《吾學編》二書之影響。此二書均認爲宣德要約的時期在宣德二年，嚴從簡《殊域周咨錄》、漳潢《圖書編》繼其說。《大明會典》、何喬遠《名山藏》、王圻《續文獻通考》以爲是宣德初。《明會要》則以宣德八年龍室道淵來貢時。因宣德初並無朝貢之實，所以有關上舉要約的記載，乃嘉靖以後史書之誤，而《明史》的記載，即由此錯誤所造成。

小葉田淳教授推測明廷限制日本船數與人數的時期在代宗景泰年間，筆者贊成此種見解，並認爲明廷之所以採取這種措施的原因，與景泰四年的船數、人數、貨物均較往日多出數倍有關。

而日僧汲古和尚所謂：「從前以九艘渡唐時，大唐規定以後貢船不得超過三艘」，（註三五）及心月西堂所謂：「三十年前，以九艘船渡唐，人數千二百人。當時日本人太多，致在唐打起架來，乃規定日後船不過三，人不過三百，其後三次渡唐，皆三艘」。（註三六）即是使明廷設限的主因。

有關永樂、宣得要約事，詳於後藤秀穗〈日明交通史上における明史の三大誤謬〉（《史學雜誌》二十八編六、七號；《國學院雜誌》二十八卷三號），與栢原昌三〈日明勘合貿易に於ける細川・大內二氏の抗爭〉（《史學雜誌》二十五編九號～二十六編三號）。小葉田淳教授據此兩篇論文，斷定十年一貢，人員三百，船三隻的限制，係在景泰四年朝貢後頒布的。筆者同意此說。

三、明廷給與日本貢使的待遇

1.驛館的設置

明廷於永樂三年（一四〇五）九月，分別命明州、泉州、廣州各市舶提舉司設驛，以供各國貢使住宿之需。其在寧波者稱安遠驛，日本貢使住宿於此。如據日僧㕦雲清三的《㕦雲入唐記》所記，安遠驛有使臣宿舍──嘉賓館、觀光堂及勤政堂，日本在寧波的住處爲嘉賓館。又如據《嘉靖寧波府志》卷八〈公署〉條的記載：

嘉賓館在府治東南江心里，中爲廳，凡二間，周圍井屋，凡三十六間。廳後爲川堂，凡三間；又爲後堂，凡五間。堂之左爲庖倉，右爲土神祠，爲大門。門之外，東西爲關防東曰觀國之光，西曰懷遠以德。通衢之東，復建二驛館，以便供億，今並圮故爲境清寺，嘉靖六年，守高第改爲館。凡遇夷人入貢，正、副使臣於中，處眾夷於四旁舍。

嘉靖十八年（一五三九），以副使身分至中國的策彥周良所記日記《初渡集》則謂：

嘉賓館總門額，榜「觀國之光」四大字，第二門顏「懷柔館」之三字。（註三七）嘉賓堂面于正南，榜門以「懷柔館」。出館則分路於東西，西門有「懷遠以德」四字，東門有「觀國之光」四字。堂內西有牌，書「投文」二大字；東有牌，書「放告」二大字。又有二牌，一牌面書「日謹火」三字，裏書「夜謹火」三字。；一牌面書「夜防盜」三字，裏書「日防盜」三字。（註三八）

而言該建築物的情形。《寶慶四明志》第十一則謂：

興法院於城東南二里，舊號境清院。

此指境清寺而言。

日本貢舶的乘員常多達數百人，東洋允澎一行至中國時則超過一千兩百人，致無法安頓在安遠驛嘉賓館。《籌海圖編》卷二紀錄當時情形謂：

時，貢舶九艘，使人千餘，方發境清、天寧各寺安歇。

由此當可知境清、天寧兩寺也被作爲他們住宿的地方。又如據《唉雲入唐記》的記載，正、副使與從僧係分宿於安遠驛安字各房的。該《入唐記》謂：

日本國一號船，曉沂浙江，平明達寧波府，乃大明景泰四年癸酉夏四月廿日也。內官陳大人賓迎專使允澎，綱司芳貞，從僧瑞訢、清啓等。就假館揖茶，乘轎子入驛。驛門額曰：「浙江市舶司安遠驛」。驛中日本衆所館，曰：「嘉賓」。有諸房，房額「安字一號房」，專使居之；安字二號房，綱司居之。安字三、四號以下，居座次第居之，予居九號房。（註三九）

依明朝規定，他們抵寧波後須在此等候禮部通知，方能前往北京覲見明朝皇帝。

2.筵宴

如據《大明會典》所記，四鄰各國貢使至中國後，驛館與京師都會各設宴兩次款待他們。就日本而言，《唉雲入唐記》謂：安遠驛除貢使住宿的嘉賓館，與其幹部分宿的安字各號房外，尚有觀光堂與勤政堂，而他們起京前後的兩次筵宴，係在勤政堂舉行。宴會時，以太監陪宴爲慣例，有時則由地方官代理。例如：景泰四、五年（一四五三、四），係似爲太監的陳氏與知府接待，（註四〇）正德六年（一五一一），以了菴桂悟爲正使朝貢之際，原應太監（正四品）接待，卻以通判（正六品）、提舉（正五品）代理，故桂悟乃分別上書給三司及御史，以爲此不合舊規。（註四一）嘉靖十八年九月十九日，雖援例於其起京前設宴，因三府提舉司代太監陪宴，所以副使策彥周良便上短〈疏〉給三司、御史，抗議此為不合舊規。（註四二）高岐《福建市舶提舉司志》云：

提舉司據差來夷官呈請筵宴緣由，備申布政司行福州府閩、侯、懷三縣，照依舊規，辨（辦）宴于都司堂。上宴，待掌印都司一員主宴，三衛排列隊伍防範。次日，夷使各謝衙門。酒席畢，土通事帶領回驛。

由此觀之，驛館的筵宴，除日本貢使外，也為琉球及其他國家之貢使舉辦，方式當如前舉史料之所示。貢使返國之際也舉辦這種活動，可由高岐在其《福建市舶提舉司志》所紀「照前宴待」得而知之。

至於在北京的筵宴，《大明會典》〈管待番夷土官筵宴〉條有如下記載云：

凡諸番國及四夷使臣土官人等進貢，例有欽賜筵宴一次二次。禮部預開筵宴日期，奏請大臣一員待宴，及行光祿寺備辦，於會同館管待。教坊司用樂，鴻臚寺令通事及鳴贊供事，儀制司領宴花，人一枝。

又云：

永樂元年，上卓，按：酒五般，果子五般，燒碟五般，茶食，湯三品，雙下大饅頭，羊肉飯，酒七種。中卓，按：酒、果子各四般，湯二品，雙下饅頭，牛羊馬肉飯，酒五種。

可見對筵宴場所，遣大臣陪宴，負責準備單位，及料理內容都有規定。值得注意的是料理有上桌、中桌之分，此或許因國家之不同而菜色有異。賜日本貢使的究屬何種，則不可得而知之。那麼宴會的進行情形如何？《大明集禮》云：

皇帝遣禮部侍郎錫宴於會同館。皇太子錫宴，則遣宮官禮待之。俱酒七行，食七品。作大樂、細樂，陳雜戲。省府臺皆置酒宴會，酒五行，食五品。作樂，不陳雜戲。

由此可知賜宴內容之一斑。同書卷一一四紀錄對吐魯番、滿剌加、日本以下各國使節的賜宴規定，並言後來隨時改制，則賜宴場所與其酒食內容，係因時代之不同而有異。

貢使離開北京之前要舉行「上馬宴」餞行。策彥周良《再渡集》嘉靖二十八年七月二十七日條記載宴會情形云：

辰刻，赴上馬宴，就會同館。堂內橫顏「萬國來同」四大字。飾天子座，各向此座一拜，三叩頭。次向大大監國公面前先跪，起來四拜，又跪。次向知事四拜。長安街頭觀者如堵。

則覲見典禮後的筵宴方式，可能與此相同。舉行「上馬宴」的次日，爲謝宴而再度進宮，此似與賜宴時的情形相同而爲一種慣例。(註四三)

3.賞賜

《大明會典》卷一〇五，及《皇明外夷朝貢考》卷下〈外國賞例〉，收錄對四夷君長與貢使一行的賞賜內容，而賞賜條例則因國家之不同而有別。就日本言之，永樂年間賜與日本國王者爲冠服、苧、絲、紗、羅、金銀古器、字畫；宣德十年所賜者爲苧、絲二十表裏，紗、羅各八匹，錦二匹，銀二百兩，以後俱照此例。賜與王妃者為宣德十年：銀一百兩，以後俱照此例；成化二十年：苧、絲十表裏，紗、羅各八匹，錦二段，特賜銀一百兩，以後俱照此例。

對使節人員的賞賜，亦因國家之不同而有別；在同一國家之中也依各成員身分之高低來決定其賞賜內容。就日本而言，由於其正副使都是僧侶，故每人都能獲賜金襴袈裟一領、鍍金銀鉤環、金羅直裰一件、羅偏衫一件。此外，尚可獲正賞：紵、絲二匹，紗、羅各二匹，絹六匹，銅錢一萬文。

位居一船之長的居座，也是僧侶，他們每人可獲賜素羅袈裟一領、銀鉤環、金羅直裰一件、羅偏衫一件等特別賞賜，及正賞：紵、絲、紗、羅各一匹，絹四匹，銅錢八千文。土官每人賞金羅衣一套，及正賞：紵、絲、紗、羅各一匹，絹四匹，銅錢八千文。從僧則每人特賞素羅袈裟一領、銀鉤環、金羅直裰一件、羅偏衫一件，及正賞紵絲一匹、絹二匹、銅錢五千文。

通事每人特賞素羅衣一套，及正賞紵絲一匹、絹二匹、銅錢五千文。番伴每人賞絹衣一套，及正賞：絹一匹、布一匹、靴襪各一雙。

以上乃賞給上京人員者，此外尚有留在浙江的大批人員，如：通事、水夫、從人等。對這些人員，也都根據每人至中國時的身分賞賜，有差。由此觀之，支付每一幹部的賞賜物品與銅錢不在少數。因對每一貢舶的每一成員都支給衣物，所以如與登陸時供給的衣服、被縟合計，則明朝為各國貢使付出的經費可觀。由於正、副使及從僧可從各方面獲得許多金錢與物品，故於遴選使節之際，便有請託負責人事的相國寺蔭涼軒主之事發生。因此，日僧萬里集九方纔在其〈帳中香〉歎謂：「近來跨海南航者，大半爲利而非爲法，淄林之憔悴哀哉」的。

除賞賜物品外，尚有廩給與口糧。廩給與口糧乃明廷支給貢使一行的重要項目之一。所謂廩給，就是給與幹部的，口糧則爲給與隨從人員的日常生活必需品。這項支給從他們登陸寧波起，至在中國完成一切事務，離開舟山群島爲止。其上下京途次的供應，係根據《大明會典》〈驛傳〉條的規定，由各驛支應，不得已時，則於次驛連前驛分一併支給。支給分「常例下程」、「欽賜下程」兩種。《大明會典》卷一一五〈番夷土官使臣下程〉所載「常例下程」云：

五日每正一名，豬肉二斤八兩，乾魚一斤四兩，酒一瓶，麵二斤，鹽、醬各二兩，茶、油各一兩，花椒二錢五分，燭每房五枝。以上下程，若奉旨優待，不拘此例。

○又每人日支肉半斤，酒半瓶，米一升，蔬菜、廚料。

「欽賜下程」則云：

野人女直都督，下程一次，每人鵝一隻，雞二隻，酒二瓶，米二斗，麵二斤，果子四色，蔬菜、廚料。

日本雖與滿剌加、錫蘭以下十九國同爲「五日下程一次」，但似非固定如此。如據《初渡集》的記載，除此「下程」外，湖心碩鼎一行尚以廩給名義，在杭州與寧波之間具領米、鹽、醬、菜、柴、酒、雞、蛋、麂、鵞等物。又，他們在沿途領取的廩給口糧似有定額，不因逗留期間之長短而有所變動。

4.貨物的給價

《大明會典》卷一一一〈禮部給賜日本國〉條云：

正貢外，使臣自進，并官收買。附來貨物俱給價，不堪者令自貿易。

所謂正貢，就是國王的貢品，日本貢船所帶貨物，可分貢品、使臣自進物、附搭物件三種。明廷對貢品有回賜，此乃對進貢國家的恩賜，故不給價。然如就「有貢即有賜」(註四四)而言，與貢品對應著看，則可認為係一種貿易。(註四五)瑞溪周鳳《善鄰國寶記》所載宣德八年(一四三三)的勘合記文謂：「開寫進貢方物件數，本國并差來人附搭物件，及客商物貨，云云」。所謂附搭物件，就是幕府的附搭物件(本國附搭物件)，使臣自進物(差來人附搭物件)，及客商的附搭物貨而言，它們都是貿易品，概由官方收購。如據《大明會典》卷一一三〈給賜番夷通例〉所記載「洪武二十六年定」有關收購附搭物件的原則是：

凡遠夷之人，或有長行頭匹及諸般物貨，不係貢獻之數，附帶到京，願入官者，照依官例具奏，關給鈔錠，酬其價值。

該「通例」之後又附「四夷附搭物件給價表」，規定各種貨物的給價標準，而所給的價格往往高出市價數倍。當時明廷所收購者為品質良好的，其不收購者令自行貿易，如願入官，亦給與相當價格。

使臣在中國所爲之交易，可分爲會同館貿易與沿途貿易兩種，前者的貿易除有三日至五日的日數限制外，尙需以牙人（brōker）爲仲介來舉行，不得私相買賣，否則一經發覺便會受到嚴厲處分。

據鄭若曾《籌海圖編》卷二〈倭國事略〉「倭好」條的記載，明代輸往日本的貨物爲：絲、絲綿、布、棉紬、錦繡、紅線、水銀、針、鐵鍊、鐵鍋、磁器、古文錢、古名畫、古名字、古書、藥材、氈毯、馬皆毯、粉、小食籮、漆器、醋等。曾以外官（朝貢使節團裏的職稱）身分至中國的楠葉西忍云：

在中國所得的貨款，於北都王城把本錢十文的物品，以一貫出售。以此一貫所購的貨物，在南都以二貫出售。以此二貫在南都所購物品，在明州以三貫出售。又以此三貫買蠶絲回日本，有利也。（註四六）

又如據楠葉西忍的回憶，當時的對明貢舶貿易所獲之利潤爲二十倍。對明貢舶貿易既然能獲如此豐厚的利潤，想要從事這種貿易的人必多。可是明朝對此種貿易有種種限制，致無法自由前往中國。所以無論公卿、商賈、寺院或諸大名（諸侯），他們無不處心積慮地想要獲得主辦權。結果，不僅在國內相互傾軋，到了中國，也還彼此鬥爭不已。

四、日本各界的爭辦貢舶

1. 日本中世對華貿易的變遷

日本之於明代遣使至中國，始自征西將軍府將軍懷良親王於洪武四年（一三七一）遣僧祖來朝貢，而明與日本之正式建立朝貢關係，則從惠帝建文三年（一四〇一）室町幕府第三任將軍足利義滿以其近侍祖阿，及商人肥富為正、副使時開始。但燕王朱棣卻發靖難之師，於建文四年六月廢建文中所頒一切政令，以復洪武舊政，並將年號改為洪武三十五年，（註四七）使自己立場合理化，以收攬人心。因此，在對外關係方面，應可說成祖是繼承太祖之政策與方針的。（註四八）

日本中世的對外貿易雖採東洋貿易原有狀態的勘合貿易方式，但其最大特色在於官方經辦者旁落民間商賈之手。就它與明之交易而言，初時是由幕府親自經營，以經濟上之所需為其基礎，以一元為原則，而不似日朝貿易之上自幕府將軍，有財勢大名，下至西陲中小地主階級或商人之與朝鮮從事多元的，多角的交易。這使我們不得不重新認識，日本的統治階級具有前一朝代以來的歷史與實績之中日兩國間，國際分工與交易的必然性，及貿易利潤對彼方之特殊吸引力。

幕府本身籌辦貢舶時，其貢品由諸大名、諸寺社（寺院、神社）捐獻，不足部分自己添購。明朝皇帝針對此貢品所為之賞賜，則無論幕府之是否自辦，均歸其所得。（註五〇）結果，幕府便因此貢舶而促使其貨幣流通，及金融政策具有相當積極性，終因獨佔貿易而能夠控制全國，同時也因保護特權商人而助長其向心性。（註五一）抑有進者，由於這種貿易體制，遂給幕府帶來通貨發行權，外交權及統一全國之權。（註五二）又因透過中國物產的輸入，使幕府不穩定的財政復

甦，促進日本國內商品經濟流通的機會。（註五三）

惟至後來，日本的統治階級只一味追求貿易之利而鑽營通貢貿易。（註五四）這種貿易，乃幕府將軍以下，「管領職家」的諸大名，大內、島津、大友等西陲大名，天龍寺、相國寺、興福寺大乘院等大佛教寺院，三條家等富裕公卿加入其行列，亦即所有擁護室町幕府體制的權門都參加的事業，正原原本本反映它是由幕府的有力分子所組成，（註五五）暴露幕府本身經濟結構薄弱。（註五六）

然至十五世紀中葉以後，許多佛教寺院與公卿都因財源不足而脫離，派遣貢船遂成為細川、大內二氏爭奪的對象，而旋又為佔有地利的大內氏所獨佔，致原本掌握外交權的幕府將軍也被摒除。（註五七）並且在貿易上不可或缺的商業資本與以武士為中心的封建體制結合在一起，博多商人，後來則連部分的堺商人與大內氏，其餘的堺商人則與細川氏，而各以地理要素相結合，使此貢船變成權門與富戶的合辦事業。（註五八）所以這個時期的貢船的最大特色，在於商業資本滲透權門中樞，來求其利潤。（註五九）然至十六世紀，博多、堺兩地商人竟成為派遣貢船的主角，（註六〇）而他們激烈的經濟競爭，不僅在其國內始終勾心鬪角，（註六一）而且到了中國，也仍相互傾軋，遂釀成本文所要探討的寧波事件。所以十六世紀至中國的日本貢船，幾乎已完全失去作為册封體制之一環的朝貢、回賜之貿易意義，致此體制與貿易乖離，既無法解決禁戢倭寇問題，也無法透過日本國王——幕府將軍，將日本約束於華夷秩序之中。結果，明廷對中日交通貿易所

期待的，已甚麼也沒有了。(註六二)

2. 細川、大內兩氏之參與對明交通貿易

細川、大內兩氏之得加入對明交通貿易的行列，不僅由於他們俱為「管領」家而參與幕府機要，而且他們所管轄的區域佔有地利之便。細川氏自洪武七年(應安七年，一三七四)兼攝津(大阪府、兵庫縣)守護後，將此一職位傳給他的子孫，且該地又成為遣明貢舶的起迄點，而明廷所遣使節亦往來於兵庫(神戶)；更由於明朝使節自兵庫往返京都時又必須經過細川氏的轄區，所以無論公私都獲該氏的不少協助。更有進者，每當明朝使節抵日時，細川氏不僅參加分配他們住宿的工作，幕府要派遣貢舶之際，他也參與衛戍的行列。職此之故，該氏便成為經營遣明貢舶的一分子。宣德八年(永享五年，一四三三)至中國的貢舶裏有十三家合辦的船隻，而細川氏即其股東之一。成化四年(應仁二年，一四六八)抵中國的三艘貢舶中的二號船，即屬細川氏，所以該氏在經營遣明貢舶方面居於重要地位。(註六三)

大內氏也與細川氏一樣參與對明貿易的事業，而其所涉及的程度可能較細川氏為深。建文元年(應永六年，一三九九)，大內義弘因在堺反叛幕府失敗而被削去紀伊(和歌山縣)、和泉(大阪府)、豐前(福岡縣、大分縣)、安藝(千葉縣)等守護國，其弟弘茂降於幕府而獲周防(山口縣)、長門(山口縣)兩州。然在周防的弘茂之兄盛見卻舉兵抗禦，使弘茂敗亡。於是盛見繼承義弘所遺領土，並接受周防、長門及豐前、筑前(福岡縣)諸國的守護職。之後，大內氏曾經數次征戰而至正統六年（嘉吉元年，一四四一）時，大內教弘奉幕府之命，與九州之大友親綱共討同爲九州的武將少貳嘉賴獲勝後，大內氏便領有赤間關（關門海峽）與門司（北九州市），從而掌握瀨戶內海的交通，控制了出入瀨戶內海的咽喉。非僅如此，他又確保其轄區筑前、豐前諸守護國的實力，更使其勢力從九州北部延伸到中國地方，掌握了對明交通上的特殊地位。（註六四）

日本在室町時代（一三三六～一五七三），其瀨戶內海常有海盜出沒，威脅貢船的安全，幕府鑒於大內氏控制瀨戶內海的咽喉，故時常要求該氏參與維護貢船安全的工作。宣德元年（永享元年，一四二九），以通信使身分前往日本的朝鮮使節朴瑞生的回國報告中有如下記載云：

臣到日本，自對馬島至兵庫，審其賊數及往來之路，若對馬、一（壹）岐、內外大島、志賀、平户等島，赤間關以西之賊也；四州以北竈户社島等處，赤間關以東之賊也。其兵幾至數萬，其船不下千隻，若東西相應，一時興兵，則禦之難矣。其西向之路，則對馬島爲諸賊都會之處，赤間關是西州諸賊出入之門，如有西向之賊，宗貞盛下令其民，不許汲水；大內殿下令赤間關，禁其西出，則海賊不得往來矣。且志賀、竈户社島等賊，大內殿主之，內外大島宗像殿掌之，豐後州海邊諸賊，大友殿治之，一（壹）岐、平户等島，志佐、佐志、田平、呼子殿分任之。使彼諸島之主嚴立禁防，則賊心無由啓矣。大抵其俗不知禮義，小不合意，不顧其身，雖御所之命，拒而不從。由此觀之，修好御所雖爲交鄰之道，而於禁賊之策猶緩也。且日本有所求，則遣使請之，如無所求，雖賀新吊（弔）舊之大節，漫不致禮。今臣等奉命而至，接待亦不以禮，恐因其國舊史所書而然也。願自今國家不得已之事及報聘外，不許遣使，而於上項諸島之主，厚往薄來，以悅其心；間或遣使敦諭至意，以爲禁賊之策。（註六五）

由朴瑞生的報告可知，當時日本內外大島的海賊在宗像氏，豐後的海賊在大友氏，壹岐、對馬的海賊在志佐、佐志、田平、呼子諸氏的支配下，故他認爲沿海諸島的海賊既在各該地方的領主指揮之下，而幕府無直接統治那些海賊的威力，則與其與幕府交涉使其禁戢倭寇，不如仰賴那些領主之力。由此觀之，幕府於派遣貢船之際，使上松浦、下松浦、大內諸氏警衛，自有其道理在。

大內氏早在宣德年間已支配周防（山口縣）、長門（山口縣）、筑前（福岡縣）等地的海賊，之後則將其聲威擴及於九州北部，而睥睨於中國地方。如據《大內氏實錄》卷一二的記載，此一時期的大內氏除擁有周防、長門、筑前、肥前（佐賀縣、長崎縣）等守護國外，在安藝（廣島縣）尚統治著日高、吳、蒲刈、能美諸島。因此，當該氏領有控制瀨戶內海兩岸地方的咽喉之赤間關的結果，其防備海賊的任務便愈益加重。

日本西陲在前一時代已是對中國及朝鮮的通商貿易之要地而其中心爲博多，該地方海運業的發達既早，能夠航行遠洋的大船亦甚夥。在十五世紀六十年代以前，從事對明貿易者，以博多、門司的商賈佔優勢，故當時多租賃門司、柳內、富田、寶積等地的船隻，而這些地方又都由大內

氏管轄。基於上述，大內氏在明代交通史上實居於特殊地位，且在經營遣明貢船方面展現其實力。（註六六）

3.細川、大內兩氏的對立

在上述情形之下，細川、大內兩氏在經營遣明貢船方面逐漸加強其實力，形成並立的局面。遣明貢船與正、副使等出發的港埠兵庫，與參與遣明貢船的客商及從商人——兵庫、堺及其他近畿地方的商人，與博多、門司等地的商人之間，並無導致彼此對立的理由。就船舶而言，博多、門司的商人，在歷史上實較早佔有優勢，而此事亦可由日本之對朝鮮及琉球貿易獲得佐證。至於將這些港埠置於管轄之下的細川、大內兩氏之間，原亦無對立的理由。然自他們經營遣明貢船，實力加強以後，便各自與其轄區的商人直接結合，遂激化了對立的態度。（註六七）

在上述情形之下，細川氏對大內氏，及取代兵庫的堺商人對門司、博多的商人之傾軋激烈化。小葉田淳教授認爲他們之所以相互結合而共同的對峙，其故有如下三點：

⑴此係細川、大內兩氏在政治上、軍事上對立的激烈化，而此事由應仁之亂（註六八）所引起。

⑵派遣貢船至明時，以客商、從商人身分參加此一貿易活動的博多、門司商人雖佔優勢，但他們與近畿商人之間並未相互排斥，至少在實際上並非單方的、獨佔的。然當堺商人加入這個貿易行列以後，門司、博多的商人卻因部分堺商人的參與，不僅被摒除於遣明貿易之外，竟連船舶、船上的工作人員也不予僱用。

(3)細川、大內兩氏都親自經營遣明貢船，以擴張自己勢力，尤其在應仁之亂以後日本國內一直因兵荒馬亂而動盪不安，致軍費支出擴大。在此情形之下，他們便更加渴望藉由派遣貢船來開闢財源。由於經營遣明貢船的收入以客商和從商人之抽分錢及抽分承包額爲主，所以細川、大內兩氏不僅站在保護轄區的商人之立場，也還透過這種利害關係，而與各該地方的商人之間結合成爲密切不可分的關係。更由於景泰年間東洋允澎以九艘船，人員千餘至中國，導致明廷嚴格執行對船數、人數及貢期的限制以後，更使他們彼此間的傾軋加劇而毫無轉圜餘地。(註六九)

前此成化十八年(文明十四年，一四八二)，室町幕府第九任將軍足利義尚致〈內書〉——私函給大內氏，言日後的遣明貢船由他經辦。日本文獻雖未記載義尚之所以致此私函的原因，然揆諸當時的日本國內情勢，應與該氏在維護海上治安所作貢獻有關。之後，大內氏曾參與弘治、正德年間的貢船活動而細川氏亦加入其行列。其間，大內義興曾就派遣貢船問題出示將軍義尚的〈內書〉，言近年所遣貢船有違將軍旨意而主張自己應有的權利。因此，第十任將軍足利義稙乃於正德十一年(永正十三年，一五一六)四月下令根據先例辦理。(註七〇)

至遲在正德十一年(永正十二年，一五一七)時，細川氏派遣貢船的計畫已具體化。同年，京都相國寺的西堂鸞岡瑞佐被細川高國選爲正使。如據《薩藩舊記雜錄》卷四二所錄，同年十月十日大內義興及其部將陶弘全曾致書薩摩島津忠朝，請他於細川氏所遣貢船經過轄區之油津或其他港埠時予以拘留。越明年春，鸞岡瑞佐持弘治勘合從堺出發，經土佐(高知縣)，於同年仲夏抵九州之日向（宮崎縣）。大內氏雖委託島津氏拘留細川氏所遣貢船，但實際上島津氏並未如此做，因爲該貢船在不久以後前往寧波。另一方面，大內氏則決定以前此所獲正德勘合第一號至第三號的三道勘合，派遣三艘貢舶，並以宗設謙道爲正使使之前往中國。結果，這兩造貢使竟在中國境內引發震驚國際的重大事件。事後，不僅使明廷對日本的朝貢限制執行得更爲嚴格，也因而加強海禁。

五、寧波事件的眞相

1.事件發生的經過

寧波事件發生的遠因已如上述，至其直接原因，《明史》卷三二二〈日本傳〉云：

嘉靖二年五月，其貢使宗設（謙道）抵寧波。未幾，（宋）素卿偕（鸞岡）瑞佐至，互爭眞僞。素卿賄市舶太監賴恩，宴時坐素卿於宗設上，船後至又先爲驗發。宗設怒，與之鬪，殺瑞佐，焚其舟，追素卿至紹興城下，素卿竄匿他所，免。凶黨還寧波，所過焚掠，執指揮袁璡，奪船出海。都指揮劉錦，追至海上，戰歿。

《明世宗實錄》卷二八同年六月庚子朔甲寅條則云：

日本國夷人宗設謙導（道）等齎方物來；已而（鸞岡）瑞佐、宋素卿等後至，俱泊浙之寧波，互爭眞僞，佐被設等殺死。素卿竄慈谿，縱火大掠；殺指揮劉錦、袁璡，蹂躪寧、紹間，遂奪舡出海去。巡按御史以聞。得旨：「切責巡視、守巡等官，先是（事）不能預防，臨事不能擒勦，姑奪俸。令鎮巡官即督所屬調兵追撫，并核失事情罪以聞。其入貢當否事，宜下禮部議報」。

同書同卷同年同月戊辰條記載禮部之覆議結果云：

日本夷人宋素卿來朝，勘合乃孝廟時所降，其武廟時勘合，稱爲宗設奪去，恐其言未可信，不宜容其入朝。但二夷相殺釁起宗設，而宋素卿之黨被殺衆。雖素卿以華從夷，事在幼年，而長知效順，已蒙武宗宥免，毋容再問。惟令鎮巡等官省諭宋素卿，回國移咨國王，令其查明勘合，自行究治，待當貢之年奏請議處」。既而給事中張翀，御史熊蘭等言：「各夷懷奸讎殺，事干犯順，乞明〔正〕其罪」。上命繫宋素卿及宗設夷黨於獄，待報論決。仍令鎮巡官詳鞫各夷情僞以聞。

其作更詳細之說明的是鄭若曾《籌海圖編》卷二〈王官使倭事略〉，其「嘉靖二年入貢」條云：

四月，夷船三隻，譯傳西海道大內誼興國（義興）遣使臣宗設謙道入貢。越數日，夷船一隻，使人百餘，復稱南海道細川高國遣使〔鸞岡〕瑞佐、宋素卿入貢。導至寧波江下。時市舶太監賴恩，私素卿重賄，坐之宗設之上，且貢船後至，先與盤發，遂至兩夷讎殺，毒流纏市。宗設之黨追逐素卿，直抵紹興城下，不及，而還至寧波。脅寧波衛指揮袁璡，奪舟越關而遁。時備倭都指揮劉錦追賊，戰歿于海。定海衛掌印指揮李震與知縣鄭餘慶，同心濟變，一日數警，而城以無患。

如據上舉資料，則此一事件的起因在於市舶太監賴恩處事不公，先盤發後至者宋素卿一行的貨物，及在舉辦筵宴時所安排的座位未依先至者居上座的規定。然若只是貨物的磐驗與座位問題，當不致引發如此嚴重的事件，應該還有其他問題糾結其間，但上舉諸書均無記載。

2. 對事件經過的報告

當時該地的巡按御史歐珠於宋素卿被捕後，對事件的報告也只說

次日，將宋素卿等移入府城會審。據各稱，西海路多羅氏（大內）義興者，原係日本國所轄，向無進貢。我等朝獻，必由西海經過。彼將正德年間勘合奪去。今本國只得將弘治年間勘合，由南海路起程。至寧波，因我說出，怪恨被殺。（註七一）

禮部接獲歐珠的奏疏後，立刻舉行部議，以「素卿之言未可盡信，不宜聽入朝」，（註七二）而完全未採信其自白之詞。徵諸上節所說日本國內的情形，禮部所認為宋素卿之自白未可盡信之判斷正確。指揮馮進恩陳述下列意見云：

其間情節，隱礙尚多，不敢盡露。今若止令巡官查勘回奏，竊恐上誤朝廷事機，下貽地方災害。法令幾於不振，功罪終是不明。況巡按御史（歐珠）當時倉卒聞奏，稽察未精；鎮守等官，身負罪愆，豈肯吐實？臣等夙夜思慮，實懷隱憂。伏望皇上軫念海隅蒼生，罹此凶變，兼係裔夷猾夏，事關國紀。特遣近臣素有風力才望者一員，領勅前去寧波地方，逐

一察勘前項失事緣由，明白分別功罪等第，參詳奏來，然後重行誅賞。大明陟罰，庶人心以定，國威以伸，而四方邊徼，皆聞風知所警且懼矣。（註七三）

馮進恩以爲歐珠審問的結果，乃倉促之間所爲者，故以爲宋素卿的隱礙尚多。乃上〈疏〉請世宗特遣近臣素有風力才望者前往寧波府，查明失事緣由，以定功罪，以安人心。他所言宋素卿隱礙尚多，實相當中肯。（註七四）

那麼，引發此一事件的原因，除盤驗貨物及筵宴時的座位問題外，是否還有其他因素？關於這個問題，鄭舜功《日本一鑑》〈窮河話海〉卷七「奉貢」條有如下之記載云：

嘉靖癸未（二年，一五二三），多多良（大內）義興得勘合於王（日本王——室町幕府第十二任將軍足利義晴），遣僧宗設，使人謙導（道）〔遣使僧宗設謙道〕等三百餘人，船四艘（三艘之誤）來貢。夏四月，細川高國遣僧瑞佐、宋素卿等一百餘人，船一艘亦貢。及稱辯勘合，謙導（道）等遂於城中掛甲，殺宋素卿等夷伴，遂焚境清寺館，挾指揮袁璡以去。而罪犯逃夷曰中林，曰望古多羅等，及被虜人口，漂至朝鮮。國王李懌，擒送來歸，發浙江會問素卿等，以正其罪。

有關勘合的問題，容於後文論述。至於日本貢使縱火焚燒境清寺事，〈窮河話海〉卷七「使館」條云：

備按國制，日本來貢，初館使於寧波市舶司。盛國之世，招其來市，館於慶元（即今寧波）天寧寺。

馭之無策，寺罷燔炳。嘉靖癸未，兩起貢使俱至寧波，事屬違例。於時市舶太監賴恩，以兩貢使一館之於市舶司，一館之境清寺，館雖兩處，待有偏頗，二使爲讎，寺惟燔炳。

如前文所說，指揮馮進恩認爲宋素卿的口供未必可靠，而兵科右給事中夏言也認爲應查明事情眞相，以定功罪，以安人心。云：

再照宋素卿本寧波人，背棄中國，潛從外夷，正本朝叛賊，法所必誅。正德年間，勾引外夷，俱來入貢，事已敗露，將寘重典。乃以金寶厚賂逆瑾，寅緣特旨，幸逭天刑。今次復由此入，激成宗設之變。訪聞宗設倭船先到，而搬貨在後，素卿倭船後到，而搬貨獲先，宗設内已不平。及市舶太監賴恩置酒命坐，又以宗設席次，抑置素卿之下，其心愈加懷恨，搆此禍端。（註七五）

嘉靖四年（一五二五），給事中鄭自璧奏云：

太監賴恩，肆情黷貨，信通事鄭澤姦計，延僞使爲上賓，受素卿金，致宗設大事。（註七六）

嚴從簡亦云：

按：太監賴恩受素卿賂，浙江參政許完，指揮江洪，俱懼失事之愆，多匿其實，故〈疏〉詞多左右素卿耳。（註七七）

可見他們都認爲寧波事件的導火線爲賴恩之私。然其致亂原因，盤貨與宴席座位，住宿與待遇的偏頗等這一連串的不公平措施，這纔使宗設謙道一行無法忍受，終於使他們以暴力方式來發洩其憤恨之情。

那麼，宗設一行何以能夠肆無忌憚的到處肆虐？關於這方面的問題，〈窮河話海〉卷七「貢物」條有如下記載曰：

備考：貢船初著船時，不拘貢刀及各私帶刀杖，官司查盤則必貯之東庫。嘉靖癸未兩起貢夷自相讎殺之秋，其持刀仗皆出殯室之中，蓋懷私市，故先暗藏其間。及至讎殺，藉此以爲兇具矣。

由此觀之，宗設等人係利用其所暗藏原欲用以走私之刀劍來行兇的。對於上述諸問題，許重熙《嘉靖以來注略》卷一作簡單扼要的記載曰：

鄞人宋素卿奔日本。正德初，國人源永壽偕來貢。其族人識之，告素卿附夷。守臣以聞，置不問。至是其主源義植（稙）幼，政在強臣。左右京兆〔大〕內藝（義之誤）興、細川高〔國〕。藝興遣僧宗設，〔細〕川高〔國〕遣僧瑞佐及素卿各來貢，先後至寧波，而市舶司閱貨、宴座，向以至先後爲次，素卿賄太監，佐後至而先閱，又坐設上。設怒，遂相殺。太監陰助佐，授之兵。設愈怒，遂燬嘉賓堂，劫東庫。佐奔紹興，設追至城下，逼令綁佐獻出，乃去。設眾至霍山洋，殺都指揮劉錦，千户張鏜；又自王嶺逃至小山浦，殺百户胡源。巡按歐珠奏聞。

由上舉各書的記載，我們當可瞭解當時所以會引發如此大事件的來龍去脈。

2.宋素卿的來歷

至於宋素卿，他到底何許人物？何以前往日本？何以搖身一變，成為貢使返回中國？各書皆語焉不詳，嚴從簡《殊域周咨錄》記河南道御史熊蘭之言謂：

宋素卿原本華人，叛入夷狄。先年差來進貢，已經敗露。時則逆〔劉〕瑾當權，陰納黃金之賄，遂逃赤族之誅。國法未行，人心未厭，今乃違例入貢，大起釁端。跡其罪惡，雖死猶不足以容之也。（註七八）

《明武宗實錄》則紀謂：

日本國使臣宋素卿，本名朱縞，浙江鄞縣人。弘治間，潛隨日本使臣湯四五郎逃去。國王寵愛之，納為壻，官至綱司，易今名。至是，充正使來貢。族人尚識其狀貌，每伺隙，以私語通，素卿輒以金銀餽之；鄉人發其事，守臣以聞。下禮部議：「素卿以中國之民，潛從外夷，法當究治。但既為使臣，若拘留禁制，恐失外夷朝貢之心，致生他隙。宜宣諭德威，遣之還國。若素卿在彼反覆生事，當族誅之」。仍行鎮巡等官，以後進貢夷使，宜詳加譯審，毋致前弊。（註七九）

《明世宗實錄》亦記謂：

素卿以華從夷，事在幼年，而長知効順，已蒙武宗宥免，毋容再問。惟令鎮巡等官省諭宋素卿……待當貢之年奏請議處。既而給事中張翀，御史熊蘭等言：「各夷懷奸讎殺，事干犯順，乞明〔正〕其罪」。上命繫宋素卿及宗設夷黨於獄，待報論決。仍令鎮巡官詳鞫各夷情僞以聞。（註八〇）

而已，無法讓人瞭解事情的眞相。不過〈窮河話海〉卷七「奉貢」條有如下之記載曰：

正德乙巳（疑爲庚午之誤。庚午爲五年），山城刺使右京兆大夫細川高國，得請勘合於王（室町幕府第十任將軍足利義稙），遣宋素卿、源永春請祀孔子儀禮。廷議謂：「中國聖人不當爲夷狄褻瀆」，不允。鄞民朱澄，首稱素卿乃其族姪朱縞，昔因其父與夷使交通買賣折本，將伊塡去。鎭巡奏聞，陰賂逆瑾覆其事，陽憫專使以遣之。

同書同卷「市舶」條則曰：

嘉靖初，日本一國有兩貢使至寧波，提舉司太監賴恩，處使偏頗，兩貢使自相讎殺，寧、紹地方一時騷動。按：市舶司太監提舉，不知起於何年，而罷於嘉靖初年也。又按：市舶行人但知覓利，不識國體，故弘治乙卯（九年，一四九五），此等行人乃與鄞之朱漆匠，賒得夷人湯四五郎漆器，價錢入手花費，竟無貨償。貢船歸國之秋，不得漆器，將告於官。行人慮責，與之催逼。而朱漆匠計出無奈，以子朱縞塡去後，更姓名宋素卿，於正德辛未（庚午之誤）奉使入朝。其叔朱澄，首鳴其事。比賂逆〔劉〕瑾，得以放去復生，癸未（嘉靖二年，一五二三）之禍，此皆行人所致也。

由此觀之，宋素卿原姓朱，因其父與日本人交易，領取貨款而竟無貨可交，所以方纔被帶至日本。如據日本史乘的記載，細川氏曾於弘治九年（明應四年，一四九五）以堯夫壽蓂爲正使朝貢中國之際備辦貢船，故當時與朱漆匠交易的商賈應是搭乘細川氏船者，因此宋素卿到日本後方纔在細川氏方面做事。由於他聰明伶俐，纔被細川氏重用，於正德年間派遣貢船之際充當貢使回國；這次復被命爲貢使，卻因重施故技，行賄市舶太監賴恩而獲不應得的待遇，終於引發偌大事件。

六、明廷對事件的處理

1.明廷的措施

前文已說寧波事件的導火線爲受宋素卿重賄的賴恩之私，然其所以把事情釀成如此重大，乃由於各該地方官員之怠慢，未能臨機應變，致予可乘之機。兵科右給事中夏言上〈疏〉慨陳此一事變云：

臣等看得前項倭寇，敢於中華肆行叛逆，各該地方官員先事不能防禦，臨變不能勦捕，漫無籌策，坐失機宜，以致荼毒生靈，佔據城池，劫奪庫藏，燔燒官府，戮害將臣，辱國損威，莫此爲大。及查據前後章奏，俱各事涉掩覆，而言辭多遁；情狃寬縱，而功罪未明。……寧、紹府、衛、所、寨掌印巡捕大小官員，坐視夷寇縱橫往來於封域之內，殺戮攻劫於旬日之久，如蹈無人之境，略無捍禦之方。各官職任雖有不同，俱各無所逃罪。訪聞前項二夷到來之時，實因各官從事怠慢，釀成禍亂。及至變作，卻又一籌莫展。狼狽失措，貽害生靈。甚至以城門之扃鑰，付之賊手；以日本之國號，封我東庫。舉火自焚船司，差官爲賊嚮導。閫師墮馬，而走匿民家。守臣棄城，而縱賊焚劫。沿餘姚江吶喊殺人，地方之驚擾可知。抵紹興城逼令獻賊，府衙之官何在？且宗設領倭夷不滿數十百人，而寧、紹兩郡軍民何啻百萬？今乃任彼兇殘，肆意攻略，畢竟無與爲敵，尚謂國有其人，致使撮爾島夷，蔑視華夏，蹂躪城郭，破壞閭閻，殺死都司方面，質虜指揮，貽國大恥，事出非常。中間隱匿事情，得道路傳聞，未易悉舉。及查得馮進恩奏詞，亦曰其間情節，隱礙尚多，不敢盡露。（註八一）

此言明朝官員之顢頇無能，眞是一針見血。夏言所謂「中間情節，隱礙尚多」，應是指各官員之相互推諉責任，不肯據實報告，及前舉宗設謙道一行之暗藏刀劍，與太監之暗助他們而言。

當明朝當局面臨此一事件時，究竟對宗設謙道及寧波地方官採取甚麼措施？爲要彈劾宋素卿的姦僞與浙江各職官的怠慢、不公，河南道御史熊蘭，與禮科給事中張翀首先提出對此一事件的強硬措施來。熊蘭奏謂：

參照海道副使張芹，市舶太監賴恩與同府衛掌印巡海等官，禁令不申，守備不設，既不能善處以息其爭，又不能預謀以防其變；分守參政朱鳴陽，分巡副使許完，各有地方之責，俱懷觀望之私，以致蠻夷公行劫殺；把關管海指揮千百户等官任夷人出入往來，未有能攔截防禦者；指揮袁璡承委自陷其身，推官高遷越牆以避其鋒；凡其侵掠之地，若履無人之境，按法原情通何查究。除備倭同知劉錦被殺外，乞各正典刑，一以爲蠻夷猾夏者之戒，一以爲備禦不嚴者之懲。(註八二)

張翀亦奏謂：

乃今二起夷虜相繼到來，既曰譯得宗設等船隻、人口數目差異，又稱譯得宋素卿等（弘治）勘合，係應銷繳而未銷繳之數。遞相訕詆，至於數日。則是各官已稔知其隙，情態矛盾，法應預防。況在彼無兩貢之例，在此無兩是之理，眞贗不分。(註八三)

又謂：

參照副使張芹，市舶太監賴恩，參政朱鳴陽，都指揮張浩等均承委任，便樂因循，議處未定，而令素卿之盤船慢藏，啓窺瞰之奸，逆狀已形，而聽宗設之謝罪，當面甘愚弄之術，避地觀望，恣賊縱横，策未展於一籌，禍幾延於兩浙。合應據法查究，創艾後來。及照日本撮爾海夷，利覬中夏。先年使者肆爲不道，荷我明天子仁聖，曲賜優容。茲以雠殘殺我內地，謂宜檄諸夷之甲，興問罪之師。但釁起使人，國王無罪，且其國與朝鮮、琉球諸夷俱係不征之列。伏望備行淮、浙、閩、廣鎭巡等官，凡沿海要害去處，如遇前項夷船到彼，就便督發官軍，併力截殺。仍行浙江鎭巡等官，將見獲夷黨並宋素卿譯審明白，取問罪犯。緣宋素卿係先年潛通外夷人，數重賂逆瑾，脫網生還；宗設人衆俱係從逆賊徒，罪在不赦，通合置之典刑，以昭天朝之法，以嚴夷夏之防。昔漢之英君誼辟，或棄珠崖，或謝西陲，況倭奴詭譎情態，具有明驗。若更許其通貢，是利彼尺寸之微，損我丘山之重，其於皇祖垂訓之意，不無背馳。尤望絕約閉關，永斷其朝貢之途，毋徒弊所恃，以事無用，其一應誤事人員並死事，地方作急備查，奏請大昭賞罰，以示懲勸，毋得通同隱蔽。(註八四)

於是世宗乃命繫宋素卿及宗設於獄，待報論決。仍令鎮巡官，詳鞫各夷情僞以聞。(註八五)

2. 朝鮮送還中林、望古多羅

夏言上前舉奏疏之前，由朝鮮遞解所俘寧波事件餘類中林、望古多羅二人與首級三十三顆。《明世宗實錄》紀曰：

朝鮮國俘獲倭夷二名，審係進貢至浙，自相搆殺，拒敵官兵者。國王李懌遣陪臣刑曹參判成昌，執以來獻，并倭人首級三十三顆，及送回被虜中國人八名。上嘉其忠順，命寫勅褒諭，賜銀百兩，錦四段，紵絲十二表裏。使臣及領兵官，俱賚銀幣，有差。(註八六)

《朝鮮中宗實錄》則紀謂：嘉靖二年(中宗十八年，一五二三)五月二十七日，黃海道觀察使蘇世讓馳啓豐川府使李繼長逐到泊倭船一艘，翌日繼長率船五隻入椒島(黃海道松禾郡豐川海面)，與倭船一艘六十餘人作戰。故諭忠清、全羅、慶尚等道準備捕獲。六月二十四日，將所擒中林囚於義禁府。翌日，委官南兗審問。中林口供他是中原貢船之漂流者，因未發現其辭有違端，乃議定付送生擒海上倭人之來使，並命黃海、京畿諸道，以此意招諭倭人，同時也將中林曉諭其同類書送往黃海道。嗣因發現中林供詞不實，前此其徒又殺朝鮮人，故決定於翌日追擊彼輩。同月十四日，慶尙左兵使尹熙平言：對馬島主特送之盛重及島僧小有隻等，馳啓日本國使之赴中國者，曾奪唐船，並擄官人二名逃亡，在海中遇惡風，致不知其下落。朝鮮當局疑其對馬島主窺覘本國虛實之船隻，乃再鞫問中林。當時，在仁川出現類似中林同類之船隻，但未追捜到。迄至七月五日，全羅道兵使吳堡等，得捕獲該船之報告，並鞫問所俘之望古多羅。八月三日，搭乘中林等之船的唐人被捕至京。他們說：聞於本年五月賊入寧波府，殺千戶、指揮，並奪鹽船一隻，乘夜逃去。他們十人則是爲砍煎鹽所需木柴，前往海中桃花山下，因遇惡風而漂流海中。遇倭船，兩名見殺，八人被捕放置海島，終逢貴國人而出來。因唐人與中林等之供詞大致相同，朝鮮當局乃決定於刷還唐人時，將中林等一併解送中國。中宗令提學李荇擬奏疏，將賀正使成世昌移差奏聞使。同月二十九日，世昌帶領唐人王樣等八名，中林、望古多羅及倭馘三十三級出發，十月抵中國京城。（註八七）

3.宋素卿入獄

前文已說，寧波事件肇因於市舶太監對宋素卿、宗設謙道兩造貢使的待遇不公，而事件之所以會鬧得如此大，則係宗設謙道一行以準備走私的武器追殺宋素卿等人，並且又得到太監之暗助所致。夏言於前舉奏言後繼謂：

> 若不明正典刑，梟首海濱，則將來射利效尤之徒，習爲謀叛，靡所禁絕。伏望明旨，送都

察院。兵部將今次朝鮮國獻賊倭中林、望古多羅二名，遵照前旨繹審明白案候。仍將二倭押發浙江，解送欽差官處，令與宋素卿前項搆禍緣由，及彼國差遣先後，并勘合眞僞來歷，具招以聞。（註八八）

又謂：

頃倭夷入貢，肆行叛逆，地方各官，先事不能防禦，臨變不能勦捕。而前後章奏，言辭多遁，功罪未明。該部按據來文，遷就議擬，雖云行勘，亦主故常。乞勅風力近臣，重行覆勘。且寧波係倭夷人（入）貢之路，法制具存，尚且敗事，其諸沿海備倭衙門，廢弛可知。宜令所遣官，由山東循維（淮）揚，歷浙、閩，以極于廣，會同巡撫，逐一按視，預爲區畫。其倭夷應否通貢、絕約事宜，乞下廷臣集議。（註八九）

集議結果，差風力給事中一員前往，其餘事宜，兵部議處以聞。乃遣給事中劉穆往按其事。（註九〇）

宋素卿旋被移杭州之有司，以謀反下海罪鞫問，與中林等同繫浙江按察司獄，經久未予誅決而前後瘐死獄中。（註九一）

另一方面，市舶太監賴恩的違法失職不但未受彈劾，反於嘉靖四年請求兼提督海道，遇有夷賊動調，官軍剿捕，以固地方便益。世宗命比照成化年間例換勅與他。兵部尚書李越於同年十一月疏曰：

政每患於紛更，法當務於謹始。此地內官緣爲提督市舶司而設，比與邊方腹裏鎮守守備內臣專爲地方者不同。即令沿海督兵禦寇，自有海道副使與備倭都指揮使分理於下，又有鎮守太監與巡按御史提調於上，事體相因已久，沿海有警，俱可責成。若復又令市舶太監提督，誠恐政出多門，號令不一，必掣肘誤事。又況動調官軍係朝廷威柄，遇有緊急，必須奏請定奪。賴恩小臣，豈宜得輒擅自專？推原其心，不過欲假借綸音以招權罔利也。乞將原降成命收回，仍戒諭賴恩，令其謹守舊規，安靜行事。（註九二）

給事中鄭自璧亦疏曰：

賴恩肆意攬權，恣情瀆貨。信（通事）鄭澤之姦計，則延僞使爲上賓，受素卿之金銀，則致宗設之大變。三司兼欲受轄兵權，輒冀專擅，心每上人，動將壞法，內臣中之奉職無狀者也。乞將取回別用，另選老成安靜內臣代其任事，惟復痛加切責，姑令抑省前愆，用圖後贖。其勑書仍照舊止管夷人進貢，并抽分貨物，衛所官軍不得干預，勿得輕信撥置，紛擾事端。（註九三）

對李越、鄭自璧的奏疏，世宗所裁示的是：「前已有旨，俱不從」。

賴恩又疏曰：

竊審日本國有武臣三人，一曰大內，一曰細川，一曰畠山，是皆權臣，猶魯之三家。彼國政柄不在國王而在權臣，進貢之事，彼強則彼專，此強則此擅，國王則卒亦莫革。近況素卿叛去，弊愈深矣。合無將素卿從重處治，同來夷伴或流遠方，或遣歸國。另別差官賫勅往諭國王，今後來貢，益謹効順，親具〈表文〉，面用國璽，毋容詐僞。貢船毋過三隻，使人毋過五百，毋得仍致大內。細川等弄權私貢，以乖國體，浙江備倭等官除將臣庸材，乞賜取回閒住。別差賢能一員，嚴加提督，整理邊務，葺城池，修戰船，整軍器，愼烽瞭，練兵卒。先之於昌國、石浦、大嵩、象山、穿山、舟山、定海、觀海等喉舌緊要之處，次之於松海、金盤、海寧等可緩之方，巡海兵備等官，務選年力少壯，熟諳武略，勅專督理。不拘三年五年，就任加職，庶免更換，致曠重務。不許久坐省城，時須遍歷操練，事干急重，乞許便宜。仍勅福建等處鎭巡備倭等官，嚴禁漳州賊船，不許縱放出海，眩惑地方。各衛官軍月糧務着有司及時徵給，不許缺乏，疲斃官軍。日後倭夷入貢，照舊瞭報審實，各執堅甲利器防守，譯審是的，方許護送入港。苟有賊船臨邊，務使多帶兵糧剿殺。如有畏怯，即以軍法重治，永爲遵守。庶幾內則官軍不致虛費廩餼，外則足制邊境，不致島夷侵漁矣。（註九四）

世宗乃詔沿海武備，着鎭巡等官嚴督舉行。巡海備倭官有久不出巡，坐視民患者，同意各該巡按參究。

由上述可知，應受罪的市舶太監賴恩，他不但未受其應得的制裁，反而加大權限，致彈劾議論見棄，宋素卿等人也未經受刑而瘐死獄中了。至於其他官員，如據《明世宗實錄》卷五〇嘉靖四年（一五二五）四月庚寅朔癸卯條的記載，則他們受罰的情形是：「各謫戍、奪俸，有差」。「素卿家屬財產應否緣坐沒入，再查議報奪」。

七、事件過後情勢之發展

1. 勘合問題

前文已說，明朝發給日本的勘合是從永樂年間開始，此乃爲禁防海寇之制，也就是與日本國書同爲證明日本貢使身分之符信。尋尊和尙之日記《大乘院寺社雜事記》紀曾以外官身分，於宣德八年（一四三三）、景泰四年（一四五三）兩度隨日本貢使至中國的楠葉西忍所說如下的話：

從前日本人誠實時，無論何時，商賈、僧俗人士均可自由往返大唐（中國），近來則因出現海盜以下各類不法分子，致禁止日本人前往彼國。因此，鹿薗院殿（室町幕府第三任將軍足利義滿）以計謀乞求勘合。無勘合者可殺害，云云，因盜賊故也，云云。

前文已說，明朝始頒勘合給海外諸國的時間在洪武十六年，當時獲頒勘合的國家是暹羅、占城、眞臘。如據小葉田淳教授的研究，明使雷春於宣德九年（永享六年，一四三四）將宣德勘合攜往日本，因此，同年至中國的日本貢船六艘乃攜帶其第一號至第六號的勘合，並將未用完的永樂勘合五十七道，及日字勘合底簿一扇歸還明廷。景泰二年（寶德三年，一四五一）前往中國的貢船十艘，係攜帶宣德勘合第七號至第十六號號共十道勘合，返國時則帶回景泰新勘合。迄至成化三年及四年（應仁元年、二年，一四六七、六八）渡航的幕府等船三艘，係帶景泰勘合第一號至第三號，將所餘宣德勘合八十四道及日字號底簿歸還，然後攜帶成化新勘合回國。由於當時的日本適逢應仁之亂而國內板蕩，三號船的經營者大內氏屬西軍，與二號船的細川氏對立。更因大內氏在瀨戶內海的威勢頗強，並且又有海盜劫掠之虞，所以二號船乃經由四國南邊的南海路歸航，職此之故，成化新勘合便一度歸於大內氏之手。之後，大內氏便常與以細川氏及堺商人發生爭奪勘合的糾紛，或將新、舊勘合並用，或只用舊勘合，致無法遵守明朝的規定，（註九五）而寧波事件裏的新、舊勘合問題，即由此引發者。

2.室町幕府的分辯

《明史》卷三二二〈日本傳〉云：

> 時有琉球使臣鄭繩歸國，命諭日本，以禽獻宗設，還袁璡及海濱被虜之人，否則閉關絕貢，徐議征討。

如據《明世宗實錄》卷五二的記載，鄭繩之歸國，乃嘉靖四年六月己丑朔己亥（十一日），當時世宗使其齎勅轉諭日本。由此觀之，明朝當局是以宗設謙道爲事件的元兇。

嘉靖六年六月末至七月初，琉球僧侶智仙鶴翁自其本國抵室町幕府所在地京都，傳達世宗〈勅〉諭。同年七月二十四日，幕府將軍足利義晴函謝琉球國王尙眞調停中日兩國關係。（註九六）因世宗〈勅書〉表示以擒獻元兇宗設等，及歸還指揮袁璡，來解決中日兩國爭端，所以日方以爲和解已經成立，而在足利義晴之〈表文〉中言：「自琉球傳〈勅書〉，寬宥之敦，不忘側陋」。其〈別幅〉則言：

近年吾國遣瑞佐西堂、宋素卿等齊（齎）弘治勘合而進貢；又聞西人宗設等，竊持正德勘合，號進貢船。蓋了龍梧西堂東歸之時，敝邑多虞，干戈梗路，以故正德勘合不達東都。吾即用弘治勘合，謹修職貢，未丁怠也。如〈勅〉諭旨，宗設等爲僞，不言可知矣。大內多多良氏義興，幕下臣神代源太郎爲其元惡，故就誅戮彼所。虜而來大邦之人，前年既發船以還之，中流遇風，船不克進，尚滯西鄙，近日當還焉。大邦所留妙賀、素卿，其餘生而存者，不論多少，以仁見恕，幸甚！幸甚！然則先令妙賀等到琉球，而可歸吾國。前代所賜金印，頃因兵亂，失其所在，故用花判而爲信，琉球僧所知也，伏希尊察。妙賀、素卿歸國之時，賜新勘合並金印，則永以爲寶。聖德及遠，不可諼焉。吾當方物件件，隨例進貢。妙賀輩而兩三人，令管領道永以遣書矣。（註九七）

由此觀之，室町幕府係以鸞岡瑞佐、宋素卿爲眞貢使，弘治勘合爲正，宗設謙道及其所持正德勘合爲僞。這當係細川氏藉足利義晴書，作有利於自己之解釋，（註九八）所以日方不但沒有承擔此一事件的責任之意，反而作有利其立場的辯護，以貪圖貿易之利。

2.袁璡的下落

前文已說，爲中林所奪而逃竄的一艘船，在嘉靖二年（大永三年，一五二三）七月，於朝鮮全羅道被捕。前此六月時，慶尙左兵使尹熙平所報告對馬島主特送的盛重等人，捎來日本入貢明國的使節之搶奪唐船，及擄官人二名，在海中遇惡風而不知去向的，必是盛重等人在對馬附近所見的其他船隻。《歷代鎭西要略》卷一〇謂：大內氏貢船於翌年四月二日還自明國，在筑前志賀島破損，則宗設、月渚永乘及指揮袁璡等人必在該船上。（註九九）嘉靖四年（大永五年，朝鮮中宗二十年，一五二五）四月，室町幕府使臣景林曾與大內氏使者同時前往朝鮮，當時所齎足利義情之國書大意爲：

> 癸未（嘉靖二年）春，進貢大明國。弊（敝）邦有奸細之徒，竊府庫燒火，偷弘治勘合，竄居遠島，渡茫洋到寧波府，訴於太監三司大人。我使臣逢之欲殺，則奸賊盜走。使臣逐北至餘姚縣，武官璡爲之嚮導。於是使臣擒拏袁璡，同舩而渡陋邦。來歲艤舩而奉送袁璡等三員，伏冀陛下預達大明上皇之清聽而示諭，則不啻不杇（朽）之恩霑。（註一〇〇）

與景林同時前往朝鮮的大內氏使者，也攜記載有關袁璡的函件去。（註一〇一）由日本使臣送還之朝鮮漂流民金必（弼）說，在大內氏那裏的寧波府人希望經由朝鮮回國。此寧波人雖稱裴大人，但朝鮮亦知其爲袁璡。中宗擬於六月同時接見景林與大內氏使者，乃詢各大臣應否申奏送還袁璡事。衆陪臣以爲不可。漂流民金必等言：前後抵朝鮮之日本使臣及大內氏使者，俱爲對馬人所僞稱，而景林之出使朝鮮，亦爲大內氏所主謀。而此事之爲博多商賈之在商業，對馬之在政治背景下產生，實不難推測。（註一〇二）如從當時所發生事情經過來衡量，則金必之言足以採信。因上舉足利義晴的尺牘內容，與嘉靖六年在京都託付琉球僧之尺牘內容迥然有異，乃以持弘治勘合之鸞岡瑞佐、宋素卿爲奸，擬於明年遣貢船及奉還袁璡，而請朝鮮預爲轉達者。之後，大內使僧於嘉靖七年請轉送明人袁希玉等三人，並致呈於明之書信。此袁希玉或許與袁璡爲同一人。（註一〇三）

4.廷臣的補救之策

寧波事件爆發後，對於加強邊防，已形成共識，如據嚴從簡《殊域周咨錄》卷二〈日本〉的記載，其主要者有如下數端：

兵部尚書金獻民議謂：

備倭衙門地方久處承平，武備盡已廢弛，相應依擬差官閱視。但恐前項地方廣闊，周迴萬里，一人顧理不周，本部欲便移咨都察院揀選歷練老成御史二員，各請勅一道，分定地方，一員自山東直抵淮陽、蘇、松，一員自福建直抵廣東各沿海地方，其浙江就令差去給事中勅內該載整理，各分投親詣沿海一帶閱視。

世宗覽〈疏〉後，命着差去給事中上緊前去，會同清軍御史，用心訪察，將各官失事等情，查勘明白，分別等第，並究各夷致亂原因，進貢眞僞。對於沿海一帶的邊備問題，則認爲不必差官，只着各該撫按都督併海道備倭守巡等官，嚴加隄備，閱視整頓，不許怠玩。

刑科給事中張逵疏稱：

浙江寧、紹、台、溫、杭、嘉六府，地濱溟海，境接倭夷，實東西之巨屏，北都之外帑也。是以國家建設衛、所，特置都指揮以總揖之，封墩、戰艦、軍器，靡不周備。蓋恐外寇時窺中區爲梗耳。臣見去年倭夷入貢，恣睢仇虐，橫居生靈，戕及都司，吾中國大被虔劉，拱手莫捄，實由武備廢殘，素有蔑視之意，將來之患，恐未可量，固不可不預爲之處也。伏望皇上查照巡視舊例，添設諳悉事故加意民隱都御史一員，請勅督理將前項封墩、戰艦、軍器之數，一一增修，令不失舊，然後奏聞成績，徐議功賞，以輟其任，庶中國奠安，而小醜絕窺覬之心矣。

由於當時戶科給事中劉穆承命訪察倭夷事情，所以世宗不允張逵的建議，而勅令劉穆仍往浙江沿海地方整理武備等事。

劉穆奉命訪察浙江地方後上〈疏〉曰：

節該欽奉勅浙江沿海地方，武備久廢，爾仍會同巡按督併海道備倭並守巡等官親詣各處查勘，原設墩堡、兵器、戰船及官員、軍士，一一修復振作，從宜區畫，務俾武事修舉，堪以保障，事完回京復命。臣會同巡按浙江御史潘倣親詣寧、紹、台、溫沿海地方，一應武備逐一修舉，從宜區畫，事完，另行造冊奏繳。外間有事關重大，稍議興革，雖未盡合機宜，聊以補塞罅漏，謹用條陳：一、添設巡視重臣。東南諸夷惟倭黠猾，比北虜尤爲難制。我太祖遣信國公湯和親詣沿海經略數年，是以兵威大振，夷醜竄伏。今醜衆窺伺，邊境危疑，雖嘗嚴督海道官員整飭修舉，但壞之於百年之餘，而欲復之於一旦之驟，雖才智拾倍過人者，恐不能立致成效也。況南北延袤千有餘里，中間衛、所、堡、寨、錢谷、甲兵，不減陝西三邊之一，，獨責成海道一人，威權既不加重，施爲且不自專。添設都御史巡視地方，督理戎務，假以便宜之權，寬以歲月之久，位望之重，既足以清肅頹頑，委任之專，又足以振刷積習，何武事之不舉，而邊患之足慮哉！一、召募補伍軍士。臣巡歷沿海衛、所，查點額設，軍士逃故者既已過半，老弱者又多不堪，凡遇出海守哨，未免足此缺彼，武備之費（廢）未有甚於此者也。議將各衛、所、縣、軍民舍餘人等願充軍役者，量行召募在官，塡補逃亡正軍，以便差撥出海，此固權宜區畫之道，亦急迫不得已之舉也。一、選調才能武職。臣請將在京在外各衛指揮等官查選才識優長，性氣剛果，武藝閑熟之人，量加調遣，分布沿海邊衛，每處二三員，或令把總守禦，或令掌印管操，加以鼓舞振作，扶植誘掖，氣習剛勁，既足以振起頹風，騎射精熟，又可以教習士眾，新舊無牽制之人，挾詐有指據之迹，庶幾體統一正，號令一新，積習可祛，兵威聿振矣。（註一〇四）

張逵、劉穆等人雖提出上述建議，但未獲世宗之同意。

八、結語

由上述可知，明、日兩國因寧波事件而關係惡化。明朝當局擬以日本之擒送宗設謙道等人，及送還指揮袁璡來做一個解決。日本則請歸還宋素卿，及賜金印與嘉靖新勘合，而在嘉靖十八年（天文八年，一五三九）大內氏經辦之貢船至中國時，除重作上述要求外，並請歸還宗設舊貨。因日方始終在推諉責任，所以明朝當局在初時雖威嚇如不接受此方所提條件，就要閉關絕貢，但如爲正式貢船時，卻未予深究，此可由《明史》〈日本傳〉所謂：「果誠心效順，如制遣送」，瞭解個中情形。寧波事件後，明朝當局並未積極實施閉關絕貢政策，而對嘉靖十八年來貢的使者之態度，也未以其可否爲問題，只在求證其是否有姦謀異志。因此，秋山謙藏所謂：嘉靖二年發生寧波事件後，明朝當局便閉關絕貢，裁撤市舶提舉司的說法（註一〇五）自屬不確。

明廷懲於此一事件的發生，乃更加嚴格地執行日本的來貢問題，與之同時，也加強執行海禁。尤其到了嘉靖二十年代，廷臣大都主張厲行海禁，結果，海禁較往日更爲嚴厲。雖然如此，明朝當局並未積極採取閉關絕貢措施，僅令備倭衙門等嚴飭海防，使日方嚴守貢期、船數、人員等限制，並嚴禁使臣一行與奸謀之徒私通，以爲此一事件之善後，（註一〇六）且分別於嘉靖三年四月、四年八月、八年十二月申飭海禁。迄至二十六年，則命朱紈爲浙江巡撫，擔負取締倭寇的大責重任。（註一〇七）

據《明史》卷二〇五〈朱紈傳〉的記載，朱紈初當巡撫時的海防情形是：

> 浙、閩海防久隳，戰船、哨船十存一二。漳、泉巡檢司弓兵，舊額二千五百餘，僅存千人。

可見明廷在寧波事件後並未加強海防，故其防備設施至二十年代已鬆懈到幾乎不能派用的地步。

因此，朱紈乃採用福建按察司僉事項高與士民之言，革渡船，嚴保甲。並言：「不革渡船，則海道不可清，不嚴保甲，則海防不可復。」（註一〇八）而說出其所以造成今日狀態的原因，與其對應措施。由於朱紈採「革渡船，嚴保甲，搜捕奸民」之措施，遂引起閩、浙大姓之勾倭與從事走私勾當者之不安忌恨，遂共謀排斥他。結果，朱紈因受福建出身的巡按御史周亮，給事中葉鏜等之排擠而失位，其嚴厲海禁也因之寢而不行。

朱紈失敗的原因，固在其手段嚴急，致招閩、浙大姓之忌，然如據《明史》本傳的記載，紈為長州（江蘇吳縣）人，則此事當與出身福建的周亮、葉鏜等人之因出身不同而來的派系傾軋有關。紈被絀後，數年之間不復設巡撫，直至三十一年（天文二年，一五五二），鑒於倭寇猖獗的嚴重，乃命王忬擔任斯職，然忬對倭寇激烈的寇掠已束手無策，（註一〇九）終於進入所謂嘉靖大倭寇時期。忬後，李天寵、張經、周琓、楊宜等人先後擔任此一職務，於三十五年二月，胡宗憲繼其任。（註一一〇）宗憲計捕徐海、陳東、麻葉等渠魁，並遣蔣洲、陳可願赴日招降倭寇頭目王直，於是倭寇的擾害便從兩浙轉移閩、廣而逐漸平息。不久以後，沿海居民方得安堵。

註釋：

註一：鄭樑生，《明史日本傳正補》（臺北，文史哲出版社，民國七十年十二月），頁二三九～二四〇。

註二：《明大政纂要》，十三。明葉向高，《蒼葭草》（明萬曆刊本，葉臺全集之一），十四，〈日本考〉。

清谷應泰，《明倭寇始末》（清活字本，學海類編集餘二，事功之一）。明徐學聚，《國朝典彙》（明天啓四年刊本），卷一六九，〈兵部〉，三，日本，永樂元年（一四〇三）條。明陳建撰，沈國元訂補，《皇明從信錄》（明啓禎間刊本），同年條。明茅瑞徵，《皇明象胥錄》（明崇禎間原刊本），二，〈日本〉。《吉田家日次記》，應永十年（一四〇三）三月三日條。《南方紀傳》，應永十年條。

註三：《明太宗實錄》（本文引用之《明實錄》爲史語所影印本），卷二三，永樂元年九月丙子朔己亥條。

註四：《明史》（百衲本），卷三二二，〈日本傳〉。

註五：室町幕府的主要職制，指稱被任命爲管領，侍所所司的家族。能擔任管領者爲足利氏之族人斯波、細川、畠山三氏，謂之三管領；能任侍所所司者爲赤松、一色、山名、京極四家，謂之四職。此二職位由上述各氏輪流擔任。

註六：參看竹內理三，〈中世寺院と外國貿易〉，上、下，《歷史地理》，七十二卷一、二號（昭和十三年七、八月）。

註七：森克己，〈中世に於ける對外認識の展開〉，《立正史學》，十七（昭和二十九年十二月）。

註八：同前註。

註九：同前註。

註一〇：如從宋明理學立場，尤其朱熹學說的立場而言，人民應守的「分」，就是忠君愛國，不問政治是非，完成人民應盡的義務。參看吳晗〈明教與大明帝國〉，《清華學報》，十三卷一期，及《朱元璋傳》

（北京，三聯書店，一九六五年二月）。

註一一：《明太祖實錄》，卷四九，洪武三年（一三七〇）二月辛酉朔庚午條。

註一二：岩見宏，〈總說〉，《岩波講座　世界歷史》，十二，中世，六（東京，岩波書店，一九七一年二月）。

註一三：小葉田淳，〈中近世に於ける東亞國際關係史の展開——日本を中心として〉，《史窗》，八（一九五四年十二月）。

註一四：鄭樑生，《明代中日關係研究》（臺北，文史哲出版社，民國七十四年三月），頁二〇。

註一五：佐久間重男，〈明初の日中關係をめぐる二三の問題——洪武帝の對外政策を中心として〉，佐久間著，《日明關係史の研究》（東京，吉川弘文館，平成四年二月），頁四三～一四〇。

註一六：鄭樑生，註一四所舉書頁六四。

註一七：《明太祖實錄》，卷一五三，洪武十六年（一三八三）四月甲戌朔乙未條。

註一八：明申時行等重修，《大明會典》（明萬曆十五年（一五八七）司禮監刊本），卷一〇八，〈禮部〉「朝貢」條。《皇明外夷朝貢考》（鈔本），卷下。

註一九：瑞溪周鳳，《善鄰國寶記》（續群書類從本），卷中，〈文明二年（一四七〇）龍集庚寅臘月二十三日臥雲八十翁瑞溪周鳳書于《善鄰國寶記》後〉。

註二〇：同註一八。

註二一：《皇明外夷朝貢考》，卷下，〈外國四夷符勅勘合沿革事例〉云：「凡各國四夷來貢者，惟朝鮮素號秉禮，與琉球國入賀謝恩，使者往來，一以文移相通，不待符勅、勘合爲信」。

註二二：《明太祖實錄》，卷八九，洪武七年（一三七四）三月甲申朔癸巳條。

註二三：《明太祖實錄》，卷一〇六，洪武九年（一三七六）五月甲寅朔條。

註二四：《明英宗實錄》，卷三，宣德十年（一四三五）三月癸酉朔丁酉條。

註二五：《明英宗實錄》，卷一〇六，正統八年（一四四三）七月甲寅朔辛巳條。

註二六：《明英宗實錄》，卷一〇〇，正統八年（一四四三）正月丁巳朔癸亥條。

註二七：《大明會典》，卷一一五，〈禮部〉「膳饈」條。

註二八：《明憲宗實錄》，卷五五，成化四年（一四六八）六月己丑朔乙丑條。

註二九：小葉田淳，《中世日支通交貿易史の研究》（東京，刀江書院，昭和四十四年一月，再版），頁三一八。

註三〇：准許朝鮮一歲數貢事，可由《皇明外夷朝貢考》，卷上，〈朝貢〉，二，「外國四夷朝貢沿革」外國條所言：「朝鮮古高麗國。洪武二年（一三六九），國王遣使奉〈表〉賀即位，請封，貢方物。五年（一三七二），令三歲或一歲遣使朝貢。二十五年（一三九二），更其國號曰朝鮮。永樂元年（一四〇三），其王奏辯祖訓條章所載弑逆事，詔許改正。自後每歲聖節、正旦、皇太子千秋，皆遣使奉〈表〉，朝貢方物。其餘慶慰，常期若忠。朝廷有事，則遣使頒詔於其國王，請封則亦遣使行禮。」

知其內容。參看《大明會典》，卷一〇五，〈朝貢〉，東南夷，「朝鮮國」條。

註三一：《明世宗實錄》，卷二二七，嘉靖十八年（一五三九）閏七月丙申朔甲辰條。

註三二：《明孝宗實錄》，卷三七，弘治三年（一四九〇）四月癸未朔癸卯條。

註三三：《明世宗實錄》，卷一四，嘉靖元年（一五二二）五月丙午朔戊午條。

註三四：參看鄭樑生，《明代中日關係研究》，頁七六～七七。

註三五：《蔭涼軒日錄》（京都，〔英德社內〕史籍刊行會，一九五三年十二月），文明十九年（一四八七）六月二十六日條。

註三六：同前註。

註三七：策彥周良，《初渡集》（續群書類從本），嘉靖十八年（一五三九）五月二十七日條。

註三八：前註所舉書同年同月二十九日條。

註三九：咲雲清三，《咲雲入唐記》，寶德三年（一四五一）三月二十日條。

註四〇：同前註。

註四一：《壬申入明記》。

註四二：策彥周良，《初渡集》，嘉靖十八年（一五三九）九月十九日條。

註四三：策彥周良，《再渡集》（續群書類從本），嘉靖二十八年（一五四九）七月二十八日條云「寅刻，參內謝昨日筵宴事」。

註四四：明鄭舜功，《日本一鑑》（民國二十八年商務印書館據舊鈔本影印本）〈窮河話海〉，卷七，「封貢」條。

註四五：小葉田淳，註二九所舉書頁三八八。

註四六：釋尋尊，《大乘院寺社雜事記》，永正二年（一五〇五）五月四日條。

註四七：《明太宗實錄》，卷九，下，（建文）四年（一四〇二）六月癸丑朔庚午條。吳緝華，〈明代建文帝在傳統皇位上的問題〉，《大陸雜誌》，十九卷一期。

註四八：佐久間重男，〈永樂帝の對外政策と日本〉，《北方文化研究》，二（昭和四十二年三月），並見於佐久間著《日明關係史の研究》，頁九七～一四〇。

註四九：豐田武，《日本商人史》中世篇（東京，東京堂，昭和二十四年十一月），頁一三九。參看森克己，〈勘合貿易の性格〉，《歷史教育》，一卷一號（昭和二十八年九月）。

註五〇：《蔭涼軒日錄》，文明十九年（一四八七）五月十九日條。同書同年同月十八日條記載寺院籌辦貢品事云：「本月十六日，奉命查詢以東洋允澎為正使時呈獻大明之貢品，及赴華時機，故今日使悰子往問。天源院肅源東堂答曰：『原擬遣渡唐船十艘，嶋津雖獲勘合，但辭而不往，故只九艘赴華。其中三艘為天龍寺所有。貢品由寺家備辦，大明之回賜品皆為公物，其餘寺家所有』。」其餘指抽分錢。

註五一：脇田晴子，〈室町期の經濟發展〉，《岩波講座　日本歷史》，七，中世，三（東京，岩波書店，一九七六年四月）。

註五二：佐藤進一，〈室町幕府論〉，《岩波講座　日本歷史》，七，中世，三（東京，岩波書店，一九六三年五月）。

註五三：佐々木銀彌，〈東アジア貿易圈の形成と國際認識〉，《岩波講座　日本歷史》，七，中世，三（東京，岩波書店，一九七六年四月）。

註五四：同前註。

註五五：同前註。

註五六：有關室町幕府經濟基礎薄弱的問題，請參看鄭樑生，《明代中日關係研究》，第三章第二節。

註五七：參看竹內理三，前舉〈中世寺院と外國貿易〉，及小葉田淳，前舉書頁五五～二〇三。

註五八：豐田武，前舉《日本商人史》中世篇，及《堺》（東京，至文堂，昭和三十二年十二月）。

註五九：明錢薇，〈海上事宜疏〉（《承啓堂集》，卷一。《明經世文編》本）云：「宣德而後……求貢不絕，蓋非貢則不能得所用物，其意誠不在貢而在商也」。

註六〇：參看豐田武，註五八所舉書。

註六一：參看栢原昌三，〈日明貿易に於ける細川・大內二氏の抗爭〉，一～五，《史學雜誌》，二十五編九號～二十六編三號（大正三年九月～大正四年三月）。

註六二：佐々木銀彌，註五三所舉論文。

註六三：小葉田淳，前舉書頁六一～六三。

註六四：前註所舉書頁六三～六五。

註六五：《朝鮮世宗實錄》，卷四六，十一年十二月癸酉朔乙亥條。

註六六：小葉田淳，前舉書頁六六～七一。

註六七：前註所舉書頁七二～七三。

註六八：應仁之亂，日本室町時代末期的一四六七年，肇因於幕府將軍之繼任人選和管領畠山、斯波兩家之繼嗣人問題，與細川（東軍）、山名（西軍）等勢力強大的守護大名之互爭雄長問題糾結在一起，爆發於京都一帶而二分天下的大亂。此一戰亂長達十一年，結果，京都成爲廢墟，幕府權威掃地，莊園制度破壞，地方上的武士崛起，終於發展爲戰國大名領國制。另一方面，因公卿貴族爲逃避戰亂而疏散至地方，遂成爲促進地方文化發展的因素之一。

註六九：小葉田淳，前舉書頁七二～七三。

註七〇：同前註所舉書頁一三〇～一三一。

註七一：明嚴從簡，《殊域周咨錄》（明萬曆間刊本），卷二，〈日本〉。

註七二：《明世宗實錄》，卷二八，嘉靖二年（一五二三）六月庚子朔戊辰條。《明史》（臺北，臺灣商務印書館，百衲本），卷三二二，〈日本傳〉。

註七三：明夏言，《桂州奏議》（明嘉靖刊本），卷二，〈請勘處倭寇事情疏〉。

註七四：鄭樑生，《中日關係史研究論集》，十一（臺北，文史哲出版社，民國九十年十一月），頁八七。

註七五：同註七一。

註七六：同前註。

註七七：同前註。

註七八：同前註。

註七九：《明武宗實錄》，卷六二，正德五年（一五一〇）四月丙戌朔庚子條。同書同卷二月丁亥朔己丑條則曰：「日本國王源義澄，遣使臣宋素卿來貢，賜宴、給賞，有差。素卿私饋（劉）瑾黃金千兩，得賜飛魚服。陪臣賜飛魚，前所未有也」。

註八〇：《明世宗實錄》，卷二八，嘉靖二年（一五二三）六月庚子朔戊辰條。

註八一：明夏言，《桂州奏議》（明嘉靖靖刊本），卷二，〈請勘處倭寇事情疏〉。

註八二：同前註。

註八三：明嚴從簡，《殊域周咨錄》，卷二，〈日本〉。

註八四：同前註。

註八五：同前註。

註八六：《明世宗實錄》，卷三二，嘉靖二年（一五二三）十月丁酉朔丙寅條。

註八七：參看小葉田淳，前舉書頁一四三～一四四。

註八八：同註八一。

註八九：《明世宗實錄》，卷三三，嘉靖二年（一五二三）十一月丁卯朔癸巳條。
註九〇：同前註。
註九一：同註八一。
註九二：同註八三。
註九三：同前註。
註九四：同前註。
註九五：小葉田淳，前舉書頁三六四～三六五。
註九六：《歷代寶案》（臺灣大學影印本），卷三五，〈符文〉，卷三五，「執照」，卷二九。
註九七：《續善鄰國寶記》（續群書類從本）〈遣大明表別幅〉。此係致禮部〈咨〉，所書日期為嘉靖六年（一五二七）丁亥秋捌月日，署「日本國王源義澄咨」。
註九八：小葉田淳，前舉書頁一四七。
註九九：前註所舉書頁一四八。
註一〇〇：《朝鮮中宗實錄》（漢城，國史編纂委員會，一九八一年十一月），卷五四，二十年（一五二六）乙酉四月庚寅朔乙巳條。
註一〇一：前註所舉書同卷同年六月己丑朔甲寅條。
註一〇二：同註一〇一所舉書頁一五〇。

註一〇三：《朝鮮中宗實錄》，卷六二，二十三年（一五二九）五月庚午朔壬申條。
註一〇四：明嚴從簡，《殊域周咨錄》，卷二，〈日本〉。
註一〇五：秋山謙藏，《日支交涉史研究》（東京，岩波書店，昭和十四年四月）。
註一〇六：《明世宗實錄》，卷二八，嘉靖二年（一五二三）六月庚午朔甲寅、戊辰；卷三三，同年十一月丁卯朔癸巳；卷五〇，四年（一五二五）四月庚寅朔癸卯；卷五二，同年六月己丑朔己亥；卷二三四，十九年（一五四〇）二月甲子朔丙戌各條。
註一〇七：《明世宗實錄》，卷三三五，嘉靖二十六年（一五四七）七月庚戌朔丁巳條。《明史》〈日本傳〉。
註一〇八：《明史》，卷二〇五，〈朱紈傳〉。
註一〇九：《明史》〈日本傳〉，嘉靖三十一年（一五五二）條。
註一一〇：《明史》〈日本傳〉，嘉靖三十二年（一五五三）二月條。

《再造藩邦志》所見之豐臣秀吉

一、前　言

衆所周知，日本豐臣秀吉曾於明萬曆二十年（朝鮮宣祖二十五年，一五九二）四月十三日發動大軍，兵分八路入侵朝鮮。以迅雷不及掩耳之勢，先後攻陷釜山、東萊、梁山、密陽、大邱、彥陽、慶州等城鎮，以及蹂躪朝鮮南部各地，逼近王京。檢討朝鮮軍之所以如此脆弱的敗北，乃由於在日軍入侵之前雖已獲豐臣秀吉即將入寇之消息，卻不採因應措施，致喪失防敵先機；且當時政府綱紀廢弛，及因政爭而疏忽國防所致。至於金時讓所謂：「時昇平二百年，民不識兵，望風瓦解，無敢嬰其鋒」（註一），亦即長久過慣太平盛世的朝鮮人不知兵，固亦爲其理由之一，但侵略軍之使用新式武器——鳥銃，尤爲使朝鮮軍慘敗的重要因素。

四月十七日，來自釜山的警報傳到王京，使朝鮮當局慌張不已。由於朝鮮軍所在皆北，致使朝鮮君臣大爲氣索，不知所措，竟出令鳥嶺、竹嶺之守將後退，放棄防守據點之下策。二十九日，宣祖因無嫡長子，乃以其第二子光海君琿聰明好學爲理由而立之爲世子，設分朝。五月二日，侵略部隊渡漢江，攻陷都城。自其登陸僅十九日，王京竟輕易落入敵人之手。此後，明朝曾應朝鮮之乞求派遣大軍馳援，朝鮮國內也組織義軍抗敵。其間也曾經有過談和及册封秀吉爲日本國王之議，明廷且曾派遣册封使赴日，除册封秀吉爲日本國王外，德川家康、小西行長以下各倭酋也都分別封給官職，並賜與官服。後來因加藤清正之舉發和談內幕而激怒秀吉，致使其再下令對朝鮮用兵，使此一半島上的居民復陷於水深火熱之中。迄至萬曆二十六年八月中旬因秀吉病歿，日本方纔停止其侵略。（註二）

秀吉所發動前後兩次長達七年的侵略戰爭，使朝鮮幾乎每一寸土都被捲入戰爭漩渦，致其社會、經濟陷於混亂，而人口的流動，身分的變遷，及兵制、稅制方面也都有很大的變動。朝鮮既然受到如此重大的浩劫，那麼，他們對秀吉這個侵略元兇到底有怎樣的認識？茲以申炅《再造藩邦志》所記載之相關文字作爲探討之重點。

二、壬辰倭亂前的朝日關係

日本之覬覦朝鮮半島，由來已久。如據《三國志》〈魏書〉，卷三〇，「東夷傳・倭人」條的記載，在三世紀頃，此一半島的南端已有倭人的一個小國——任那，由此看來，以此爲立足點的倭人勢力及於朝鮮半島的時間相當早。當時該半島有自四世紀初從中國東北南下，佔據漢樂浪郡之故地的高句麗，與從辰韓之地崛起的新羅兩國之勢力較爲強大，致百濟與任那因受新羅與高句麗之壓迫而向倭求援，所以大和朝廷乃決定遣軍至半島。五世紀初所建「高句麗好太王（廣開土王）陵碑」記謂：大和朝廷曾自辛卯年（三九一）起至五世紀初，倭兵渡海擊敗百濟、新羅、加羅而加以統治。百濟雖服屬於倭，新羅卻求救於高句麗，所以倭乃聯合百濟以攻新羅，且與高句麗之部隊戰於現今京畿、黃海兩道附近。（註三）

大和朝廷的勢力伸張到半島的結果，就在新羅南部的任那置「日本府」（Yamatonomikotomochi），並遣吏將駐紮其地，以為該地之「國宰」（kuninomikotomochi），於是它就成為倭國皇室之直轄地，無論在經濟上或文化上，都更加提高其朝廷在國內的聲望。

自從大和朝廷於朝鮮半島確立橋頭堡以後，在五世紀時，曾為使其與朝鮮半島之交通更為有利，乃以百濟為媒介，不斷遣使朝貢中國南朝。然至仁德天皇以後，因皇位繼承問題所引起之內訌，與豪族擅權所引起的國內政治之動搖，致地方官們各為其黨而爭，使國家在軍事、外交政策上無法採取統一方針；而五朝元老大伴金村割讓任那四縣給百濟，致引起任那之怨懟，及受國內人士之責難，即為此一時期發生之事情。當此之時，新羅乃趁機與高句麗聯合，自六世紀以後便得以急速發展，壓迫百濟，致任那諸部落國家中僅存的一個國家也終於五六二年降服新羅。結果，「日本府」亦隨之而亡。任那之滅亡，不僅意味著大和朝廷失去收入豐富的直轄地，也表示倭國統治朝鮮南部的霸權已告結束。迄至天智天皇之治世（六六二～六七一），日本雖曾應百濟之要求遣軍馳援，卻在白村江（錦江）與唐、新羅之聯合水軍作戰而全軍覆沒（六六三）。

當大和朝廷於五六二年喪失在半島所佔據的殖民地任那以後，欽明天皇始終耿耿於懷，故於五七一年易簀之際，遺言太子（敏達）要收復任那。所以不僅敏達天皇，就是在那以後的用明、崇峻兩天皇，也都爲任那問題費盡心思。尤其在崇峻晚年，曾遣大軍至筑紫（福岡縣）威嚇新羅。如據《日本書紀》等史乘的記載，聖德太子對朝鮮半島問題亦未採取消極政策，故於其推古天皇五年（五九七）以後，倭國與新羅之間的交通又活潑起來。六〇〇年，聖德曾經企圖發遣征討新羅之大軍；明年，遣將軍前往高句麗與百濟，藉謀收復任那之地。十年二月，則以其同母弟來目皇子爲將軍，使其統率以「國造」、「伴造」爲單位徵調之兩萬五千將士渡海。同年四月，來目統率此一部隊前往筑紫，屯駐於島郡（福岡市西方之糸島半島），準備渡海遠征新羅。然至六月，來目患病，翌年二月死亡。因此，遠征之舉遂寢而不行。

十一年四月，聖德更以其庶兄當麻皇子（一名麻呂子皇子）爲征新羅將軍。七月，當麻自難波（大阪）踏上征途。但在出發後數日，卻因乃妻病亡而返，於是遠征又遇挫折。此前後兩次的遠征企圖雖未能實現，卻由此可知，日本始終對朝鮮半島虎視眈眈，不懷好意。

七世紀以後至十三世紀前的數百年間，雖鮮有日本人騷擾半島之事件發生，惟從十四世紀三十年代開始，該國朝廷分裂成爲南北兩朝，致國內板蕩，民不聊生。在此情形之下，其西陲的壹岐、對馬、松浦等地原已因土地褊小、瘠薄，不事農業，未免饑饉，而必須仰粟於外之居民之生活益發困窘。他們由於衣食無所出，所以前往半島恣行作賊，以求溫飽者日多。其規模在初時爲

二、三艘，劫略對象則爲搬運租粟、租穀的漕船，在陸地工作的男婦。惟至後來，每入寇，不僅姦淫擄掠，竟連婦女、嬰孩亦屠殺無遺。（註四）

　高麗爲消弭倭患，曾於恭愍王十五年（一三六六），以元之征東行省名義發出牒狀，擬藉大元帝國之威名，以達到其要求禁戢倭寇之目的。（註五）惟日本對此一請求並未給予積極回應。但事經兩年後，高麗與日本西陲對馬島之間的交通關係成立。同年七月，高麗使者前往對馬島。十一月，對馬島遣使高麗，獲米千石，外交折衝的和平工作遂告成功。然因高麗政府在此以後並未採取進一步措施，致寇亂復起，遂導致辛禑王時期的寇亂之猖獗。（註六）

　高麗在辛禑王時，也爲消弭寇亂而曾先後派遣羅興儒、安吉常、鄭夢周、李子蕤與韓國柱、尹思忠等名臣赴日。這些使節人員固以室町幕府爲其交涉對象，卻與該國西陲的武將今川、大內諸氏確保了聯繫，要回若干被擄男婦，獲得些許效果。雖然如此，倭寇肆虐如舊，而幕府竟亦無法採取有效的禁遏措施。職此之故，高麗竟因倭寇之繼續蹂躪與其本身之積弱不振而加速滅亡。（註七）

　高麗滅亡以後，以外交方式消弭寇亂的策略亦爲朝鮮所繼承，並且又採綏撫政策，對來降的倭人准其貿易，或授予官職，或准其定居。（註八）由於此一策略獲得室町幕府（一三三三～一五七三）第三任將軍足利義滿之積極回應，故日方之對送還被擄朝鮮人表示熱忱者日多。在此情形下，倭寇之肆虐便較往日大爲減少。而朝鮮之曾於一四一九年派遣大軍攻擊倭寇淵藪對馬島，此事值得注意。

十五世紀時，對馬島主宗氏以及幕府將軍、諸大名、諸豪族等多各自遣使前往李氏朝鮮積極促進貿易。朝鮮則爲防寇亂之再次發生而與之周旋，但又怕因貿易擴大而增加財政負擔，乃對貿易加以嚴格限制。結果，擬欲擴大貿易之日本與欲限制貿易的朝鮮之間便形成對立而終於引發三浦之亂（註九）。所謂三浦，即釜山浦、薺浦、鹽浦三個港埠，乃朝鮮指定爲日本船隻停泊之港口。其居住該三處之日本人謂之「恒居倭」。初時，朝鮮所允許居住三浦之日本人共六十人，迄至十五世紀末則已多至三一五〇人，形成日埠。他們以日本船之來航從事走私，及經商、捕魚，購地務農或從事高利貸，對馬島主遣「代官」加以管理。因此，朝鮮當局對三浦之日本人的行動頗爲警戒而加以監視，並欲限制其貿易，及遣還超額恒居倭，禁止私販，限制漁業，課以力役而取締其不法活動。在此情形之下，恒居倭終於一五一〇年發生暴動，以爲抗議。此後，朝鮮態度轉趨強硬，與對馬斷絕一切關係。惟從其他地區前往之日本人則予以接納。因此，對馬乃倚靠日本國王（室町幕府將軍）與大內氏進行交涉，於一五一二年締結壬申條約（註一〇），力圖恢復昔日對朝鮮貿易之規模而未能如意。然在一五四四年竟又因倭寇船隻二十餘艘侵掠半島，殺傷朝鮮人，故朝鮮政府有人提議與日本全面斷交，惟對馬仍利用日本國王名義頑強交涉，乃得於一五四七年簽訂丁未條約（註一一），不過其對朝鮮之貿易仍大受限制。此後，宗氏雖以取締倭寇爲理由多遣大、中船各二艘，小船一艘，但至豐臣秀吉入侵朝鮮的十六世紀九十年代，已不復有這種貿易來往。

三、豐臣秀吉的侵略朝鮮

日本於十六世紀六十年代結束長達百年的戰國時代（一四六七～一五六七），從此步向了近世。當發生此一胎動以後，乃產生織田信長、豐臣秀吉、德川家康之統一政權，結束群雄割據的局面。

戰亂時代乃弱肉強食的時世，在此嚴酷的情勢下首先使國內步上統一之路的就是織田信長。織田誕生於尾張「守護代」之家，他自一五六〇年在桶狹間（Okehazama，愛知縣）擊敗今川義元以後，以破竹之勢兼併四鄰各「國」。其間，足利幕府於一五七三年滅亡。

早在一五四三年，自廣東航向寧波的葡萄牙人，在寧波近海遇到颱風，被漂流到九州南部大隅半島南方約二十公里的種子島岸，遂將「鐵炮」（洋鎗）東傳日本。此鐵炮傳至日本以後僅兩三年時間，便開始在根來、堺、國有等地製造，從而改變日本的戰術。而信長即是用此種新武器於疆場上，利用「足輕」採集團戰術擊敗強敵嶄露頭角。然統一全國的壯志未酬而竟為其部將明智光秀所襲擊，年僅四十九而亡（本能寺之變）。其一生雖短暫，卻留下許多輝煌業績，開拓日本近世的基礎。

織田信長的志業為其部將豐田秀吉所繼承。秀吉以武力進行平定全國之同時，逐漸推動「檢地」——丈量田畝（太閤檢地），以鞏固其徵稅基礎。並且發布「刀狩令」，使農民、寺院繳出刀、槍、鐵炮，及其他各種武器，以期兵、農完全分離，從而使農民遠離「一揆」——武力暴動之習慣，專心務農。此外，他還發布禁教令（禁止信仰、傳布基督教），廢除「關卡」及「座」——同業公會，以利交通、商業之發展。他也曾經鑄造金幣——大判、小判；銀幣——天正通寶、文祿通寶；銅幣（同銀幣），以推行貨幣政策。

日本即將統一的一五八五年九月，秀吉曾經向其部下一柳末安首次表明其欲遠征明朝之意。明年六月，當秀吉結束九州之役，即爲其入侵大陸之構想具體化，乃於其翌年五月，使對馬島主宗義調、義智父子至博多，當面命其促使朝鮮國王入貢，否則興兵征討。然宗氏因與朝鮮有貿易上來往，故受此命後頗覺爲難，但仍遣使前往朝鮮交涉，卻爲朝鮮王李昖所拒。爲此，義智乃於一五八八年十二月偕釋景轍玄蘇親赴朝鮮交涉，經許多波折以後，朝鮮方纔派通信使黃允吉、副使金誠一等赴日。又明年十一月，秀吉於其別墅聚樂第接見允吉，誤以爲朝鮮已服屬日本，告以欲入侵明朝，希望朝鮮作嚮導。朝鮮不聽。一五九一年六月，義智復往朝鮮，爲假道入明事折衝，但無功而返。就在這當中，秀吉一步一步的準備發兵，並曾先後遣使至臥亞（Goa）、呂宋、高山國（臺灣），促它們入貢，否則遣兵征討。對琉球則欲其獻糧助征，並決定於明年（一五九二）三月，兵分八路首途征戰。

一五九二年（明萬曆二十年，朝鮮宣祖二十五年，日本文祿元年）四月十三日，豐臣秀吉計畫出兵（壬辰倭亂、文祿之役），遣其部將加藤清正、小西行長、宗義智、釋景轍玄蘇、宗逸等，率領舟師數百艘，由對馬島渡海。（註一二）侵略軍從第一軍開始，依次登陸釜山浦與其周圍，翌日拂曉，圍釜山城而予以攻陷。僉使鄭撥中鳥銃陣亡。十五日，侵略軍繼攻東萊城，朝鮮軍雖勇敢抵抗，但府使宋象賢戰死，城被陷。左水道使元均聞日本入寇消息後，脫逃巨濟島右水營，走昆陽海上，致朝鮮水軍防禦崩潰，予侵略軍深入之良機。十七日，梁山城淪陷。十八日，密陽城易主。二十一日，大邱落入敵人手中。侵略者之第二軍於同月十八日，自釜山入寇。十九日，彥陽城失守。二十一日，慶州城被奪。其第六軍小早川隆景，第七軍毛利輝元所率侵略部隊，則以破竹之勢蹂躪朝鮮南部各地，逼近王京。（註一三）就如前文所說，朝鮮軍之所以如此脆弱的原因，乃由於黃允吉等通信使一行自日本返國報告秀吉即將入寇之消息後，朝鮮王廷並未採因應措施；及當時因政爭而疏忽國防，且民不知兵，更因日軍擁有鳥銃，方纔導致朝鮮軍慘敗。（註一四）

四月十七日，來自釜山的警報傳到王京，使朝鮮當局慌張不已。二十八日，都巡察使申砬與小西行長戰於忠州而亡，（註一五）諸軍潰走。因此朝鮮君臣大爲氣索，不知所措，竟出令鳥嶺、竹嶺之守將後退，放棄防守據點之下策。其朝議亦經一番爭執後，二十九日決定以宣祖之第二子光海君琿爲世子。然後世子之兄臨海君率金貴榮、尹卓然往咸鏡道；宣祖第六子順和君率黃廷彧、黃赫赴江原道募緊急之師；李陽元爲留都大將，與都元帥金命元留下防守。（註一六）

四月三十日，宣祖與世子以下奉宗社主版，於五月一日抵開城。翌日，侵略部隊渡漢江。宣祖聞首都陷於賊，即離開城。八日，抵平壤。自侵略部隊登陸後僅十九日，王京竟輕易落入敵人之手。李肯翊《燃藜室記述》，卷十五記載王京淪陷以後之情形曰：

時京城之人皆奔避，未久，稍稍還入。坊里市肆依舊，與賊相雜販賣。賊守城門，令我帶賊帖者，不禁出入。於是民盡受賊帖，服役於賊，毋敢違拒。亦有媚賊相暱，嚮導作惡者。如有謀議殺賊者，輒爲其民所告，燒殺於鐘樓前及崇禮門，極其酷慘以示威，髑髏積其下。

然侵略軍的殘暴實不止於此，竟掘宣、靖二陵，相互爭奪財寶。（註一七）侵略軍佔據王京後，即實施所謂之「八道經略」，從事普及日語，與課征稅賦等殖民工作。（註一八）然因朝鮮義軍之蹶起，與王世子光海君之分朝（註一九）所激起勤王護國精神的昂揚，中國之遣數十萬大軍馳援，以及自我保護之激勵，終於遏阻其侵略。

朝鮮當局雖爲安定民心，册立光海君爲世子，且爲因應日軍來襲，宣祖離開王京前往平壤，並分遣臨海君、順和君至江原、咸鏡兩道募兵，又請援於明。然二王子之募兵工作，卻因他們二人爲加藤清正所俘（註二〇）而終成泡影。

首倡請援於明的就是李恒福。他的意見被採納，而於援例遣聖節使之際，以柳夢龍爲使，特告以宣祖入遼東內附事，乞求明廷遣軍援救。（註二一）宣祖原有意立刻渡遼，然因有大臣言尚有未被佔領之地，時機猶早，所以乃聽從其建議，暫留義州。又獲知明朝允其入遼，及決定使其居

住義州對岸的寬奠堡，於是決定不走。（註二二）

朝鮮當局雖採納李恒福的意見請援於明，卻因在黃允吉自日本返國後，未據實將秀吉即將入寇之消息哨報於明，（註二三）並且在日軍入侵之初，朝鮮當局雖告急於遼東總督，而寬奠總兵即召見義州牧使黃璡，諭以援救之際，黃璡竟言：「弊（敝）邑兵力，足以當賊，豈勞大人之救乎」？而予以回絕。加之，日軍又如入無人之境似的佔領各地，所以明朝對朝鮮之懷疑，一時不能冰釋。抑有進者，其國王又逃至義州，欲入遼東，致連其國王之眞假亦被懷疑，故此請援是經過許多波折以後方纔獲准的。

初時，明朝由參將戴朝弁，遊擊將軍史儒，各率一支援軍前往朝鮮，聞平壤已陷，遂由林畔驛回到義州。此乃前此六月十七日，李德馨自義州至遼東請援，一日之間，上書遼東巡撫郝杰六次，且至其帳下慟哭，終日不離，杰頗爲感動，於是雖不及上奏，而便中先遣遼東兵五千相助之史實。（註二四）七月，遼東副總兵祖承訓銜命率兵五千往援。承訓乃遼東驍將，與北虜作戰有功。然承訓既未曾與日軍交鋒過，又不知敵人有鳥銃，更因他不諳地理，諜報工作也沒有做好，結果，戴朝弁、史儒及千總張國忠等皆陣亡而不得不返回遼東。（註二五）

祖承訓之敗，震驚國內，神宗因此採取一系列的國防措施，於登萊、天津、旅順、淮揚等處添募兵員，使之鞏固防禦。更懸賞有能恢復朝鮮者，給賞萬兩，世襲伯爵；因無人應募，沈惟敬乃於此機會登場。如據史乘的記載，惟敬係出身嘉興或平湖的市井無賴，客遊北京，與吳之俠妓吳澹如相通。澹如有僕鄭四（後改名沈嘉旺），亡命入海中，熟稔日本國情。惟敬索問於四，其所知有如親至日本。兵部尙書石星之妾父袁茂，於往澹如家遊玩之際，聞惟敬慷慨談論時事，乃薦於星。（註二六）星一見惟敬，即予採用，並予神機三營遊擊將軍頭銜，使其前往平壤。（註二七）

九月，惟敬已渡鴨綠江，前往日本軍營，求面見議事，使小西行長接受停戰五十日，並提出和談事，而使行長同意其要求。惟敬的此一意見之所以如此輕易的被接受，乃由於日軍當時的士氣低落，而行長本人又是個不希望使用武力者，並且朝鮮的寒冷天氣逐漸侵襲，使侵略軍難於忍受之故。（註二八）明軍在初時雖無談和之意，然李如松在碧蹄館之役喫敗後，神氣沮喪，而糧運又垂乏，故久留開城，無意進取。加之，幕中士鄭文彬、趙如梅，亦勸講媾，及疾疫盛行，所以想要早日結束此一戰事。當時朝鮮雖反對媾和，但明、日兩國卻逕自進行和談，開始外交折衝。明軍於一五九三年四月，復將沈惟敬送至日本軍中，使其從事交涉。因此交涉，壬辰倭禍告終，旋因和議失敗，日軍又於一五九七年丁酉再度侵略半島（慶長之役），直到翌年（明萬曆二十六年，朝鮮宣祖三十一年，日本慶長三年）八月十九日，豐臣秀吉在其所居伏見城病歿，其部將們方纔根據其遺言發布撤兵訓令，使此侵略戰爭落幕。明軍於兩年後，方纔全部歸朝。秀吉所發動前後兩次長達七年的侵略戰爭，使朝鮮幾乎每一寸土都捲入戰爭漩渦，而尤以南韓的穀倉地帶損害最大。戰後，全國的耕作面積不及戰前的三分之一，而南韓的損失爲尤大，慶尚道的可耕之地，只餘戰前的六分之一而已。人畜所受災害之大，當然不在話下。（註二九）因此，使其社會、經濟陷於混亂，而人口的流動，身分的變遷，及兵制、稅制方面也有很大的變動。秀吉對朝鮮所造成的傷害既如此，那麼，當時韓人對他的認識又如何？茲以申炅的《再造藩邦志》所見相關文字為中心進行探討，以瞭解其端倪。

四、《再造藩邦志》所見之秀吉

本文所據以論述之《再造藩邦志》，如據該書卷首所記，則為朝鮮「故成均進士申炅即左參贊夷簡公瑛之玄孫，領議政文貞公象村欽之孫東陽尉，文忠公東懷翊聖之第三子」，亦即宣祖外孫，於丙丁亂後，絕意於科第，而屏跡於泰安白華山下，自號華隱而纂輯者。書中所記時間，起於明萬曆五年丁丑（一五七七），迄於二十年壬辰（一五九二），凡十六年。其卷一之篇首謂：

> 此志以征倭志為源，參入《懲毖錄》，類說等書，且於集諸集中片言隻字有可取者附之，務其的確，不敢妄附己意。若其枝辭蔓語，街談巷說，不刪不節者，蓋便於通俗諺譯，而間以詩，證以志為名。

其在卷首錄列之引用文獻則為：

義昌君裒集：列聖御製　　佚　名著：象村集征倭志附

魚叔權輯許篈續：攷事撮要　　柳成龍著：西涯集懲毖錄附

李廷馨輯：東閣雜記
佚　名著：正氣錄
黃　愼記：東槎日記
安邦俊記：湖南義烈錄
崔　岦著：簡易集
高敬命著：霽峰集
俞　泓著：松塘集
尹斗壽著：梧陰集
李廷馣著：退憂亭集
宋翼弼著：龜峰集
張　維著：谿谷集
王　訓輯：續文文獻通考
沈國秀輯：皇明從信錄
沈朝煖著：沈太玄集

李睟光著：芝峰集類說附
李好閔著：五峰集
尹根壽著：日汀集
李恒福著：白沙集
趙　憲著：重峰集
黃廷彧著：芝川集
李山海著：鵝溪集
李德馨著：漢陰集
咸　渾著：生溪集
李廷龜著：月沙集
許　筠著：四部藁
佚　名著：熙朝奏議
申時行著：申文定公集
佚　名著：耳譚

等凡三十二種，，並且其中還有若干中原人士的作品，故可謂其所蒐集之資料相當豐富。非僅如此，本書所徵引之韓人著作，不乏在壬辰倭亂爆發當時的朝鮮政府要員所撰述者。例如：李山海爲領議政，柳成龍爲禮曹判書，尹斗壽爲戶曹判書，黃廷彧曾奉陪順和君前往江原道募緊急之師，李德馨爲吏曹正郎，且曾被任命爲宣慰使接待日本使節；俞泓曾被任命爲謝恩使，出使中國；高敬命則爲義兵將，曾與侵略軍作戰過。

申炅的《再造藩邦志》所徵引的文獻既多，那些資料的作者又多是豐臣秀吉入侵當時身居要職者，故其所記錄有關秀吉之來歷與生平之內容，理應確實、可靠才是，但事實上卻未必如此，信而有徵者並不多。其卷之一於敘述自古至十六世紀八十年代的韓、日兩國關係以後云：

（豐臣）秀吉平定諸島已十餘年矣。或云：「秀吉中國福建人，少販傭爲生，漂到日本，編於士伍，累功爲關白」。或云：「本日本民丁，嘗樵于途左，遇關白。左右欲殺之。關白釋之，用爲前部刀手。出征鄰國，有斬獲功，遂賜姓。善諂佞，得幸。名曰十吉次郎。累建戰功，爲大將軍，攝行相事。復賜姓羽柴，名執前。次年，弒關白，逐其子而自立爲關白。並吞諸國。不以干戈，以黃金行詭計得之」。或曰：「源氏政亂，其臣信長弒之而代位；源氏舊臣明智又殺信長而自立；秀吉又殺明智而自立；秀吉即信長親臣也」。

《再造藩邦志》又云：

或云：「平清盛秉政，父子、兄弟盤據要路，奢淫日甚，道路側目。源氏朝竄伊豆州，起兵據關東，乘勝逐平氏。平氏仍據筑前等九州，與源氏分其地，連年相攻。源賴朝孫爲源家康，乃歸服於秀吉。秀吉即平氏家奴，初以販魚，醉臥樹下。適關白信長出獵，遇秀吉沖（衝）突。侍者欲殺之。秀吉有口辯，應答如流，信長收，令養馬，名曰木下人。又善登樹，呼曰猴精，賜與田地。因助信長計取二十餘州，信長恐其造反，加賜田地爲鎮守大將。時大界有參謀官阿奇支者，得罪信長，恐見殺。乘信長不備，刺殺之。秀吉乃勒兵掩殺，乘勝遂佔關白之位。信長之第三子御分置之部下而養育。丙戌年間，以天正改爲文祿元年，自爲大閤王，傳關白之位於其侄秀次。秀次即秀定之子。或曰傳於養子孫七郎，字元吉者，季三十」。是數說咸得於傳聞，未能詳其直的也。

更云：

大抵秀吉得國以來，計取六十六州，分爲二關，東號曰大板關，西號曰赤間關。二關各有戰艦數十艘，其舟櫓大者三十六枝，次三十枝，又次二十枝。又有閩人教造閩船，仲春之時，悉至千丈溪點齊。選兵自十八歲至五十歲而止。善機詐者，年雖七十亦用之。所奪六十六州，皆質其子弟。各州實非心服，乃威計所迫。山城州築四座城，名曰「聚快樂院」，俱在大界等處大界，山城州小地名每城週圍三四里，高聳三四重，池溝深闊二十餘丈。其中大廈連亙，樓閣層疊，危瓦峻甓，粧以黃金。下隔百餘間，將民間美麗子女拘留淫戀。又嘗東西游臥，令人不知所在，以防陰害。秀吉有一孫兒病故，殺乳母十餘人。若聞護屋女婢有外情，輒將男女燒殺于大界野中；究殺知情婢僕七十餘人。其殘酷若此。

大家都知道日本有天皇，該國於九四一年以藤原忠平爲關白（註三〇）後始有關白之制。然能擔任關白者，僅限於藤原、近衛、九條、一條、鷹司五家而稱爲五攝家。近世之初，豐臣秀吉、豐臣秀次之被任命爲關白，乃屬例外。

有關秀吉的生平，多爲小說式神話，令人難於採信。如據江戶（德川）幕府麾下的旗本（註三一）土屋知貞所著《太閤素性記》的記載，則秀吉爲尾張「國」（愛知縣）中村人。織田信長之父信秀之足輕（註三二）木下彌右衛門之子，乃母出生於同「國」御器所。秀吉初名木下藤吉郎。青少年時代仕於久能城主松下嘉兵衛之綱，二十歲前後爲信長僕役。（註三三）故上舉文字所謂秀吉在路上遇見關白，且謂關白之左右欲殺秀吉而爲關白所釋，用爲前部刀手，云云。我們雖不知其所說關白爲誰，但事出無據。至其所記秀吉爲中國福建人，以販傭爲生而漂流到日本，結果被編於士伍，云云，更是無稽之談。至於木下之爲秀吉自乃父傳下之姓氏，而其初名爲藤吉郎，且非因諂倭而得名十吉次郎，尤無須贅言。

一五五九年，織田信長下令修築清州城（愛知縣）。某日，城牆倒榻約六百尺，經二十餘日而未能修復。秀吉見此浩歎。信長聞之，乃命秀吉負責此一工程。於是他將工程人員分成十組，平均分擔六十尺的工程。結果，翌日全部完工。從此以後，其才華爲信長所賞識，俸祿加多。（註三四）

之後，秀吉一直在信長麾下服務。一五六八年以後，以將校而嶄露頭角，翌年被提拔爲京都守護。故《再造藩邦志》所謂：「累建戰功爲大將軍，攝行相事」，亦與事實不符。至於秀吉之所以在後來不姓木下而改姓羽柴，乃由於他平日仰慕柴田勝家、羽柴長秀等兩位武將，遂各取其姓之一字爲己姓而稱羽柴，此爲十六世紀七十年代前期之事云。（註三五）

一五七〇年，秀吉從信長參加越前（福井縣）之役，征伐淺野長政與朝倉義景；三年後，因功獲賜淺井之地十八萬石，時年三十八歲。此時信長已平定近畿，廢室町幕府（一三三三～一五七三）將軍足利義昭，並將他徙於若江。一五七五年，與武田勝賴戰於長篠而大捷。又使瀧川一益討伐北條氏，柴田勝家攻打上杉氏。（註三六）當時，毛利氏割據山陽、山陰十餘州（中國地方），而浮田直家又在備前（岡山縣）、美作（岡山縣）與之互通聲勢，故其勢甚熾。信長乃決定西征，並以秀吉爲前鋒。一五七七年，秀吉率兵前往中國地方，費五年歲月經略播磨（兵庫縣）、備前、美作、但馬（兵庫縣）、因幡（鳥取縣）五「國」。五年後攻入備中「國」（岡山縣），圍薄高松城（香川縣）。毛利氏獲東軍大舉來臨的消息後，曾遣使謀和，但秀吉不輕易聽從其要求。（註三七）然信長竟於同年六月二日，在京都本能寺爲其部將明智光秀所襲擊，戰敗而自盡（本能寺之變）。（註三八）秀吉獲此噩耗後嚴予保密，首先同意毛利氏的要求。（註三九）光秀獲信長死訊的時間爲六月三日，但在四日即與毛利氏締結了和約，（註四〇）五日，命討伐明智光秀的部隊動身。（註四一）當秀吉得悉討伐自己的大軍已近，乃悟大勢已去，遂聽從部下的建言，欲逃亡勝龍寺，進入坂本城，卻在途中爲草寇所狙擊而橫死。（註四二）

一五八二年十月，秀吉被任命爲左近衛少將。當時信長的繼嗣未定，諸將乃聚會於清州，以信長遺命立其長子信忠之子信秀，使居安土城（滋賀縣）。但柴田勝家、瀧川一益、佐々成政等人，利用信長之子信孝與其兄信雄爭權，乃共謀反抗秀吉，欲與之並立。於是秀吉首先進兵美濃（岐阜縣），逼近岐阜。信孝佯求謀和，秀吉乃取其人質撤兵。（註四三）

明年正月，秀吉部署七萬兵，分成三隊，由三道入伊勢（三重縣）攻瀧川一益。勝家得此消息而蹶起，使佐久間盛政陣於柳瀨。信孝亦舉兵響應一益、勝家。之後，秀吉分別使蒲生氏鄉出戰一益，堀尾吉晴抗拒信孝，並自率諸軍前往柳瀨，於賤岳擊敗北軍，生擒佐久間盛政，並長驅逼進北莊。結果，勝家自盡，柴田家滅亡，（註四四）而信孝亦自殺，佐々成政、瀧川一益投降，北陸地方大致平定。（註四五）五月，秀吉被敘從五位，擢爲參議。六月二日，在京都大德寺爲信長舉行逝世周年的法事以後不久，遷到大阪去。（註四六）

當時秀吉的威勢已壓倒天下，使織田信雄感到不滿，故與德川家康聯手反抗秀吉。一五八四年三月，秀吉入犬山城，家康則以小牙山爲據點。四月，在長久手發生激戰，秀吉的驍將池田信輝、森長可等陣亡，西軍敗北，因此形成兩軍對峙的局面。其間，秀吉向信雄謀和。十一月，與信雄會於矢田河原，單獨和談成立。秀吉復與家康談和，家康乃以其子義丸（秀康）爲人質。（註四七）小牧山之役於是結束。但當秀吉向東進軍之際，土佐「國」守長曾我部元親曾經略四國，竊窺大阪，職是之故，秀吉乃降元親，割其三個封「國」，從此南海方面亦被平定。（註四八）

一五八四年十一月，秀吉晉陞從三位，被任命爲大納言。明年三月，晉陞正二位，擔任內大臣；七月，爲關白。又明年十二月，由正親町天皇賜新姓，改稱豐臣秀吉。（註四九）因此，上舉《再造藩邦志》的記載與事實有很大的出入，不足爲信。

又，上舉文字所言秀吉將關白之位讓與秀次的記載雖正確，但秀次並非他的侄子。如據日本史乘的記載，乃是他的外甥，亦即秀次是秀吉之姊日秀與三好吉房之所出。秀次在賤岳之役及平定紀伊、四國之際，因戰功而獲賜近江（滋賀縣）四十三萬石的領地。一五九一年，秀吉因其子鶴松夭亡，故乃以秀次爲養子，且將關白之職位讓給他而自稱「太閤」。惟當其次子秀賴於一五九三年誕生後，由於偏愛自己之所出，遂後悔將其地位及家產讓與秀次的時間過早，加以其毫無意義的對外侵略野心與殘酷心理，遂致於一五九五年七月，將秀次放逐於高野山（和歌山縣）而使其自殺，連秀次的妻妾、幼子等三十餘人，也拖至京都加茂川沙洲，在安放著秀次首級的面前，將他們全部斬首。（註五〇）故秀次雖曾一度位極人臣，然其結局卻非常的悲慘。

再則《再造藩邦志》所謂平清盛（一一一八～一一八一）秉政之際，父子兄弟盤據要路，奢淫日甚，道路側目。源氏朝竄伊豆州起兵，據關東，乘勝逐平氏。此一記載的內容雖尙正確，但平清盛係十二世紀的人，而平氏之全盛期亦在十二世紀。平氏之滅亡固由於受源氏之討伐所致，然源賴朝（一一四七～一一九九）之於鎌倉（神奈川縣）樹立武人政權係在一一八五年，但鎌倉幕府在一三三三年已經滅亡。可是《再造藩邦志》的作者竟將數百年以後，且與源氏毫無關聯的德川家康（一五四二～一六一六）當作賴朝的孫子，故其說事出無據，難免杜撰之譏。

至於《再造藩邦志》所言秀吉在山城州築四座城，名曰「聚快樂院」，俱在大界等處，云云，亦不知其所本者爲何？如據日本史書的記載，秀吉所築之城爲大阪城與桃山城，並無「聚快樂院」，故《再造藩邦志》所言者，應爲「聚樂第」之誤。聚樂第又名「聚快樂院」，乃秀吉營建於京都之具有城郭風格的宅第。它始建於一五八六年，翌年秋季竣工。兩年後，曾敦請其後陽成天皇行幸於此，以誇耀自己威勢。數年後，當他將自己職位讓與秀次時，也把這座豪華宅第讓給他，卻因秀賴之誕生而後悔不已。

以上係針對《再造藩邦志》所記載有關豐臣吉的來歷與生平作一番論述。此書雖彙整秀吉侵略半島當時的朝鮮政府要員及其他高級知識分子所撰著之書立言，卻由此可知，曾經飽受秀吉侵略之害的朝鮮大員們，對於秀吉的爲人與其來歷，不僅不瞭解，其所言者，亦大都沒有逸出道聽途說之範籌。

五、結　語

由前文可知，申炅編纂《再造藩邦志》時所參考、引用之文獻資料，不乏豐臣秀吉侵略朝鮮當時的政府要員的論著，據情推理，那些要員對秀吉的來歷與其生平，應該有某種程度的認識才對。惟就如以上所引文字可知，他們對豐臣秀吉這個侵略者相當陌生，極不瞭解，此一事實，令人費解。

值得注意的是秀吉發動大規模的戰爭，雖未能達到出兵侵略的目的，且又損失其出兵將士約三分之一的兵員與軍用物資，卻因吸收朝鮮進步的文化與技術而有所裨益。那些被侵略軍所俘的人員中，既有學者，也有陶瓷工與活版工人。而日本之因這些人所帶書籍，與窯業、印刷之新技術而促使其近世文化的內容更為豐富，實無容否定。然而一代梟雄秀吉的野心終於落空，其勢力也因其心腹諸將之疲憊而受挫，給在發動侵略戰爭期間，留在本國而未損一兵一卒的德川家康以確立統一政權的良機，致豐臣氏在秀吉之子秀賴之時便告滅亡（一六一五）。（註五一）

日本的對外侵略，雖因秀吉之死而暫告結束，但彼邦人士之對外侵略的野心並未因此收斂，而為其軍國主義者所繼承，如其明治初期由西鄉隆盛、江藤新平等人所倡之征韓論，與在那以後，在朝鮮國土陰謀策畫之江華島事件、甲申事變，利用東學黨之亂策劃的中日甲午之戰，以及在那以後發生的日俄戰爭、九一八事變、蘆溝橋事變、太平洋戰爭等即是好例。其間，它曾於一九一〇年，兼併韓國，使韓人陷於極端痛苦的深淵。直到一九四五年日本因戰敗而向聯軍無條件投降，韓人方纔擺脫了被日本軍國主義蹂躪的厄運。

註　釋：

註　一：苕上愚公（茅瑞徵），《萬曆三大征考》（明天啓元年鈔本），〈倭〉，上云：「朝鮮望風潰」。谷應態，《明史紀事本末》（清文淵閣四庫全書本），卷六二，〈援朝鮮〉。金時讓，《紫海筆談》（鈔本）。

註二：有關豐臣秀吉侵略朝鮮的經緯，請參看拙著《明代中日關係研究》（臺北，文史哲出版社，民國七十四年三月），頁五二三～六五三。李綱錫，《壬辰倭亂史》，上、中、下（新現實社，一九七五年八月）。

註三：參看拙著《日本通史》（臺北，明文書局，民國八十二年十二月），頁二〇。

註四：《高麗史節要》（漢城，亞細亞文化社，一九七二年七月。百部限定版），卷三〇，辛禑王元年秋七月條云：「諭全羅道元帥金先致誘殺藤經光。先致大具酒食，欲因餉殺之，謀緩而洩。經光率其衆浮海而去，僅捕三人，殺之。先致懼罪，詐報斬七十餘級。事覺，配戎卒。初，倭寇州郡，不殺人物，自是激怒，每入寇，婦女嬰孩，屠殺無遺。全羅楊廣濱海州郡，蕭然一空」。

註五：釋瑞溪周鳳，《善鄰國寶記》（續群書類從本），後光嚴院貞治六年（一三六七）丁未條。

註六：參看鄭樑生，〈明代中韓兩國靖倭政策的比較研究〉，收錄於鄭著《中日關係史研究論集》，八（臺北，文史哲出版社，民國八十七年四月），頁七一～一一三。

註七：同前註。

註八：同前註。

註九：三浦之亂，一五一〇年發生於朝鮮三浦的日本人之暴動，韓人稱爲庚午倭變。所謂三浦，就是乃而浦（今昌原郡熊川面）、富山浦（今釜山市）、鹽浦（今蔚山市）三個港口。當時居住於三浦的日本人被稱為「恒居倭」，他們從事貿易與漁業等工作。惟至十六世紀中宗就王位以後，為革新政治而對日本人的貿易亦嚴加統制，與之同時，也對他們的居住權加以種種限制。因此，「恒居倭」於一五一〇年四月，在對馬島主宗盛順的援助下襲擊三浦，殺害官員。結果，朝、日兩國的邦交斷絕。兩年後雖因簽署「壬申條約」而兩國關係獲得改善，但貿易港口卻被侷限於乃而浦一處，並且否定日本人在朝鮮的居留權。在此情形下，日本人的歲遣船與歲賜米便被削減。

註一〇：壬申條約，朝、日兩國於一五一二年簽訂之條約。為要重開前此兩年因三浦之亂而中斷之兩國關係，由對馬島之宗氏出面交涉所達成之協議。其內容是不同意日本人居留三浦，將宗氏每年所遣船隻減半，及將其往來之港口侷限於乃而浦等，致朝、日兩國關係大幅度的委縮。

註一一：丁酉條約，亦稱天文條約。一五四七年，朝鮮與日本之間簽訂者。為要恢復自一五四四年發生丁酉事變以來中斷之交通貿易，朝鮮當局同意開放釜山港，及允許對馬島主宗氏每年派遣二十五艘船（大船九，中、小船各八）至國。迄至一五五七年，日本雖以取締倭寇為藉口加派大、中船各二艘，小船一艘（丁巳條約），惟至豐臣秀吉發動侵略戰爭的前後時期已經斷絕。

註一二：《明史》（臺北，鼎文書局。點校本），卷三二二，〈日本傳〉。

註一三：鄭樑生，《明代中日關係研究》，頁五七九。

註一四：有關黃允吉、金誠一一行自日返國後，報告豐臣秀吉即將入寇之消息後的朝鮮王廷之動態，請參看鄭樑生《明代中日關係研究》，頁五六六～五七四。《國朝寶鑑》（漢城，一九七六年六月），及申炅，

《再造藩邦志》（臺北，珪庭出版社，民國六十九年九月。中韓關係史料選集，六），卷一。此《史料選集》爲臺北，中國文化大學史學系教受吳智和先生所贈送，在此謹誌深忱謝意。

註一五：《朝鮮宣祖實錄》（漢城，韓國國史編纂委員會，太白山史庫本影印本，一九八一年十月），卷二六，二十五年（一五九二）四月辛酉朔丁巳條。

註一六：《壬辰日錄》，一，萬曆二十年四月二十九日條。朴東亮，《寄齋史草》，下。

註一七：谷應泰，《明史紀事本末》（清文淵閣四庫全書本），卷六二，〈援朝鮮〉。《朝鮮宣祖實錄》，卷二八，二十五年丁亥朔條。

註一八：中村榮孝，〈文祿役にわが軍は朝鮮で何をしたか〉，收錄於《朝鮮》，第二七一號，及《日鮮關係史の研究》，中（東京，吉川弘文館，昭和四十四年八月），頁一二〇～一二五。

註一九：一五九二年（明萬曆二十年，宣祖二十五年，日本文祿元年）壬辰，豐臣秀吉的侵略軍逼近王京時，宣祖以其第二子光海君琿爲世子。同年六月下旬，當宣祖避難義州，光海君乃奉廟社留於寧邊，分擔戰時國務，此即所謂王世子分朝。

註二〇：夏燮，《明通鑑》（上海，上海古籍出版社，一九九〇年十月），卷六九，神宗萬曆二十年五月條。中村榮孝，《日鮮關係史の研究》，中，頁一四八。

註二一：谷應泰，《明史紀事本末》，卷六二，〈援朝鮮〉云：「時倭已入王京，毀墳墓，劫王子、陪臣，剽府庫，蕩然一空。八道幾盡沒，旦暮且渡鴨綠。請援之使，絡繹於路」。《朝鮮宣祖實錄》，卷二六，二十五年五月庚申朔戊子條。《壬辰日錄》，同年五月十九、二十九日條。朴東亮，《寄齋史草》，下。

註二二：《朝鮮宣祖實錄》，卷二七，二十五年六月己丑朔辛亥、壬子、甲寅條。

註二三：有關請援經過，請參看鄭樑生，《明代中日關係研究》，頁五六六～五七四。

註二四：諸葛元聲，《兩朝平攘錄》（明萬曆四十三年原刊本），卷四，〈日本〉。

註二五：同前註。申炅，《再造藩邦志》，卷二。

註二六：夏燮，《明通鑑》，卷六九，〈紀〉六九，神宗萬曆二十年八月乙巳條記載沈惟敬之事云：「時倭入豐都等郡。兵部尚書石星無所出，議遣人偵之。于是嘉興人沈惟敬應募。……惟敬者，市井無賴也」。谷應泰，《明史紀事本末》，卷六二，〈援朝鮮〉所表示之見解與此相同。諸葛元聲，《兩朝平攘錄》，卷四，〈日本〉。

註二七：德富猪一郎，《近世日本國民史》，豐臣時代，戊篇（東京，明治書院，昭和十年四月），〈朝鮮役〉，中，頁二九。

註二八：王崇武，〈李如松東征考〉。

註二九：山根幸夫，《明帝國と日本》（東京，講談社，昭和五十二年七月。《圖說日本の歷史》，七）頁一三九。

註三〇：關白，日本律令制度所規定以外的官。其唐名叫總己百官、博陸、執柄等。職司在天皇御覽前先行批閱一切奏疏，以輔佐國政，在天皇年幼時則謂之攝政。

註三一：旗本，通常指稱在戰場上的諸侯之直屬貼身衛士（武士）團，引申爲江戶時代幕府將軍之直屬家臣團。祿額萬石以下，可直接謁見將軍之上級武士。如據一七二二年所作調查的結果，總數約五千二百名。其中祿額百石以上，五百石以下者佔百分之六十。

註三二：足輕，日本中世以來之雜兵，腳輕而能疾走的步卒之意。

註三三：土屋知貞，《太閤素性記》（東京，近藤活版所，明治三十五年五月，《改訂史籍集覽》〈別記〉，第一二一）。《太閤記》（同前，大正八年五月，《改訂史籍集覽》〈通記〉，第二九），卷一，〈秀吉公素性〉。

註三四：《太閤記》，卷一，〈秀吉初て普請奉行の事〉云：「某日，清州城牆倒塌六百尺許，（織田信長）乃令上下級武士急速搶修。然工程進行緩慢，經二十餘日，仍未竣工，故有礙於防敵。秀吉見之，懊惱不已。……以爲如此遷延時日，無異招禍，何等危險，非設法早日完工不可。信長聞之，……命你趕緊搶修。於是秀吉乃往宿老處，言城牆之搶修，因『下奉行』之粗心，致遲遲無法完成。現由本人監工，俾使早日完成。……乃下令分組進行。故與『下奉行』商議，將六百尺長之工程，由十組人員平均分擔。結果，翌日峻工。且以木條支撐，設置火炬，清掃乾淨。信長由御鷹野回來，目睹此狀，頗爲感佩，給與不少賞賜。當晚，信長召見，增加其俸祿」。賴山陽，《日本外史》（松本基則刊行，明治三十二年四月），卷一五，〈德川前記〉，「豐臣氏」，上。

註三五：渡邊世祐，《室町時代史》（東京，早稻田大學出版部，大正四年九月。訂正增補《大日本時代史》，七），頁二六四。

註三六：《三河後風土記》（改訂史籍集覽本），卷一八，〈川中島一揆附瀧川一益關東總督の事〉。

註三七：同前註所舉書卷一九，〈羽柴秀吉毛利家講和の事〉。

註三八：《祖父物語》（東京，近藤活版所，明治三十五年五月。《改定史籍集覽》，第一三册）；《三河後風土記》，卷一八，〈明智光秀叛逆の事〉、〈信長公御父子生害の事〉。賴山陽，《日本外史》，卷一四，〈德川氏前記〉，「織田氏」，下。

註三九：同註三五。

註四〇：同前註。

註四一：《太閤記》，卷三，〈爲信長公弔合戰秀吉上洛之事〉。

註四二：《佐久間軍記》（改訂史籍集覽本），第一三册，〈明智光秀被討〉。《三河後風土記》，卷一七，〈光秀安土發向附蒲生義勇の事〉、〈光秀安土城奪財寶の事〉；卷一九，〈光秀青龍寺敗走附小栗栖最後の事〉。

註四三：《三河後風土記》，卷二〇，〈羽柴柴田合戰の事〉。

註四四：《賤岳合戰記》（《改訂史籍集覽》，第一三册），〈別記〉。《佐久間軍記》〈勝家自害〉。《太閤記》，卷六，〈柴田切腹之事〉。

註四五：《三河後風土記》，卷二二，〈佐々降參丹羽削封附關白家五奉行の事〉。

註四六：渡邊世祐，《室町時代史》（東京，早稻田大學出版部，明治四十五年七月。《通俗日本全史》，十），頁二七八～二八二。

註四七：《太閤記》，卷九，〈信雄卿與秀吉卿及鉾楯起之事〉、〈尾州犬山之城落居之事〉。

註四八：《三河後風土記》，卷二二，〈秀吉根來雜賀四國征伐の事〉。

註四九：同前註所舉書，同卷，〈秀吉公將軍職懇望附關白宣下の事〉。《太閤記》，卷七，〈關白職幷家臣任官之事〉。

註五〇：《太閤記》，卷一七，〈前關白秀次公之事〉、〈秀次公御切腹三使登山之事〉、〈御切腹之事〉、〈秀次公御若姬君幷御寵愛女房達生害之事〉。

註五一：愛宕松男、寺田隆信，《元・明》（東京，講談社，昭和四十九年。《中國の歷史》，六），頁三五六。山根幸夫，《明帝國と日本》，頁一四二～一六一。參看石原道博，〈萬曆朝鮮役後の日明交涉〉，收錄於《茨城大學文理學部紀要》，人文科學，第一三號。

日本五山禪林的心性論

一、前　言

華僧蘭溪道隆（一二一三～一二七八）的〈大覺禪師遺戒〉謂：「參禪學道者，非四六文章，宜參活祖意，莫念死話頭」；日僧夢窗疎石（一二七一～一三五一）的〈三會院遺誡〉亦謂：「如其醉心於外書，立業於文筆者，此是剃頭俗人也，不足以作下等」；希玄道元（一二〇〇～一二五三）的《正法眼藏隨聞記》第五則謂：「學人祇管打坐莫管他，佛祖之道只坐禪」。如從標榜「教外別傳，不立文字」（註一）之禪原有之立場來看，他們之有這種言論固爲理所當然之事，但以愛好學問、文學之士大夫階層爲主要支持者而在中國發展的禪宗，早在唐代已從其內部興起以偈頌（註二）爲中心的宗教文學，而此一傾向至宋代更爲顯著。（註三）迄至南宋時代編纂、刊行了許多禪僧們之詩文集——外集，且從南宋至元代之間出現許多以文筆聞名之禪僧，而尤以古林清茂（一二六一～一三二九）及其法嗣了庵清欲（一二八八～一三六三）爲著。當時東渡日本弘揚禪法的華僧，及到中國學禪的日本僧侶，他們不僅在宗教方面有很高的成就，而且在中國文學方面的造詣也很深，因此尊重偈頌的南宋、元代的中國禪林之風潮也隨著禪宗之東傳傳到日本。復由於當時日本人士之崇華思想濃厚，故日本禪僧之將大陸禪林的風儀與好尚原原本本的加以模仿，乃自然趨勢。更由於他們受到中國禪林詩文流行之影響，及當時的日本禪林重視文學的才華甚於道力，而文學方面的造詣又成爲品評禪僧功力之最重要依據，致他們爲研讀中國圖書，製作中國詩文而費盡心力。終於結出五山文學的花果，在日本儒學史上造成一個高峰。

只因他們在儒學方面的造詣很深，所以對儒家經典的含義都各有其獨自的解釋，或持與中國人士不同的見解。因此，本文擬以他們對中國人所重視「心」「性」問題的看法作爲探討的重點，以就教於大方。

二、日本禪林文學的發展

「教外別傳，不立文字」爲禪宗之宗旨，故它不似天台宗之以《法華經》，眞言宗之以《大日經》爲其所依之經典，而以禪定三昧（註四）之功，「一超直入如來地」（註五），亦即舉轉迷開悟之實，來「直指人心，見性成佛」（註六）。因它注重徹底的「行」（註七），所以它純粹的祖師禪（註八）之原有立場，對於教理（註九）、教相（註一〇）爲主的內典未予重視，因此，有關外典的學術作品，當然在排除之列。

然而，相傳菩提達磨曾把《楞伽經》帶至中國，將它傳給隋代禪僧慧可（四八七～五九三），而百丈懷海（七四九～八一四）之撰《百丈清規》以定禪林規矩，及《碧巖集》之根據《楞嚴經》第二之經文所為「楞嚴不見時」（註一一）之則，即表示禪並未完全否定智慧與戒律。（註一二）而中國禪林對《楞嚴經》、《楞伽經》、《金剛經》等內典的研究，從禪宗發達之初期即已開始，而強調「慧」（註一三）方面的教相與禪宗接近、融合，這種傾向在唐（六一八～九〇七）末至宋代（九六〇～一二七九）之間已經顯著。（註一四）

當禪宗於一一七〇年前後東傳日本以後，中國方面的教與禪，禪與淨土已經融合，所以對教理、教相的關心隨著高昂，研究內典的風氣漸盛。這種風氣也隨著禪宗之東傳日本而傳至日本，此可由首先將此宗（臨濟宗）傳至扶桑的明庵榮西（一一四一～一二一五）之台、密兼修，八宗兼學，及在京都一帶奠定禪宗基礎的圓爾辨圓（一二〇二～一二八〇）之八宗兼修事得而知之。（註一五）而辨圓之於至中國學佛東歸時（一二四一），將許多有關佛教的書籍帶回日本，便可知他教禪一致的立場，與他對內典修養之深厚情形。辨圓之這種態度，成為他創建京都東福寺及建仁寺日後活動的傳統，而此傳統又為採取禪教不分的夢窗疎石一派僧侶所繼承，因此，禪僧不但閱讀內典，而且又設法輸入內典。（註一六）

禪宗雖標榜不立文字，但他在中國卻是因獲得愛好學問與文學的士大夫階級之支持與發展的中國式佛教，故從唐代開始，在其內部就產生以偈頌為中心的宗教文學，此一傾向在宋代更形顯著。尤其在南宋時曾經刊行許多僧侶的詩文集——外集，而自南宋至元代（一二八〇～一三六七）

之間，以文筆名聞於世的禪僧輩出，如無學祖元（一二二六～一二八六）、兀庵普寧（？～一二七六）、古清林茂（一二六三～一三二九）等人，既是當時禪林的泰斗，也是傑出的偈頌作家。由於當時東渡日本的禪僧多出在彼輩門下，而至中國學習佛法的日本僧侶也多以他們為師，所以南宋、元代的中國禪林學習外集的風潮對日本產生很大影響，乃自然趨勢。（註一七）

禪宗雖標榜「教外別傳，不立文字」，但將「禪僧文學」否定論緩和到某種程度，並較早採容納它之立場，且作理論的闡明的，就是嗣古林清茂之法後渡日，給日本禪宗界很大影響的竺仙梵僊（一二九二～一三四八）。竺仙的日本弟子裔翔侍者問曰：

大凡作詩及文章，何者宜為僧家本宗之事？（註一八）

竺仙答曰：

僧者先宜學道為本也，文章次之，然但能會道而文不能，亦不妨也。（註一九）

裔翔又問：

多見日本僧以文為本，學道次之。翔見杜子美曰：「文章一小技，於道未為尊」，以此觀之，況淄流乎。故竊以為恨，然如何學道可也？（註二〇）

竺仙答曰：

汝能知之，猶可敬也。我國之僧，有但能文而宗門下事絕不知者，人乃誚之，呼其為百姓僧。若僧為文不失宗教，乃可重也。（註二一）

由此觀之，無論在中國或在日本，此一時期的禪僧之以文章爲第一，學道爲第二之風潮頗盛。如果但能會道而不能文，亦不可恥，反之則可恥之，而學道與文章能兩立者最爲可敬。竺仙對裔翔所問學道與文章之關係作更進一步之說明云：

但以道爲大事，以文助之，乃可發揚。凡世間一切，不可嗜而執著之。道法雖大事，然若嗜而執著，成偏僻，爲法塵，況文章乎。然譬如人食，有飯乃主也，若復有羹，方爲全食。無羹之時，未免咽滯而少滋味。以道之飯，得文之羹，百家技能爲菜爲饌，斯爲妙也。（註二二）

此言凡事不可執著，即使道法亦復如此。必須如飯之有羹，且以百家技能爲菜爲饌，方纔爲妙。嗣法古林清茂的大禪師竺仙梵僊之既出此言，則它對日本禪林的影響當非淺鮮。（註二三）

在日本禪僧方面，其所持意見與竺仙梵僊相仿者爲義堂周信（一三二五～一三八八），他說：

君子學道，餘力學文。然夫道者，學之本也；文者，學之末也。譬諸錦江，則道者錦之經也，文者錦之緯也。而本者江之源也，未（末）者江之流也。然則未有無經而有緯者，又未有無源而有流者也。上人其爲學之本乎？將其爲學之末乎？老杜以文章自負者，尚不曰乎？「文章一小技，於道未爲尊」。念哉！（註二四）

義堂雖以此告誡晚輩，但他又說：「一文一藝，空中小蚋」，此梁亡名子之言也；「文章一小技，於道未爲尊」，此唐杜甫子之言也。如二子言，則文章與夫道遠者明矣。而《雜華經》則說：「菩薩能於離文字法中出生文字」。又說：「雖隨世俗演說文字而恒不壞離文字法」。子劉子則說：「心之精微，發而爲文」。如此二者說，道固不外乎文字矣。（註二五）

義堂以爲：如從自利向上之第一義而言，就應將文章加以否定；從利他向下的立場來說，則在不執著於文字的條件下予以肯定。且言禪僧學詩文之本義與功用云：

凡吾徒學詩，則不爲俗子及第等，蓋七佛以來，皆以一偈見意。一偈之格，假俗子詩而作耳，諸子勉之！又，詩有補於吾宗，不翅唫詠矣！（註二六）

亦即他認爲詩文對禪門有益。京都東福寺僧侶友山士偲（一三〇一～一三七〇）則云：

夫詩之道也者，以修一心爲體，以述六義爲用。所謂曰「思無邪」者，蓋指一心之體也；移風易俗者，登六義之用也。以要言之，三教所談所說，不過體與用耳。然則作詩制文，於道有何害耶？（註二七）

友山既斷言作詩制文於道無害，則這種言論未嘗不可認爲是詩禪一味論的萌芽。仲芳（一作方）圓伊更云：

夫詩猶吾宗具摩醯眼，此眼既正，則一視而萬境歸元，一舉而群迷蕩，所謂性情之發，不約而自然正焉。科品云乎哉！聲度云乎哉！然則能禪者，而可以能詩也。（註二八）

亦即仲芳認爲只要從事禪之修行，摩醯眼，即開正法眼——眞理之眼，則即使不勞心於科品聲律等規矩，也自然能作合乎這種詩來。此言能禪，方能作出好詩。仲芳對禪僧作詩文的態度雖比較消極，卻舉：「古曰：文有二道，曰著述者，曰比興者」（註二九）而後說：

凡二者之爲也，雖非吾曹之專門，而黼黻（文章）宗教之一助，是亦不可偏廢者也。（註三〇）

也就是說，他認爲詩文爲禪道之一助，反對一概禁止。至於曾於明憲宗成化三年（應仁元年，一四六七），以居坐（註三一）身分至中國朝貢，回國後在薩摩（鹿兒島縣）開薩南學派的桂菴玄樹（一四二七～一五〇八），他對此一問題的看法是：

禪與詩文一樣同，紫陽今不可無翁；當軒坐斷熊峰上，四海空來雙眼中。（註三二）

而認爲禪與詩文相同，可以兼學。

在上述情形之下，日本禪林之學詩文者日多，而前此執日本儒學之牛耳的公卿貴族的學術研究又陷於家學化、僵化而停滯不前，故其禪林，尤其是五山禪林，終於取代公卿貴族，成爲日本中世學術之領導階層。此可由仲芳圓伊所謂：

（日本）國朝二百年以來，斯道稍衰，名教殆壞，朝廷不以科而取人，而士亦無世守之業，只存官員而已，不復問其人之才否。繇是學問之道益大廢矣。言文字者，吾徒之緒餘而不在薦紳之專門也。（註三三）

及時代稍晚於仲芳的雪嶺永瑾（生卒年不詳）所謂：「儒亦近來多廢業，螢螢飛入定僧衣」（註三四）獲得佐證。

禪宗的宗旨原是「教外別傳，不立文字」，但其儒學——朱子學研究居然成爲日本中世學術研究之主流，他們有關此一方面的研究到底如何形成、發展？下文擬探討他們對儒學的態度，以見其端倪。

三、日本禪林的儒學觀

禪宗之東傳日本，固在南宋時代隨著宋、日交通逐漸頻繁，當時日本佛教界的部分人士對其佛教感到停滯而無進步，致有不少僧侶先後至中國求新佛法之時，但其來學禪者之自動將禪移植日本，則在十二世紀末。禪宗東傳後不久，日益興盛，迄至其室町時代（一三三六～一五七三）就成爲日本佛教之主流。導致這種局面的原因，在於蘭溪道隆、兀庵普寧（？～一二七六）、大修正念（一二一五～一二八六）等中國高僧受彼邦人士之聘，先後東渡，後來更有因聞日人篤信佛教而自動前往者。在此情況下，遂使其鎌倉成爲「宋朝禪」之一大淵藪。（註三五）

日本禪宗是由於其僧侶至中國學習，及由中國禪僧東渡彼邦弘揚，中國學術之東傳，則可能以後者的力量爲大。尤其當浙江普陀山僧侶一山一寧（一二四七～一三一七）奉元成宗之命持詔赴日招諭，因受其公卿、武士之皈依而竟然不歸，除宗門外，也弘揚其他領域的學術如：理學、文學、史學的結果，日本禪林便開展研究中國學術的機運。復由於禪宗標榜「教外別傳，不立文字」，以「禪定三昧」之行，「一超直入如來地」，一切皆得「自肯自得，冷暖自知」，而有如《臨濟錄》〈語錄〉所謂：「三乘十二分教，皆是拭不淨故紙」，認爲五千四十餘卷黃卷赤軸對修禪無甚裨益。但禪既是以體驗爲基礎的般若（註三六）之宗教，也是重視師徒相承之行之宗教，故它傾向於崇尚由卓越的個性體驗出來的主體性所作具體表現之主體眞理甚於一般性眞理。更由於禪宗較其他任何佛教宗派都看重崇尚以個性體驗出來的主體眞理，以心傳心，遞代傳法，故每當禪僧圓寂後都由其弟子作比較正確的年譜、行狀及傳記，後來則將那些資料編纂爲傳燈錄，其故在於他們受到宋代中國社會的特色——朋黨對立的影響。（註三七）雖然如此，卻也可能受到南北朝正閏論的影響。（註三八）

既然禪僧們注重師徒相承，又重視自己的正統性，影響所及，他們除佛家經典外，自然也對僧史、僧傳表示關心，而日本禪林也受此影響。因此，圓爾辨圓於元代至中國學佛東歸時，方纔將《傳燈錄》、《廣燈錄》、《五燈會元》、《禪門正統》等，及與僧史、僧傳有關之漢籍帶回日本。

衆所周知，中國禪林深受士大夫的影響，所以那些士大夫平日所作詩文之形式也自然會影響禪僧。禪僧既然標榜「不立文字」，詩歌、文章便與學問一樣，在其日常修養中是屬於次要的。不過當他們默坐澄心而有所領悟時，就非將自己所悟者，或精神的境界用文字來表達不可。譬如當要向別人表示自己的禪悟時，實難以語言、文字來表達自己內心的境界。同樣的，爲師者欲以語言、文字將自己內心的境界提示弟子以誘掖他們，此事在禪的本質上實不可能。（註三九）所以禪，尤其是臨濟禪，乃重視棒喝等直指、直率的方式來表達自己之所悟。故對崇尚體驗的智慧，重視禪機的祖師禪而言，這應該是第一義的傳達知識的方式，則無論在時間上或空間上，其所傳達的範圍必有其囿限而相當狹隘。職此之故，禪僧們如欲將自己所領悟或所想的，廣泛地向一般社會表示，或將它傳諸後世，自非採取根據直觀所爲直指以外之方法不可。（註四〇）惟就禪的本質而言，以概念符號作爲說明的傳達方式並不適合，因此，禪僧們自非求其他的傳達方式，亦即非採取以指示的象徵所爲之傳達方式不可。例如：永嘉玄覺（眞覺大師，？～七一三）的《證道歌》或寒山的《寒山詩集》等，乍看起來似在記敘自然風物，其實是在歌詠其心地的風光或禪的宗旨。（註四一）所以禪僧們便把自己所領悟的，或自己的心境，用文字作象徵的表現或傳達而不作概念的表達，如許多禪僧之投機之偈，或宗峰妙超（一二八二～一三三七）之《碧巖集》之雪竇之偈頌，無門的偈頌等便是好例。更有進者，由於禪宗有長足發展的唐宋時代適爲中國詩文發達的黃金時代，而其自動皈依佛門或給禪宗以各種支援或保護的，又大多是上流知識階層，因此禪僧們藉文字來表達自己意念的風氣便愈益增長。（註四二）迄至宋代，則興起每當禪僧們要當住持時，往往作入寺法語，而其周圍的人們也有作山門、諸山、道舊、法眷、江湖等疏來道賀之風習。並且當要將法號授與其弟子之際，也要作含有祝福與警誡策勵之意的字說給他；又當其從事送葬時，也非爲死者辦法事，作法語不可。（註四三）在此情形之下，其所作偈頌或法語、字說的文字之巧拙，便成爲該禪僧之社會的評價之高低，從而文字之巧拙竟成爲評價禪僧之標準，致原本應以道力之大小或道眼的明暗評價禪僧之功力的方式反而無人採用。於是禪僧們便除從事應有之修行外，也致力於研讀內典以外的外典或詩文，從而掀起研究外典的風潮。而此一風潮，也隨著禪宗之東傳傳至日本。（註四四）

中國禪僧研究外典的風潮既然隨著禪宗之東傳傳至日本，那麼日本禪林對儒學——朱子學的看法如何？北礀居簡（一一六四～一二四六）云：

> 大乘之書五部，咸在釋氏，所以破萬法者也。爲《詩》，爲《書》，爲《禮》，爲《易》，爲《春秋》，則聖人所以妙萬法者也。初以《般若》破妄顯眞，則《詩》之變風變俗也。次以《寶積》顯明中道，則《書》之立政立事也。次以《大集》破邪見而正護法，則《春秋》明褒貶，顯列聚，大中之道也。次以《涅槃》明佛性，神德行，則《中庸》之極廣大而盡精微也。次以《華嚴》法界圓融理事，則《易》之窮理盡性也。（註四五）

此係將儒家之《易》、《詩》、《書》、《禮》、《春秋》五種經典，與釋家之《般若》、《寶積》、《大集》、《涅槃》、《華嚴》五種經典相比擬而認爲它們的旨意相同，儒、釋兩家所主張的內容一致。以南宋理宗淳祐六年（寬元四年，一二四六）赴日之華僧蘭溪道隆言之，他給鎌倉幕府執權（職稱）北條時賴（一二二七～一二六三）的〈法語〉云：

> 理天下大事，非剛大之氣，不足以常之，要明佛祖一大因緣，須是剛大之氣始可承當。今

尊官興教化，安社稷，息干戈，清海宇，莫不以定千載之昇平。世間之法，既能明徹，則出世間之法，無二無異。（註四六）

蘭溪所言「剛大之氣」，即至大至剛之氣，亦即孟子所謂浩然之氣。他的意思是如能養浩然之氣，便能臻於見性之境。也就是說，無論依世間法的儒教修養，和出世間法的佛教修養，結果相同而無二致。日僧虎關師錬（一二七八～一三四六）曰：

夫儒之五常與我教之五戒，名異而義齊，云云。儒、釋同異，只是六識之邊際也，至七八識，儒無分焉。（註四七）

西笑承兌（一五四八～一六〇七）則曰：

古今學儒者排斥佛經，學佛者排斥儒書，是世之常，而共不辨眞理也。釋尊生中國，設教則如周、孔；周、孔生西天，設教則如釋尊。儒、釋元來不涉二途，如鳥雙翼，似車兩輪也。（註四八）

當虎關、西笑等人的這種思想廣布以後，禪僧們修養體系中的儒學之比重便自然增加，研讀儒書正當化的理論根據也從而產生。

桂菴玄樹（一四二七～一五〇八）曰：

禪與詩文一樣同，紫陽今不可無翁；當軒坐斷熊峰上，四海空來雙眼中。（註四九）

又曰：

詩亦如禪我可參，不侵正位好司南；南詢算老類童子，五十過來一二三。（註五〇）

室町時代末期的景徐周麟（？～一五一八）也持與桂菴玄樹相同之見解曰：

古人以陶潛稱詩家第一達磨，所謂：「采菊東離下，悠然見南山」，得非少林拈華之旨耶？參詩禪，安心豈有二乎？（註五一）

景徐認爲像陶淵明似的經由作詩達到安心立命的境界，與因禪獲得安心者並無二致，所以他把禪僧之致力於詩文之事正當化。至於萬里集九（還俗後稱漆桶萬里居士）則更曰：

詩熟則文必熟，文熟則禪必熟。（註五二）

而認爲只要詩文熟，禪便自然能熟，詩就是佛家的《般若經》。（註五三）

日本禪僧既認爲儒佛不二，那麼其一致處在哪裏？茲舉數例如下：友山士偲（一三〇一～一三七〇）曰：

夫天機秀發者，如孟軻曰：「我善養吾浩然之氣」，塞天地之間。聖明間出，躬行太平之治化，則和氣薰蒸。著見于事物之間者，景星卿雲，天之瑞也；醴泉三秀，地之瑞也；文行忠信，人之瑞也，奴隸知其所以然也。然則孟子之益信，然雖吾佛祖之言亦爾。水邊林下，長養聖胎；霜露果熟，極成感至，則於一毛端，現寶王刹，坐微塵裏，轉大法輪，此亦我心之常分，非假他術，云云。（註五四）

理爲軌道，氣爲動力，力順軌推行，是爲道之大用。人無氣不生，道無氣不行。孟子善養其浩然之氣，在行大道。求浩然之氣之道，心須誠，行之有恒。此言孟子之浩然之氣，與禪之聖胎長養爲無別不二者，而以儒爲心性教。

彥龍周興（一四五八～一四九二）則曰：

（楊）誠齋（一一二七～一二〇六）平日長於心學，其說仁曰：「博愛謂之仁」。仁，覺也，世以爲至論，誠之用蓋止於此矣。今爲楊叔所取，不在彼而在此焉。心與仁與覺，三而即一，于眞于俗，表裏異而已。儒曰先覺，佛曰大覺，大覺乃能仁氏是也。昔在白鷺池畔，三十年間說般若，其肝心爲《心經》。論者曰：「《般若心經》，儒家者之所談，誠之一字也」。嗚呼！誠齋之言，良有以哉！（註五五）

此言誠爲心之本體，人善自覺不失心之誠者爲覺，爲仁愛之至。易言之，在禪方面，是在頓悟見性後得舉救世渡世之實，儒則誠意正心後廣博地覺人而愛之，亦即儒、佛兩教非二而相互一致。

天隱龍澤（一四二三～一五〇〇）更曰：

文者，道也，文之與道，未嘗相離也。道雖多岐（歧），只是一也；文雖衆躰，只是一也。儒氏之文，于天祿，于石渠。孔子呼曾子曰：「吾道一以貫之」。人問其故，曾子曰：「夫子之道，忠恕而已矣」。忠恕二字，其旨深。以忠恕一理，統天下萬殊也，是儒氏之文也。佛氏之文，于虯宮，於海藏。經曰：唯有一乘法，無二亦無三，是佛家者也。洙水之徒三千，領一貫之旨者，曾子而已矣；靈岳之衆百萬，讓一味之法者，身子而已矣。（註五六）

由此觀之，天隱和尚認爲儒、佛兩教在心性上一致，更及於老子之道，而認爲老子之道也是心性教。

日本禪林對儒學，尤其是朱子學的看法既如上述，那麼，他們對儒者所說「心」、「性」的見解又如何？下文擬討探這方面的問題。

四、心 論

天理有靈爲「知」，流行於宇宙，「天命」於人爲「性」。「知」賦之於「心」爲「良知」，人稟此「良知」以應萬事萬物，自能左右逢源，無入而不自得。人以「心」爲主宰，心有意念，意念所發，則及萬事萬物，而以「良知」認識之。(註五七)但人之氣質有高低，心常爲私欲（過分之欲）所蔽，或障礙所阻，其「知」不能直接認識事物，則無法知其眞相。《大學》之修身，則以「知」爲起點，是「知」必須推極而認識之（致知），其道在解除私欲或障礙（正），使它能直接至或感應事物，(註五八)故說：「致知，在格物」（第一章）。

致知格物之功夫，在捨棄「人心」，爭取「道心」。雜私欲者爲「人心」，不雜私欲者爲「道心」，「道心」即「天理」。「人心」得其正爲「道心」，「道心」失其正則爲「人心」；去私欲即去過分之欲，是爲「正心」（意誠），即返於「天理」（明德之境）。政府官員以愛民爲「明德」，若存有愛財之心，則貪污不正；欲爲好官，必須去愛財之欲，歸於正道。是人求達其「至善」之境，以修身爲本，其工夫爲「正心」。（註五九）《大學》〈傳之七章〉云：

所謂修身，在正其心者，身有所忿懥，則不得其正；有所恐懼，則不得其正；有所好樂，則不得其正；有所憂患，則不得其正。

先儒以天爲理所從出，「心」爲人之主宰，「心」受理於天爲性：格物，所以知「性」，窮理，所以盡其「心」之明也。人得天之理，存其「心」，養其「性」，以行其道；前者求知天理（知天），後者求行天道（事天）。君子之人，秉天理，行天道，其「心」不爲殀壽所轉移，一以仁立命：此孟子所言，以示修身之大用。（註六〇）

華僧癡絕道沖（一一六九～一二五〇）對「心」的看法是：

大哉心乎，巨無不周，細無不入；增不爲贅，減不爲虧。默爾而自運，寂然而善應。不疾而速，不行而至。方體不能拘，度數不能窮，昭昭然在日用之中，而學者不得受用者無他，蓋情想汨之，利欲昏之，細則爲生住異滅所役，麤則爲地水火風所使，忘己逐物，棄眞取僞，卒於流蕩不返者，舉世皆是。儻能去心之蔽，復性之本於日用之中，明見此心，則情想利慾，生住異滅，地水風火，皆爲吾之妙用。（註六一）

此文無絲毫禪味，宛如讀朱子學派之心性論。文中言「去心之蔽，復性之本」，分明是承襲程、朱二子之復性說者。

《四書》之教，以修身爲中心，身修之後，庶小可以齊家，大可以治國平天下。孟子曾言：

「修其身，而天下平。」（註六二）人而健全，其事親治事，前後左右，俱得其平。因此，古時稱修身成德之人爲君子。子路問君子者如何？孔子告之：修己以敬（存仁心），修己以安人（盡己待人），修己以安百姓（施情行道）。（註六三）癡絕道沖承之曰：

學道之要無他，修身正心而已，身之不修，折旋俯仰，動用周旋，踰規越矩，陷邪僻之域；心之不治，境風捲地，識浪翻空，前念未終，後念隨至，必有蕩而不反之患。（註六四）

此係攙雜著佛語來解說《大學》、《孟子》之所言，全屬儒者之見解，由此可知癡絕不僅尊奉朱子學，且以《四書》爲科條。

日僧岐陽方秀對「心」的看法是：

《周易》〈離卦〉：「離，明也」。明也者，明德也。明德也者，乃吾聖人之德，所謂一心也，人人之所具，素有之大本。寂而常照，照而常寂，若止水焉，若明德焉，若帝網珠焉。然則明德，一心之用；一心，明德之體，惟人不明之作狂，惟狂克明之則作聖。聖之與狂，其在一心之明與不明也歟？昔堯以此明德傳之舜，舜傳之禹，歷于夏、殷，暨周文王，厥德克昌，未洽于天下。武王繼而發之，明之於天下，而後有周公，有孔子，皆明明德於天下者也。吾佛大聖亦傳之大龜氏，大龜氏以傳之慶喜，慶喜之後，數傳以至達磨氏，始來於震旦，以至於慧日，而光明盛大，皆傳一心於萬世者也。其所傳者，異乎其名，而其實一也。（註六五）

此乃解「心」之定義，以論儒、佛不二，以《大學》之明德爲「心」之異名，心學之傳統自堯、舜相傳，而其說完全本自朱子。亦即岐陽將《大學》「明明德」之明德解釋爲禪所謂父母未生以前之本來面目，人人本具，個個圓成之佛性之名異體而同者，故將「明明德」解作與「見性悟道」同義。（註六六）不過，朱子以「明德」爲「心」之本體，岐陽則以「心爲本體」，「明德爲活用」，此爲岐陽識見之所在。

岐陽方秀又曰：

夫學也者，吾聖人設以爲修乎一心之標準也，曰戒，曰定，曰慧，三綱雖異，皆總乎是。其條品乎三十七，其階級乎五十二。假使君子孜孜矻矻，用力之久，而一旦豁然，優入至善之域，則一心之全體大用，無不明矣。於是乎施于父母，則謂之孝，用于兄弟，則謂之友，行閭里鄉黨、朋友、親族之際，則謂之忠信。凡遇一事，則有一名，雖名有幾百幾千，悉莫不出於一心焉。（註六七）

岐陽認爲：一心之作用，形於外而孝、友、忠、信等之千道萬行，唯以戒、定、慧三綱爲修身之法，而取諸佛教而已。其所言自「君子孜孜矻矻……一心之全體大用，無不明矣」的一段文字，可謂朱子《大學》補傳之翻版，可見其傾向朱子之深。（註六八）

「欲」過分，心爲其所蔽，「良知」因其失明，是非無可辨別；「良能」更無從施其眞「情」，而身無由立。儒家之道，以修身爲本，去過分之「欲」，心正身乃得立。本身健全，由格物而致知，而意誠，而心正，而身修（去欲制欲乃至克欲），身既修，乃得施情於齊家、治國、平天下。（註六九）岐陽又言「心」，以爲須使「心」明，「心」明則不爲外欲所蔽，「心」爲外欲所蔽而昏，則爲惡，故必須修身。曰：

夫〈離〉之爲卦也，其中乃虛，〈坎〉之爲卦也，其中乃實；實即虛，虛即實，所以且交且互者，在乎其中也。大哉！中之爲道也，吾佛設教，敍其緣起，則曰染，曰淨而已。若夫眾生苟迷此心，則惑也，業也，果報也，實乎險耶，流而不返，其義蓋取乎〈坎〉者也。一旦或資於人，或資於書，幡然警厲奮發，克自變天不美之質，明至善之德，則信也，解也，行證也，虛乎無耶？昭昭然，赫赫然，雖夫千日並照，其明不可爲之喻焉，其義蓋取乎〈離〉也，而咸具於一心也。（註七〇）

此乃融合儒、釋以立論，可謂巧妙之至。他又言修身之法，將修養與學問析爲二，此乃承襲朱子居敬窮理之法。修養之法須依據佛教戒、定、慧三綱，學問則必須讀書。讀書雖不知訓詁不可，但這只是枝葉，其要在於以書質心。曰：

海藏云：「余正和（一三一二～一三一七）已前，以書質心；正和已後，以心質書」。予每讀此語，未嘗不三復歎息。夫《詩》者，質溫柔敦厚之心，《書》者，質流通知遠之心，《禮》則質恭儉莊敬之心，《樂》則質廣博易良之心，《犧易麟經》則質素靜精微、屬辭比事之心，乃至《雜華》質一眞法界之心，《法華》、《楞伽》質中實神解之心，雖彼諸子百家外道異端，莫不咸質其心焉；不則衝棟汗牛，支腸柱腹，亦何益之有？其質書則非有亞聖之才，孰與於此？吾於此，乃知海藏亦未必生知之聖，但艱難勤苦而後得爾。（註七一）

海藏即日本禪僧虎關師錬。岐陽所記述這段文字，約言之，即：由修養、學問二法以明德，亦即使「心」之活用明正，則虛靈不昧之心之本體不損不滅，發而成爲至善之道，爲行，而可臻於與儒之聖人之大覺相同之地位。因此，

物格而后知至，知至而后意誠，意誠而后心正，心正而后身脩，身脩而后家齊，家齊而后國治，國治而后天下平。自天子以至於庶人，壹是，皆以修身爲本。（註七二）

不過正心修身，須立個目標，才有所著力。《大學》所止之處，爲「至善」；既定目標，乃能定，能靜，能安，能慮，能得。（註七三）雪村友梅（一二九〇～一三四六）則曰：

天下無二道，聖人無兩心。心也者，固乎萬物而不偏，卓乎三才而不倚，可謂大公之言，中正之道也。竺土大仙證此心而成道，魯國先儒言此道而修身，以至治國治天下。致知格物之理，若非統此而全之，其成功也難矣哉！故知道之所在，在天下則天下重，在一芥則一芥重。舜何人也，晞之則是妙悟玄契，何所往而不重也哉！（註七四）

此言道在證悟「心」，「心」證悟則道成。係言儒、佛兩教在這點上相契合。儒典是主要根據《大學》。其所言修身、治國、平天下、格物致知，皆八條目之語，亦即將《大學》之「明明德」與

禪之「見心」相結合。

龍泉冷淬（?～一三六五）對「心」的見解是：

心何爲者也？微而著，隱而顯，卷而縮之也。則不盈於握，舒而贏之也，則蔽於天地。愚兮聖兮，思之與不思之間矣。（註七五）

此乃以《中庸》「莫見乎隱，莫顯乎微」，或《中庸章句》之「放之則彌六合，卷之則退藏密」之語意來說明「心」。可見冷泉能消化《中庸》之思想而加以利用。（註七六）

至於正宗龍統（?～一四九六），他認爲儒、釋兩教俱以心爲道之本，識其心雖有頓漸之別，其所歸則一。並且論漸修之法即儒之修治法曰：

夫心者道之本也，是故儒之道，治心修心者也。佛之道，明心悟心者，治與修漸也。明與悟，頓也，心者，一也，治修明悟者，世，出世之異也。得道者皆大有慶矣，有慶者不一矣，生而有得者，老而有得者。生而得者夙植也，老而得者今修也。其修者，始之以至誠，中之以不欲速，終之以不懈。茲三者備，則欲毋慶，不可得也。（註七七）

此乃以儒教爲心之本的說法，這種說法，係根據程、朱之學而來。

以上係就日本禪林對「心」的見解作簡單的介紹，由此可知，他們雖從佛徒的立場來論述，然其說法卻與中國學者大致相同。

五、性　論

宇宙間之生生不息之機，有自然變化之理（非神之意志），謂之「天理」。「理」之靈處爲「知」，其活動力爲「能」（如原子能宇宙線然）。人「性」原於「天理」，是「性」亦有兩元，一爲良知（認識力），一爲良能（活動力）；前者爲知，後者爲行。（註七八）

性─┬─良知──知
　　└─良能──行

至「知」「行」之論，學者不同。孫中山謂：「行易知難」，人之氣質不同，或知不能行，知更能行。朱熹在程氏、胡宏的基礎上，一方面繼承了程頤的「知先行後」說，另一方面又承襲了儒家的一貫重視踐履的傳統思想，提出「致知力行，論其先後，固當以致知爲先，論其輕重，則當以力行爲重」（註七九）的知行觀。「今就其一事之中而論之，則先知後行，固各有其序矣」。（註八〇）王陽明則倡「知行合一」，如「惡惡臭」，如「好好色」，「惡臭」「好色」屬知，「惡」「好」兩字爲行。人既賦有「良知」與「良能」，對萬事萬物之演變，乃有自主之自信力，其對事物發生矛盾時，既不能由天解決，自覺責無旁貸，或思或學，以求治理。（註八一）

《禮記》〈樂記〉謂：「人生而靜，天之性也；感於物而動，性之欲也」。孫希旦《禮記集解》謂：「朱子云：『此言性情之妙，人之所生而有者也，性之欲，即所謂情也』。」韓愈〈原性〉則謂：「性也者，與生俱生也；情也者，接於物而生也；性之品有上中下三，而其所以爲性者五（仁義禮智信），情之品有上中下三，其所以爲情者七（喜怒哀懼愛惡欲）」。據此，知性情之爲物，乃一而二，二而一者。日僧中巖圓月對「性」的見解是：

仁者，誠也；知者，明也。誠也者，生乎天之性也；明也者，成乎人之學也。是故學不欲止，性不欲動。樂山者，以其生乎性也；樂水者，以其成乎學也。其性苟動，則喜怒哀樂之情輒發矣，其學苟止，則情欲之發，亦不能中節也。是故性近則中也。故《中庸》曰：「中也者，天下之大本也；和也者，天下之達道也」。以其天性，故曰大本，以其人學，故曰達道也。（註八二）

此雖在解釋「仁者樂山，智者樂水」之句，然其所根據者在於《中庸》〈第一章〉「喜怒哀樂之未發謂之中，發而皆中節謂之和。中也者天下之大本也，和也者天下之達道也」而自不待言。又，其《中正子》內篇之一的〈性情篇〉，乃對當時宋學之被視爲重要問題之「性」之論說，它認爲性是善惡未分以前之絕對，至其變、用之「情」，始生善惡之別。因此，他說：孟子以後之「性」論爲誤，而將「性」析爲「本然之性」與「氣質之性」，並且對朱子因「氣質之性」善惡相混，故「情」亦善惡相混的說法，提出他的見解。其成爲他這種「性」論之基礎的，既是禪家的佛性觀，也是《中庸》之思想。（註八三）這可從他在〈性情篇〉的開頭所說：

〈樂記〉曰：「人生而靜，天之性也；感物而動，情之欲也」。《中庸》曰：「天命之謂性」。又曰：「喜怒哀樂之未發，謂之中，發而中節，謂之和」。以予言之，所謂中則靜也，喜怒哀樂未發，則性之本也，天命稟之者，性之靜本乎天也。是性也，靈明沖虛，故曰覺。喜怒哀樂之發則情也，情者人心之欲也。是情也，蒙鬱闇冒，故曰不覺。(註八四)

得而知之。此乃以「性」爲本體，「情」爲其活用，「性」者靈明沖虛，如明鏡，如止水。又曰：靜者性之體也，常也，感而動則用也，變也。耳目之官引物而內諸心府，於是性不能不感動也，是以善惡取舍之欲生矣，苦樂逆順之情發矣。惻隱之仁，善惡之義，則情之善者也，敓斁之暴，驕佚之邪，則情之惡者也。噍殺怨懟之音，情之苦也，寬胖綽裕之容，情之樂也。皆無不本於性而發於情。(註八五)

如將此言與朱子所說者比較，則朱子所謂性情，係本自〈樂記〉與《中庸》，以「性」爲體，以「情」爲用，此乃中巖奉以爲據者。前文已說，朱子將「性」二分爲本然、氣質，以爲本然之「性」至善而其「情」亦至善；氣質之「性」則善惡相混，故其「情」亦善惡相混。與此相對的，中巖以爲「性」係超越善惡之絕對者，故其所用之「情」生善惡之別。此乃朱子、中巖兩人的相異處，而中巖之言似較朱子明快。(註八六)中巖又認爲諸儒之言「性」趨末忘本曰：

孟柯氏以降，言性者差矣，或善焉，或惡焉，或善惡混焉，或上焉、中焉、下焉而三之，皆以出乎性者言之耳，舍本取末也，性之本靜而已。善也惡也者，性之發乎情而出者也，末也，混焉者，兼二末而言之，亦是末也。(註八七)

中巖既言「情」有善惡，善者，正也；惡者，邪也，因此我們應節抑「情」而不使之走向邪惡，而應使之復歸靈明沖虛之本性。曰：

凡人之情欲，無窮於物而至暴惡，故聖人欲使節其情欲，而復天性而已。於是制設戒，以使人能養其欲而不過度者也。故禮者，養也，戒禁也。味能養乎口，而禁其嗜者也；香能養乎鼻，而禁其臭者也；聲能養乎耳，而禁其淫哇者也；色能養乎目，而禁其冶容者也；床榻、臥具、衣服能養乎身，而禁其奢而不儉者也；仁義、孝弟、忠信能養乎心，而禁其情而不節者也。（註八八）

此當係根據程子之復性說與朱子之復初說，其方法則折衷禮養說與佛教之戒。由此觀之，中巖之性情說只不過是根據朱子之說，並予補充而已。（註八九）

天以「性」賦人，「性」之內涵有「欲」與「情」。人生遇不足而生欲望，「良知」辨所需之物，「良能」動而取之；既得之，則己之欲達，是成己。他人同樣有「欲」，我以同類相感而對其生「情」，是為同情心；既同情之，則以己之所成施之，是施予，成物也。「欲」為自己，「情」為對人。（註九〇）對此一方面的問題，仲芳（一作方）圓伊（一三五四～一四一三）的看法是：

其廣大不可得而涯，其淺深不可得而測，盈而虛，晦而明，振天地，亙萬世，靈然常存者性也。自夫覺覺雄雄之上聖，逮乎飛搖蠢蠕之極陋，均一得之，絲毫不相加損焉。然其治之者，或失之過焉，或失之不及焉，不能窺其全體彷彿也。於是我大聖人建大中一實之道，欲使人人不墮偏邪，自知中正之在己者，品節之飲啖服御之際，省察之旋□唯諾之時，涵養精調，而致之天地鬼神不能盡之域矣。然後所謂廣大淺深，靈然常存者，昭昭乎心目，知皆爲我有也。（註九一）

此言「性」爲上天所賦，人人所固有，其體中正、至純，然其治之者或失之過，或失之不及，故聖人建大中之道。道者無他，率「性」盡之耳。此係言「性」之極致，在於德與天地齊。這種說法不過亦在解釋《中庸》所謂：「天命之謂性，率性之謂道」而已。

人類原始，對生命意識力甚微，所遇變化，不知其然，僅仰視於天而已。嗣知識漸開，想像天有主宰爲「天帝」，「帝」有意志，乃有命令，爲「天命」。「性」從心從生，人以心領悟，人類秉於天，有生生不息之機，且稟有氣質焉。此生生不息之機，自遠古「無極」（混沌）以至將來「太極」（至眞至善至美）時代，配於變化（進化）之秩序，謂之「道」。（註九二）金岳霖〈論道〉以道有「式」，如軀殼，又有「能」，如精神；精神入人之軀殼乃生，精神出人之軀殼則死。「能」之出入於「式」，乃宇宙自「無極」演化萬物之道。《中庸》以天賦人以「性」，予人類生生不息之機，順此機動之力以演化，謂之道。（註九三）

「性」之內涵有「欲」與「情」，「欲」爲「取」，爲成己（私），「情」爲「予」，爲成物（公）。「欲」多於情，人欲橫流，無惡不作；「情」多於「欲」，樂善好施，明德至善。今日社會，不少人士「欲」多於「情」，爲一己之富貴，不顧萬民之塗炭。孟子以養心莫善於寡「欲」，其人寡「欲」，心不迷失，雖不存心爲善，見危同情，其不爲善者少也；其人多「欲」，心爲迷失，雖存心爲善，私欲橫阻，其能爲善者終少也。（註九四）因此，仲芳又論「心性」之體用廣大微妙，如果放任不管，則連體用也會喪失，所以必須修治。曰：

粹清純白而無所點染，虛靈沖融而不可程準者，蓋心之體也；都方寸而周毛刹，持一理而應萬變者，蓋心之用也，云云。然而斯心之微，厚養深涵，體察省存，而後足覿其效焉。其或否，則毫忽髮謬，偵舋投隙，翻手之頃，穰穰四起，散漫焉而不知所以制，固滯焉而不知所以化，所謂體也，用也，妙也，微也，消液渝表，不能與物爲主宰。（註九五）

其次言修治之法曰：

萬目具瞻之地，人之所畏也，雖小人猶自加修飾。暗室屋漏之間，人之所忽也，雖君子亦不能無疵，學者宜盡力於隱險之間而已乎。畏而戒，則雖投之紛拏之場，不動聲色，逍遙應之，翕張盈縮，百不一失。玩而忽，則平居暇日，漫然不加省察，潛變密化，習以爲常。蔽吾者崒乎嶽峙，賊吾者浩然瀾起，千態萬狀，不可抑遏。眞乘之轂，爲之齎粉，寶筏之櫂，爲之糜解。回首欲一見夫妙用之眞體，煙霏雲散，天際茫茫，得何自而窺其彷彿哉！吁！爲可畏而戒哉！（註九六）

仲芳所言者，乃《大學》、《中庸》所謂愼獨之法，亦即他認爲以愼獨之法修治「心性」，則天賦之靈鏡皎皎而不爲外物所侵，可臻於豁然大悟之妙境。此純爲儒者之言而無絲毫禪味。

至於尊奉程、朱，在儒教上所說無不以此爲宗之海會寺（大阪府）住持季弘大叔（一四二一～一四八七），他說：

居士知彼天乎？天寔不易。云天也者，理也，性也，一心也。仰而觀蒼蒼者謂之天，不近於兒童見耶。昔聖宋之盛也，周、邵、程、朱諸夫子出焉，而續易學不燄之光於周、孔一千餘年之後。太極無極，先天後天之說，章章于世。天非有先後之異，均具于太極一氣之中而已矣。且夫人之修身誠意者，天與吾一而能樂其天者也。……天謂人幾斬絕，則云理，云道，云性，云一心，皆囿于吾混焚一理之中，猶太極生兩儀、四象、八卦，凡天地萬物之道，含容於一太極也。（註九七）

並且又說：「濂洛諸君子以仁義禮智爲人之性，前人未發之鐍鍵也」（註九八），而稱美宋儒性論之獨創性。

六、結　語

除上述外，他們尚有若干關於心性方面之論述，例如中巖圓月在其《中正子》〈方圓篇〉裏說：

中焉方，仁之體也，和而圓，智之用者也；不仁者之方，執而偏焉，不知者之圓，循而曲焉。執而偏，故倔強以至乎狼戾；循而曲，故流轉以至乎巧僞。惟中者之方，不偏而直矣；惟和者之圓，不曲而正矣。不偏而直矣，可以矩也；不曲而正矣，可以規也。方者，上知之與下愚也；圓者，中人也，可以上焉，可以下焉，教使然也。

文中所謂「方」，即中巖在〈性情篇〉裏所言之「性」，「圓」，即「情」之善者。也就是說，他從差別的善惡兩方面來論性情之異，亦即中巖係就《論語》之上知、下愚、中人來論性情之異。足利衍述將其說標示如下：

- 情
  - ①方——仁——誠——中——大本（絕對善之本然之天性者，《論語》之仁者、上知。《中庸》之生知之聖）
  - ②不方——不仁（《論語》之下愚）
- 性
  - ②不圓——不知（中人之可以下者）
  - ①圓——知——明——和——達道（學而明之人，中人之可以上者，《中庸》之學知、困知之人）
- 惡：②不方、②不圓

由此觀之，中巖所言「性」之①，相當於朱子之本然之性，②相當於氣質之惡性；所言「情」之①相當於氣質之善情，②相當於氣質之惡情，而有改編朱子之說之概。惟在其〈性情篇〉裏，以「性」爲超越善惡之絕對的東西，然他之將它析爲方與不方，難免稍有不徹底之憾。（註九九）

由上文可知，日本禪林對「心」、「性」的解釋，係在祖述程朱之說而未能逸出其範籌；這在「中論」、「性情論」或其他各方面而言，其情形亦復如此。（註一〇〇）所以日本五山禪林在儒學史上雖有其不可磨滅的成就，且有不少著作留傳後世，然就整體上言，其說無非在祖述或敷衍程、朱之說。

註釋：

註　一：教外別傳，不立文字：教家之人，只以經論之文字及教說為主，被視為有失佛教之眞精神，故禪家認為作為佛法之正法不應只依文字與經教，而應以心傳心，重視體驗，所以主張不立文字，教外別傳。其將禪宗傳至中國時的菩提達磨雖已存在著這種精神，但它之被特別強調，則係在唐代之六祖慧能下之南宗禪。《禪源諸詮集》〈都序〉，上，云：「達磨受法天竺，躬至中華，見此方學人多未得法，唯以名數為解，事相為行，欲令知胚在指，法是我心，故但以心傳心，不立文字，顯宗破執，故有斯言」。

註　二：偈頌：梵語gatha，音譯偈陀、伽陀，意譯偈頌。以近體詩句形式贊歎佛德，敘述教理者。漢譯以五字或七字為一句，大都以四句為一偈。如《法華經》〈觀世音菩門品偈〉之篇幅較長者稱重頌。又，與一般詩文相對的，採取韻文體裁之禪宗法語類，叫做詩偈或偈。亦即偈頌就是採近體詩體裁之佛教詩。

註　三：芳賀幸四郎，《中世禪林の學問および文學に關する研究》（京都，思文閣，昭和五十六年十月），頁二四五～二四六。

註　四：三昧：因將心專注於一境，所以也叫「心一境性」，係指統一精神之禪定而言。

註　五：一超直入如來地：就是不繞道而一腳踏入其中，即不經修行階段而直證佛位。《證道歌》云：「爭似無爲相門，一超直入如來地」。

註　六：直指人心，見性成佛：即直指人心之本身，而自覺自己心性之不外乎爲佛性，就是成佛。此與「教外別傳，不立文字」同爲表示禪之極致的常用語。又，見性就是徹見自己的本性——悟道。

註　七：行：實行，行解相應，知目行足等行，實際實行知解言說。修行，如願行似的，作爲獲證果之手段、方法，或作爲證果之實踐的，行佛威儀之行。

註　八：祖師禪：祖師菩提達磨所正傳之禪，特指主張「教外別傳，不立文字」之六祖慧能以下之南宗禪而言。圭峰宗密（七八〇～八四一）將禪析爲外道禪、凡夫禪、小乘禪、大乘禪、如來清靜禪五種，而以如來清靜禪爲最上禪，認爲它係達磨之所傳。不過後世的禪者以爲宗密之如來禪亦流於理而非表示眞禪者，故乃將傳眞禪之南宗禪爲眞禪，將它置於如來禪之上。相傳首先使用此語者爲唐代之仰山慧寂。《傳燈錄》，一一，〈仰山慧寂〉章云：「師曰：『汝只得如來禪，未得祖師禪』」。

註　九：教理：佛教之道理，指經典、論書之內容而言。〈溈山警策〉云：「教理未嘗措懷，玄道無因契悟」。

註一〇：教相：教法之說相，指佛所說之教義體系。《止觀弘決》，五四云：「見女起欲，知非聖人，此亦良由知教相故」。

註一一：楞嚴不見時：以《楞嚴經》爲媒介，表示眞實看法的公案。《碧巖錄》，九四云：「《楞嚴經》云：

『吾不見時，何不見吾不見之處？若見不見，自然非彼不見之相；若不見吾不見之地，自然非物，云何非汝』」？

註一二：註三所舉書，頁二二三。

註一三：慧：智慧（prajna）的簡稱。把各種道理看清楚，徹底領會於心中的精神作用。

註一四：註三所舉書，頁二二四。參看玉村竹二，《五山文學——大陸文化紹介者としての五山禪僧の活動》（東京，志文堂，昭和四十一年五月，增補版。日本歷史新書），頁五一～一〇六，及蔭木英雄，《五山詩史の研究》（東京，笠間書院，昭和五十二年二月）。

註一五：參看註三所舉書，頁二二五。

註一六：鄭樑生，《元明時代東傳日本的文獻——以日本禪僧為中心》，（臺北，文史哲出版社，民國七十三年八月），頁四一。參看同書頁五一～九一。

註一七：前註所舉書，頁四一～四二。

註一八：竺仙梵僊，《竺仙梵僊語錄》，下，〈問答〉。

註一九：同前註。

註二〇：同前註。

註二一：同前註。

註二二：同前註。

註二三：以上引自鄭樑生前舉書，頁四二～四三。
註二四：義堂周信，《空華集》（五山文學全集本），第十六，〈錦江說・送機上人歸里〉。
註二五：前註所舉書，第十七，〈文仲說〉。
註二六：義堂周信，《空華日用工夫略集》（東京，太洋社，昭和十四年四月），應安二年（一三六九）九月二日條。
註二七：友山士偲，《友山錄》（五山文學新集本），卷二，〈跋知侍者送行詩軸〉。
註二八：仲芳圓伊，《懶室漫稿》（五山文學全集本），卷七，〈寄得中座元詩序〉。
註二九：同前註所舉書，卷七，〈夕佳樓詩後序〉。
註三〇：同前註。
註三一：居座：明代，日本遣貢船至中國時，爲使其使節團有一定的編制，故除正、副使外，尚有居座、外官、從僧等幹部，及人伴（隨行人員，包括商賈）、水手、通事等。居座就是當時的職稱之一，綜理一船之事務，有如現今之船長。
註三二：桂菴玄樹，《島隱集》（五山文學新集本），文明丁酉（一四七七）年條。
註三三：註二八所舉書，卷八，〈送義山上人序〉。
註三四：雪嶺永瑾，《梅溪集》（五山文學新集本），〈螢入僧衣〉。
註三五：鄭樑生前舉書，頁二六，及《中日關係史研究論集》，四（臺北，文史哲出版社，民國八十三年三月），頁四二。

註三六：般若，梵語 parjna，意譯爲慧、智慧。

註三七：玉村竹二，《日本禪宗史論集》，下之一（京都，思文閣，昭和五十四年九月），〈禪の典籍〉。

註三八：鄭樑生，註三四所舉書，頁四三。

註三九：芳賀幸四郎前舉書，頁三三。

註四〇：前註所舉書，頁四四。

註四一：同前註。

註四二：同前註。

註四三：同前註。

註四四：鄭樑生，前舉書，頁四五～四六。

註四五：北磵居簡，《北磵外集》，卷四，〈儒釋合〉。

註四六：蘭溪道隆，《語錄》，卷上，〈常樂寺錄〉。

註四七：虎關師鍊，《濟北集》（五山文學全集本），卷一八，〈通衡〉之三。

註四八：西笑承兌，《南陽稿》〈周易跋〉。

註四九：桂菴玄樹，《島隱集》（五山文學新集本），上，文明丁酉（一四七七）條所記載〈汝南翁席上用同字和者十章〉之一首。

註五〇：前註所舉書，文明己亥（一四七九）元旦〈呈雲龍老師詩〉。

註五一：景徐周麟，《翰林胡蘆集》（五山文學新集本）第九，〈安容齋記〉。

註五二：萬里集九，《梅花無盡藏》（五山文學新集本），第六，〈答仲華丈六篇詩序〉。

註五三：前註所舉書，第三，上，〈正月一日試分直〉云：「浦口吹青浪抹青，旅房雞旦祝堯蓂。磨蘇味，試分直，詩是吾家《般若經》」。

註五四：友山士偲，《旱霖集》（五山文學全集本）〈天秀說〉。

註五五：彥龍周興，《半陶稿》（五山文學新集本），卷二，〈楊叔字說〉。筆者按：所謂「六識」，就是覺知色、聲、香、味、觸、法等六境之六種心的作用，指眼識、耳識、鼻識、舌識、身識、意識而言。其中眼等前五識雖透過各根（感官）認識色等之對象，並不判斷善惡好醜等而由第六識之意識來做。至於說八識之唯識說，則稱六識為前六識。《俱舍論》二一云：「諸見所斷及修所斷，一切慢眠隨煩惱中自在起者，如是一切皆依意識。依五識身無容起，故所餘一切通依六識」。

註五六：天隱龍澤，《天隱文集》（五山文學新集本）〈希文字說〉。

註五七：陳式銳，《唯人哲學》（廈門，立人書報社，民國三十八年一月），頁八。

註五八：前註所舉書，頁九。

註五九：同前註。

註六〇：《孟子》〈盡心篇〉，上云：「孟子曰：『盡其心者，知其性也，知其性，則知天矣。存其心，養其性，所以得天也；殀壽不二，修身以俟之，所以立命也』。」

註六一：癡絕道沖，《語錄》，卷下，〈示明維那〉。

註六二：《孟子》〈盡心篇〉，下。

註六三：《論語》〈憲問篇〉云：「子路問君子。子曰：『修己以敬』。曰：『如斯而已乎』？曰：『修己以安人』。曰：『如斯而已乎』？曰：『修己以安百姓』。」

註六四：癡絕道沖，《語錄》，卷上，〈瑩悅二上人幹陳塘閘不見〉。

註六五：岐陽方秀，《不二遺稿》（五山文學全集本），卷下，〈明說〉。

註六六：芳賀幸四郎，前舉書，頁一〇八。

註六七：岐陽方秀，《不二遺稿》，卷上，〈送允中昱侍者序〉。

註六八：足利衍述，《鎌倉室町時代之儒教》（東京，有明書房，昭和四十五年五月，複印本），頁三六五。

註六九：陳式銳，前舉書，頁七。

註七〇：岐陽方秀，《不二遺稿》，卷下，〈即中字說〉。

註七一：前註所舉書，卷上，〈送連山客歸山陽敘〉。

註七二：《大學》〈經一章〉。

註七三：《大學》〈經一章〉云：「知止而后有定，定而后能靜，靜而后能安，安而后能慮，慮而后能得」。

註七四：雪村友梅，《岷峨集》（五山文學全集本），卷上，〈三條殿頌軸序〉。

註七五：龍泉冷淬，《松山集》（五山文學全集本），卷下，〈大山說〉。
註七六：芳賀幸四郎，前舉書，頁一一六。
註七七：正宗龍統，《禿尾長柄帚》（五山文學新集本）〈慶霄字說〉。
註七八：陳式銳，前舉書，頁二。《孟子》〈盡心篇〉，上云：「孟子曰：『人之所不學而能者，其良能也，所不慮而知者，其良知也。孩提之童，無不知愛其親者，及其長也，無不知敬其兄也：親親，仁也；敬長，義也；無他，達之天下也』。」
註七九：《朱文公文集》，卷一五，〈答程正思〉。
註八〇：前註所舉書，卷四二，〈答吳晦叔〉。參看葛榮晉，《中國哲學範疇導論》（臺北，萬卷樓出版社，民國八十二年四月），頁四一一。
註八一：陳式銳，前舉書，頁三。
註八二：中巖圓月，《中正子》（五山文學新集本）〈方圓篇〉。
註八三：芳賀幸四郎，前舉書，頁一一七。
註八四：中巖圓月，《中正子》〈性情篇〉。
註八五：同前註。
註八六：足利衍述，前舉書，頁二五九。
註八七：同註八五。

註八八：同前註。註八九：足利衍述，前舉書，頁二六〇。
註九〇：陳式銳，前舉書，頁三。
註九一：仲芳圓伊，《懶室慢稿》，卷七，〈建中字說〉。
註九二：陳式銳，前舉書，頁一～二。
註九三：前註所舉書，頁二。《中庸》〈一章〉云：「天命之謂性，率性之謂道」。
註九四：《孟子》〈盡心篇〉，下云：「孟子曰：『養心莫善於寡欲，其爲人也寡欲，雖有不存焉者，寡矣；其爲人也多欲，雖有存焉者，寡矣』！」
註九五：仲芳圓伊，前舉書，卷六，〈白雪深處詩序〉。
註九六：前註所舉書，卷六，〈省心齋記〉。
註九七：季弘大叔，《蔗軒日錄》，文明十七年（一四八五）九月二十六日條。
註九八：季弘大叔，《蔗菴遺稿》〈東明說〉。
註九九：參看拙著〈日本五山禪林的《中庸》研究——以中論、性情論爲中心〉，《淡江史學》第八期、《中日關係史研究論集》，九（臺北，文史哲出板社，民國八十八年三月），及《朱子學之東傳日本與其發展》（同上，民國八十八年十二月）。
註一〇〇：足利衍述，前舉書，頁二六〇～二六一。

五山禪林の儒學觀——仁について

一、はしがき

「教外別伝、不立文字」とは禅宗が自らの独自性を主張し、高貴性を標榜する大旆（はい）であるが、徹頭徹尾教理教相を排するものでもない。自らの行的性格を支え、その理論的裏付を行なうものとして、大乗教典を重んじ、論疏の研鑽に意を用いたことも事実である。ことに宋末元初以来、大陸仏教界の新趣勢であった教禅一味の思潮の影響下に発達した日本の禅宗、室町時代には第二の貴族仏教として自らを形成し、一種の理論的趣味的仏教に化した臨済禅、とりわけいわゆる京都五山派のそれは、極めて抱擁的・妥協的であった。[1] したがって五山禅宗の教養は、内典の領域においては八宗兼学的性格をすらそなえていたことは、かの『普門院経論章疏語録儒書等目録』によって立證し得る。

周知の如く、日本の禅宗は、その東伝の当初においてすでに、教禅融合ないし学解的方向に規定され、教乗禅的傾向が強く、その後蘭溪道隆・兀庵普寧（ごったんふねい）・無学祖元等の中国禅僧の東渡、南浦紹明とその法系の宗峰妙超・関山慧（え）玄らの出現によって、教相的教乗禅から祖師禅に展開している。[2] 夢窓疎石は祖師禅ではあるが、教乗禅的傾向もあり、彼の法系は南北朝時代から室町時代にかけてもっとも栄え、禅宗の主流をなしていた。この置礎者たちが残した教乗禅的傾向は、一つの基本的底流として長く尾をひき、それが内典研究への関心をあおり、さらに時代の展開とともに他の諸契機とからみあいつつ、禅林の外典学習の風潮をもたらし、強化する一契機となったことは、[3] 否むべくもあるまい。

日本禅林の外典研究、とくに儒典研究については多大な業績を残していることは、上村観光氏編『五山文学全集』や、玉村竹二氏編『五山文学新集』等によってあきらかであるが、彼らの外典研究、とくに儒典研究の態度は如何様なものであったか、次節では彼らの文学観について考察を試みたい。

二、文学観

武家が抬頭し、公家社会が没落した中世初頭の日本の社会の学問に対する関心の低下について、慈円はその著『愚管抄』巻七において次の如く批判し、慨歎している。

惣ジテ僧モ俗モ、今ノ世ヲ見ルニ、智解ノムゲニウセテ学問トイフコトヲセヌ也。……スベテサスガニ内典・外典ノ文籍ハ、『一切経』ナドモキラ〳〵トアムメレド、ヒハノクルミヲカヽヘ、隣ノ宝ヲカゾフルト申スコトニテ、学スル人モナシ。サスガニ、コトニ其家ニ生レタル者ハタシナムト思ヒタレド、ソノ義理ヲサトル事ハナナシ。イヨ〳〵是ヨリ後、当時アル人ノ子孫ヲミルニ、イサヽカモ親ノアトニイルベシト見ユル人モナシ。

慈円のこの批判は、末法思想の上にたつもので、客観的事実だとはうけがたい。なぜならば、古来の学問が衰退の傾向をたどっていることは、疑うべくもない事実ではあるが、しかし、漢文学、とくに禅林文学がこの時期にすでに抬頭しつつあることに疑問をはさむ余地はなかろう。したがって、日本の中世は、決して往々いわれるように、暗黒時代の一語でい尽せるものではない。

日本の中世の学問および文学、ひろく中世文化の荷担者としては、古代以来の伝統をうけて文化の上に依然として強い発言力を有していた公家社会、新たに政治と経済上の実権を掌握し、それを土台に次第に文化の形成と展開に積極的に参画するようになってきた武家社会、それらと緊密に結合し閑暇をもちえた僧侶社会、荘園の内部において次第に実力を蓄積してきた名主階層と商工業の発達に伴い、抬頭してきた富裕な都市住民とをふくむ庶民階層、およびこれら四者に寄生した連歌師を先頭とするいわゆる「隠者」の一群、以上の五者があげられるが、[4] 漢文学の分野においては、僧侶、とくに禅僧たちの活躍がはなばなしい。

周知の如く「教外別伝、不立文学」とは、禅宗がそれによって自らの独自性を主張するスローガンであり、自ら高貴性を標榜する大旆でもあるが、彼らは自ら禅定三昧を行じて絶対そのものになりきり、自肯自得、冷暖自知る以外にないものである。したがって禅僧たちの立場からみれば、経巻は無用のものであり、「不浄を拭う故紙」にすぎない。[5] 経典をさえも無用のものであるとみなす以上、一般図書においてはなおさらのことである。したがって夢窓疎石はその「三会院遺誡」において

我有三等弟子、所謂猛烈放下諸縁、専一窮明己事、是為

上等。修行不純、駁雑好学、謂之中等。自昧己霊光輝、只嗜仏祖涎唾、此名下等。如其酔心於外書、立業於文筆者、此是剃頭俗人也、不足以作下等。

と後生をいましめておるが、しかしその弟子義堂周信は、

君子学道、餘力学文。然夫道者、学之本也、文者、学之末也。……上人其為学之本乎、将其為学之末乎。老杜以文章自負者尚不曰乎、文章一小技、於道未為尊、念哉。(6)

と後進を警策している。老杜とは唐代の大詩人杜甫を指す。周信はまた

一文一藝、空中小蚋、此梁亡名子之言也、文章一小技、於道未為尊、此唐杜甫子之言也。如二子言、則文章与乎道遠者明矣。而『雑華経』則説「菩薩能於離文字法中出生文学」。又説「雖随世俗演説文字、而恒不壊離文字法」。子劉子則説「心之精微、発而為文。」如此二者説、道固不外乎文字矣。(7)

といい、自利向上の第一義からは文章を否定し、利他向下の立場からは、離文字の法、すなわち文字に執着しないという条件づきながらも、とくにそれを肯定している。そして孔・孟の教えについては、

凡孔孟之書於吾仏学、乃人天教之分斉也、不必専門、姑為助道之一耳。経云「法尚可捨、何況非法」、如是講則儒書即釈書也。(8)

といっている。これによってみれば、周信は人天教の分を以て儒をとっているのであり、彼は儒教を以て仏教中に包含する人間教とみなしているのである。すなわち、彼の考えでは、儒教を以て仏教の輔助となし、儒教は仏教弘布の方便だというのである。のみならず、彼は詩文をも助道の一だとみとめている。これについて彼は、

凡吾徒学詩、則不為俗子及第等、蓋七仏以来、皆以一偈見意。一偈之格、假俗子詩而作耳、諸子勉之。又、詩有補於吾宗、不翅唫詠矣。(9)

といい、詩文の宗門における積極的功用を説いている。これについて周信より三十四才年上で、一三二九年（元徳元年）に渡日した中国禅僧竺仙梵僊（ぼんせん）は、

但以道為大事、以文助之、乃可発揚。凡世間一切、不可嗜而執着之。道法雖大事、然若嗜而執着、成偏僻、為法塵、況文章乎。然譬如人食、有飯乃主也、若復有羹、方為全食。無羹之時、未免咽滞而少滋味。以道之飯、得文之羹、百家技能、為菜為饌、斯為妙也。(10)

といい、「道」と文章との関係を飯と羹（スープ）とにたとえ、彼も周信と同様に文章を助道の一として肯定している。すなわち、周信と梵僊は、文章の仏道における功用についての見解が、基本的に揆を一にしている。このことについて友山士偲（しさい）もかつてこういっている。

夫詩之道也者、以修一心為躰、以述六義為用。所謂曰「思無邪」者、蓋指一心之躰也。移風易俗者、登六義之用也。以要言之、三教所談所説、不過躰与用耳。然則作詩制文、於道有何害耶。[10]

と。

士偲の文章についての解釈も仏教的ではあるが、しかし、詩を作り、文を制作することが仏道に害なきことをいっていることは、注目されなければならない。

梵僊や周信や士偲等の詩文に対する見解は上述の如くであるが、仲芳（一に方に作る）円伊は、さらに一歩進んで

夫詩猶吾宗具摩醯眼、此言既正、則一視而万鏡帰元、一挙而群迷蕩迹、所謂性情之発、不約而自然正焉。科品云乎哉、声度云乎哉、然則能禅而可以能詩也。

と論じている。禅の修養によって摩醯眼、すなわち正法眼、すなわち真理の眼をひらけば、内からの詩情の発現するところは、科品声律の規矩に思いを労することがなくとも、自然にそれらに合致した立派な詩が生まれる、禅をよくするものにして始めて詩をよくすることができる、すなわち禅僧たちの作詩を否定するどころか、これを積極的に肯定している。この点も大いに注目すべきであろう。[11]

では日本の禅僧たちがいう詩文の本義は何であろうか、これについて彦竜周興はかくいう、

夫詩也、少陵之精微、老坡之痛快、餘無可学者、況本朝諸老乎。文也者、得筆於退之、得意於子厚可也。宋元以後、不足把玩、秦・漢以前、可以取則矣。然詩而雖圧杜・蘇、文而雖折韓・柳、只一詩僧耳、一文章僧耳。参寥乎、覚範乎、祖宗門下之罪人耳。向上一着、行・住・坐・臥、歴々可験、学者到此得些子力、則詩也、文也、不学而伝矣。蓋道雖多岐（歧）、只在方寸、方寸不明而至道者、未之有也。[12]

周興の見解では、詩においては杜少陵（杜甫）・蘇東坡（蘇軾）、文においては韓退之（韓愈）・柳子厚（柳宗元）のような大詩豪・大文豪の名を凌駕することができたとしても、それは単なる一詩僧、一文僧にすぎない。宋の覚範・慧洪の如きは、禅僧の名に値いしない単なる詩文僧にすぎず、禅門の罪人といわなければならぬ、したがって禅僧たるものは、何よりも先ず向上の一著子、すなわち禅宗の一大事を行・住・坐・臥に心頭にかけ、念々正念ですごすべきで、これさえできれば、学ばずともおのずからすぐれた詩文が生まれるであろう。これはことに禅僧として本格的な文学観である。[13]当時の禅僧をみるに、徒らに詩文を事として宗学を究め、心性の鍛錬に志すもの少なき時期において、周興がこのような言を発するのは、禅僧の本分に還れ、という反省のあらわれだといえよう。とはいえども、こういう非難や反省のことばは、当時の禅林においてなんら反応や共鳴を得なかったようであ

る。何故ならばそういう資料がみあたらないばかりではなく、禅林における文学肯定は、応仁の乱の前後からいよいよ詩僧・文学僧を是認する方向へとおし進んでいた。[14] このことはかつて居座として遣明使節に随行して明に渡航した桂菴玄樹がいった

禅与詩文一様同、紫陽今不可無翁。当軒坐断熊峰上、四海空来双眼中。[15]

および

詩亦如禅我可参、不侵正位好司南。南詢算老類童子、五十過来一二三。[16]

によって立証し得る。この「禅与詩文一様同」という詩禅一味の思想は、入明僧桂菴玄樹のみならず、万里集九もこれを有していた。集九は、

浦口吹春浪抹清、旅房鶏旦祝尭冥。磨蘇味、試分亘、詩是吾家『般若経。』[17]

といい、詩はわが仏家の『般若経』だとまでいいきっている。

集九は元来大圭宗价の法嗣で、五山禅僧としてその名をあげていたが、のちに還俗し、漆桶万里居士と称して隠遁生活をし、その後半生をすごしたのであるが、彼がこうまでいいきるところに詩文への執着の一端が窺えられる。こういう傾向は、江戸初期の禅僧にもみられ、相国寺出身の儒者藤原惺窩がいう

夫是釈氏之業倭歌者何也哉。嘗聞参詩如参禅、然亦詩之於歌、同工異曲、如黼錦繍、背・面俱華。詩而仏、歌而仙、禹・稷易地者欤。昔有以周詩為吾家『般若経』者、徹以亦両卿（藤原定家と為家）之集為『涅般経』者也耶、豈啻哉。[18]

および以心崇伝がいう

離詩無禅可参、離禅無詩可参。中古以来、五岳専倡文字禅、故詩道亦帰叢社矣。[19]

とによって裏付けられる。したがって五山禅林が公家にかわって日本中世の中国文学を牛耳る所以は、彼らのことばによくいいあらわされ、日本の中世学術の所在はすなわちここにある。したがってわれわれは上記の仲芳円伊がいう

（日本）国朝二百年以来、斯道稍衰、名教殆壊。朝廷不以科而取人、而士亦無世守之業、只存官員而已、不復問其人之才否。繇是学問之道大廢矣、言文字者吾徒之緒餘、而不在薦紳者之専門也。[20]

および建仁寺僧雪嶺永瑾がいう

儒亦近来多廢業、蛍々飛入定僧衣。[21]

とによって、中世禅林の中国文学観が窺え得るばかりではなく、日本の中世の学問の指導的地位にあるものが禅僧たちであったことをも知り得るのである。禅宗の宗旨は元来「教外別伝、不立文字」であったが、彼らの中国詩文への傾倒によ

って、遂に日本の中世の学術研究の主流になったのである。

では、当時の五山禅林は、儒典研究において儒家の主要学説を如何にとらえたのであろうか。以下は儒家の中心思想の一である「仁」について論を進めたい。

三、仁道説

いにしえの儒者が「道」を論ずる場合、常に人間と人間との関係に重きをおく。そしてそれをさがし求めようとするものは格物（事物の原理を究める）・致知（物事の理を窮めて知識をおしひろめる）・誠意（心を誠実にする）・正心（心を正しくする）であり、これは要するに完全なる人格を修養するためである。自分自身を単位とし、親しいものからあまり親しくないものへ、近いところより遠方へ、そしてこれをおして一家より一国へと、最後に天下に至る。その求むるところの「至善」は、人生を有意義にすごすためであり、これは倫理に属す。つまり倫理を人生哲学および政治哲学の中につらぬかせる。

「誠」は宇宙をおしすすめ、万物を変化させる、これ実に「生」が生まれるみなもとであり、進化の動力である。それは「無極」より「太極」に至り（至真至善至美）、時空に窮りがない。宇宙極りなく、物々相生じ、循環して息まず、長く久しく続いて息まない。

故至誠無息、不息則久、久則徴、徴則悠遠、悠遠則博厚、博厚則高明。博厚、所以載物也、高明、所以覆物也、悠久、所以成物也、博厚配地、高明配天、悠久無疆。如此者、不見而章、不動而変、無為而成。天地之道、可一言而尽也、其為物不弐、則其生物不測。(22)

「誠」は宇宙をおしすすめ、事物を変化させて循環して息まず、これは天地の変化の理である。「性」の霊なるものが「知」であり、「性」の能が「行」である。「行」を知り、善く情欲を調えうるのが「誠」であって、「誠」が至らば亦た動し亦た化す。故に天下は「誠」の至りで人性を尽すことができ、物（万事万物）性を尽すことができる。物性を尽すことができれば、天地自然の万物を生成発育させることを助けることができるのみならず、天地とともにそれにあずかることができる。いにしえの儒者は、天人は徳に通ずるもので、万物一体だとみなしている。人間の修道が至誠であればその徳業は栄え、彼と接触するもの、感化をうけぬものはない。しかしてその心の謙虚なる霊、存するところの神妙、これは凡人のおし量り、断定できるものではなく、天地とその運行を同じくするものである。(23)これについて中巌円月は、

仁者、誠也、知者、明也。誠也者、生乎天之性也、明也者、成乎人之学也。是故学不欲止、性不欲動。楽山者、以其生乎性也、楽水者、以其成乎学也。其性苟動、則喜

怒哀楽之性輙発矣、其学苟止、則情欲之発亦不能中節也。是故性静則中也、学進則和也。故『中庸』曰、「中也者、天下之大本也、和也者、天下之達道也」。以其天生、故曰大本、以其人学、故曰達道也。[24]

といっている。これは『論語』「雍也篇」にみえる「仁者は山を楽しみ、智者は水を楽しむ」を解釈したものであるが、そのもとづくところが『中庸章句』の第一章

喜怒哀楽之未発、謂之中、発而皆中節、謂之和。中也者、天下之大本也、和也者、天下之達道也。

にあることはいうまでもない。われわれはこれによって彼の儒教思想を知ることができるばかりではなく、彼の「仁」についての了解をも知り得る。

円月は「仁」を「誠也、知也、明也、誠也者生乎天之性也」とみなしているが、相国寺の第五十世、東沼周曮(しょうげん)の見解もこれに類似している。曰く、

誠者、天之道也、誠（之）者、人之道也。何謂誠者天之道也、日月星辰繫焉、何謂誠（之）者人之道也、仁義礼智繫焉。故『詩』云、「維天之命、於穆不已、蓋曰天之所以為天也、於乎不顕。文王之徳之純、蓋曰文王之所以為文也、純亦不已。然則至誠之道、昭々而顕著、上焉者為天耶、下焉者為文耶、夫至誠之於物也、博厚高明、変化無窮、惟是不形、形則著也。[25]

上記の文章は、朱子の『中庸章句』第二十・二十六章にもとづいたものであり、[26]全く儒学者の言で、一介の僧侶が発したものであるとは、いささかも感じとれない。

孟子は「仁之実、事親是也」といい、義は「仁」にもとづいた「得宜」た行為である。孟子はまた「義之実、従兄是也」[27]といっている。父子兄弟、長幼各々その分別がある。例えば、兄に対して弟は弟としての礼を守るべきであり、親に対しては子としての本分を尽すべきである。これは人間たるもののなすべき根本的なものであり、根本がたててこそ道が生まれる。したがって中国でよく提起される「堯舜之道」とは、すなわちこの「孝弟」であり、人間たるものが孝弟を尽すことができれば「仁」にして礼義を知る。礼義を知る人は下剋上の行為があるはずはなく、乱を起こすこともあり得ない。したがって孔子の弟子有子がいう

其為人也孝弟、而好犯上者鮮矣、不好犯上、而好作乱者、未之有也。君子務本、本立而道生、孝弟也者、其為仁之本与。[28]

は、すなわちこれを指したものである。これについて雲章一慶はその著「雲桃抄報本章」において、上掲の「孝弟也者、其為仁之本与」を講じて

孝弟也者、其為仁之本与ト、本註ハ心得タソ。孝弟ハ幹テ仁ハ枝葉ノヤウニ心得タソ。ナニカサテハアラウソ。

為仁ハ猶曰行仁テアルホトニ、孝弟也者其為仁之本与ナリ。新註ハ本註ニマサリタソ。マサリタカ道理ナ事ハ、性ト云事ヲヨク知タホトニソ。

といっている。本註とは何晏の『論語集解』であり、新註とは朱熹の『論註集註』である。一慶の見解では、朱子の註釈が何晏のものよりすぐれている、という。したがって彼が『論語』を講釈するさいは、新註本位であったにちがいない。

五山の禅僧が新古両註で新註に高い評価を与えていたことは、周信の言によっても立証し得る。彼曰く、

近世儒書有新旧二義、程・朱等新義也。宋朝以来儒学者皆参吾禅宗、一分発明新地、故註書与章句学迥然別矣。『四書』尽朱晦菴、菴及第以大慧書一巻為理性学本、云々。(29)

これは足利義満の「昨日儒学者講孟子書、其義各々不同、如何」と質問したのに対して答えたものであるが、これによって周信の朱子への傾倒ぶりを知り得る。このような傾向は、その他の禅僧、とくに鶚之慧鳳の場合において顕著である。(30)

堺の海会寺の住持季弘大叔も新註を採用しており、「忠者天道、恕者人道」という程子の註を引用して「恕林説」をつくり、『論語』を講釈する際も新註本位であった。そして『論語』全篇の眼目である「仁」を説明して

仁也者何、人心也、濂洛諸君子以仁義礼智為人之性、前人未発之鎡鍵也。紫陽朱夫子之言曰、「仁者愛之理、心之徳」、斯言尽矣。(31)

といい、彼も朱子に傾倒しており、朱子の説を祖述している。

以上によってみれば、日本の五山禅林における「仁」についての解釈は、程・朱の説を脱していない。

四、推己及人

儒家哲学の骨子は「仁」である、後漢の大儒鄭玄（康成）曰く、「仁、相人偶也」。すなわち「仁」という字は二・人よりなり、すなわち二人の人よりなって、人と人とが相偶して、人と人との対立の概念が生じる。そしてこの概念によって意識が生じ、人が人をみてしかして同類を知る。そしてまた同類あいつきあうことによって同情心がおこり、人間が人間を感謝することによって、己をかえりみて他人のことをおしはかる、したがって「仁」とは人の「道」である。

孟子曰、「仁也者、人也、合而言之道也。(32)」

人間には「良知」と「良能」とがあり、「良能」とは一般にいう「本能」で、後天的な教育を待たずしてできるものである。例えば、幼児は生まれながらにして体のぐあいが悪ければ泣き、腹がすき、喉がかわけば飲食をする。泣くこと、飲食すること、これすなわち生まれながらにしての本能である。また、人が幼児がいまにも井戸の中に落ちこもうとして

いるのをみれば、必ず惻隠の心を発してその幼児を救助するだろう、このような行動も内心より発した純然たる本能である。したがって人間には同類の意識があり、人と人との間には「同情」心がある。その間、もしなにかの事物に阻まれず、直接感応すれば、必ずや極めて真摯なものであろう。

孟子曰、「人皆有不忍人之心、先王有不忍人之心、斯有不忍人之政矣。以不忍人之心、行不忍人之政、治天下可運之掌上、所以謂人皆有不忍人之心者。今人乍見孺子将入於井、皆有怵惕惻隠之心、非所以内交於孺子之父母也、非所以要誉於郷党朋友也、非悪其声而然也。由是観之、無惻隠之心、非人也、無羞悪之心、非人也、無辞譲之心、非人也、無是非之心、非人也。惻隠之心、仁之端也、羞悪之心、義之端也、辞譲之心、礼之端也、是非之心、智之端也。人之有是四端也、猶其有四体也。有是四端而自謂不能者、自賊者也。謂其君不能者、賊其君者也。凡有四端於我者、知皆拡而充之矣。若火之始然、泉之始達、苟能充之、足以保四海、苟不充之、不足以事父母。(33)

孟子は「仁者人心也(34)」といい、朱子は「心之徳、愛之理(35)」という。天隠竜沢は上述のことを承けて、ただちに「仁者仁心也」と解して曰く、

大哉仁也、夫子罕説利与命与仁焉、云々。何謂之仁哉、本有之性是也。桃不得仁則不為桃、杏不得仁則不為杏、麥不得仁則不為麥也。矧人乎、物不具性者、未有之也。(36)

故に韓昌黎（愈）が「仁」を博愛と解し、程伊川（頤）が覚と解したのを駁して次のようにいっている。

儒者韓退之曰、「博愛謂之仁」、程子曰、「仁者、覚也、非博愛也」。樊遅問仁、夫子曰、「愛人」。然則韓氏博愛之言舎諸。孟子曰、「見孺子将入於井、皆有惻隠之心、仁之端也」、豈非博愛亦仁之端乎。覚亦仁之端也、非仁也。(37)

竜沢はこのように「仁」を心と解釈し、ここに儒・仏の一致を認め、禅教に師弟道契の妙諦は、以心伝心を極とすることから宋儒の説にしたがい、曽子の一唯ただちに孔子一貫の道を悟らせるを以て、また以心伝心と証している。(38)

「仁」とは人と人との間における同情心であり、儒家の「明徳」であって、儒道の眼目である。その境界に達することができなければ修道してこれを教える（明々徳）。「仁」の功用は己をかえりみて他人のことをおしはかることである。己の意識ないし行動は、自己の存在を感覚し、それと同時に相手のことをも考慮せねばならぬ。すなわち立場をかえ、相手のために考えてみることである。『大学』にいう「絜矩之道」はよくこのことばの意味を伝えている。「絜」とはおしはかることであり、己をして他人のことをおしはかることで

ある。「矩」とは方で、つとめて方正なることを求め、各々その公平を得ることである。[39]

「仁」の功用が己をかえりみて他人のことをおしはかることであるからには、己が他人に求めようとすることがあれば、己を尽して他人に対することであり（忠）、己が欲しないことは、他人に対してもそれをやらないことである（恕）。己が自分のやることの成功を欲するならば、他人のやることをも成功するようにと願う。己に「欲」があればこれをとり、他人にも欲があるから、その「欲」に同情し、その意を汲んで施す。そのとることが当を得れば徳であり、「仁」である。[40]

欲（取る）↑
自分　　　　他人
情（やる）↓

「仁」の己をかえりみて他人のことをおしはかること、これは行為上において二方面において観ることができる。積極的にいえば、他人に対して己の力を尽すこと、これ「忠」であり、消極的にいえば、己の欲望を抑えて他人に接するは「恕」である。己が子の自分に対して孝行であることを欲すれば、自分もそのような気持で父母に対して孝行を尽さなければならず、己が子の自分にさからうのを欲さなければ、自分もそれと同様に親にさからってはならない。前者は「忠」であり、後者は「恕」である。[41]

「仁」は孔子の「明徳」の形体であり、己をかえりみて人のことをおしはかることは、「仁」の作用である。したがって「忠」と「恕」とはあたかも動脈・静脈の如し。これについて曾子は、「夫子之道、忠恕而已矣」[42]といっている。

儒家の人生に対する態度は、己の欲するか欲さないかについて、他人の欲するか欲さないかになぞらえており、これはもっとも「道」に近いものだといえよう。したがって孔子は、「能近取譬、可謂仁之方也」[43]、といっている。

以上について円月は

仁也者、天生之性也、親也、孝乎親也。義也者、人倫之情也、宜也、尊也、忠乎君也。忠孝之移、以仁義相推也、名異而実一也。[44]

といっている。円月の見解では、仁義は万善を統合したもので、これは彼が仁義について下した定義である。「仁」は心より発してそれが行動にあらわれる。曾子がはう「為人謀而不忠乎」[45]は、己の欲するものを他人にも施すことである。

孔子はあまり「忠」に言及しない、「忠」は、いにしえは「忠君」をさすが、これは他人に対して忠実であると訓することもできる。昔、斉国の宣王は孟子に対して政治についてのことを問うたが、孟子は、己の欲するものを他人に施せ（仁政を施く）、と答えた。宣王はまた彼自身が「貨・色」を好むが故に、それに悩まされているといったが、孟子はそのことばを聞いて、人民とともにそれを享受すれば、何もむずかしいことはない、と答えた。自分が財貨を好むのであれば、それをおし広めて人民に財貨を貯えさせよ、そうすれば国家の用に備えることができる。(46) 己が色を好むのであれば、それをおし広めて子民の男女が一定の年齢に達せば妻をめとることができ、嫁にいけるようにしてやり、国内に年をとった未婚の男性や女性がないようにする、これすなわち自分自身に対して忠を尽すことである。(47)「仁」を父に対して行えば孝であり、仍て孝は義と礼とをあわせる。もしことあれば義のあるところを聞かばそれに赴く。しかし、父兄あるが故にすべからくそれを告げなければならぬ、けだしこれ「礼」である。人間が仁心を以て礼義を行なうのは身を守る本であり、これを親に仕えることに用いれば事の本となる。人間がその身を守り、親に対しても孝行であれば、これをおし広げて「君」に仕えば必ず「忠」を尽すことができよう。したがって身を守り、親に事えることは大なることであり、若しその身を失すれば徳をそこない、親を辱めることになる。故に孔子は、このような人間が親孝行できる、と聞いたことがない、といっている。父母に孝を尽すことができなければ、当然孝を移して忠を尽すことはできない。円月また曰く、

　仁義者、天人之道歟、天之道親々、人之道尊々。親々之仁、生乎信也、尊々之義、成乎礼也。天人之道雖殊、推而移之、一也、一之者可謂知也哉。(48)

これによってみれば、円月は「仁」を天性、すなわち生まれつきの性格であるとし、「仁」とは天性固有の親愛の道だ、とみなしている。「義」とはすなわち「仁」の活用であり、人間がなす正道である。親を愛することは学ばずしてわかる。したがって孝は「仁」に属す。そして君（国王）を尊ぶことは、孝を活用したもので、これは学んで知るものである。したがって忠君は義に属すと。また、天性の誠実はもろもろの誠実な行為（信行）によるもので、「義」は礼によって行なわれるから、理をわきまえればすなわち「智」である、と。故に円月のこのことばは『中庸』・『孟子』および朱子の「仁体義用」説にもとづいて発したものである。しかしこの仁義の道は天道と人道とをあわせてなった「中正不易」の道であり、これに反するもの、いずれも邪道である。それが故に円月は楊朱と墨翟とを批判して曰く、

　仁義之離、邪之道也、偏之道也、楊也為我、墨也無親。無親、何以為仁、為我、何以為義。是故墨之仁非仁也、楊之義非義也。楊・墨之道、不能推而移、所以仁義離之者。臣弑君、子弑父、権輿乎楊・墨。惟聖人者、与能推而移之、是以仁義不離、正之道也、中之道也。(49)

と。

円月は墨翟の「非仁」、楊朱の「非義」を批判しているの

みならず、「仁」を天道だとみなしている。天道は愛を主とし、愛が度をこせば威厳をなくす、したがって人間は仁道をあゆむべきであり、人道は礼法をおもんずる。しかし、礼法が度をこせば慈愛がなくなる。威厳もなく、慈愛もなければ如何にして天下を治めえよう。故に円月は更に一歩進んで、

凡天下之事、靡不有弊、仁之弊也無威、義之弊也無慈。無威則教導隳之、無慈則化育夷之。教導之隳、何以治之、化育之夷、何以尼之。教而不治、義不之為也、化而不尼、仁不之施也。教化之張、仁義之行也、教化之弛、仁義之弊也。(50)

といっている。これによってみれば、円月は中正な行ないをし、そして度をこさず、及ばざることなき真実の仁義の道を歩むのを理想としていることがわかる。

五、むすび

以上は五山禅林の「仁」についての見解の考察を試みたが、彼らの儒家のこの方面についての意見と中国の儒者たちのそれとは大差がないばかりではなく、儒・仏の根本一致さえも認めている。

五山禅林は、宋儒の説に従って「仁」を解釈しているのみならず、それを日常の布教方面にも応用していることは、祖溪徳濬が作った「仁如字説」にいう

仁之為道大矣、……西乾大聖人、其威儀也三千焉、其細行也八万焉。其書凡五千餘軸、皆以慈一字貫之、慈云者仁也。(51)

や「文岳字説」にいう

前賢有言、文者囿囿乎天地、而実能衛翼乎天地。品裁六度、叶和三霊、莫非文之所為、而所謂文者、非他道而已矣。然則作文者非説道。雖曰十年研京一絶練都、君子不取也。言而為文、行而為道、道以修身、文以化世。道之所存者、文也、文之所存者、道也、故不可不勤也。

とによって知り得る。つまり徳濬は布教の際、儒家の「仁」と仏家の「慈」とを同一視してその一致を認めているばかりではなく、文は遊戯にあらず、芸術にあらずして、他人を教化するためのものとして、「道」を離れてはならぬ、「道」の花が文であり、文の実が「道」である、と。したがって「道」すなわち文、文すなわち「道」である、と説いているのである。したがって徳濬の言は儒者の言だといえよう。

註釈

(1) 芳賀幸四郎、『東山文化の研究』上(京都、思文閣、昭和五十六年十月)、五〜六頁。

(2) 桜井景雄、「禅宗主流の成立とその性格」(高瀬重雄編、『中世文化史研究』所収)。

（3）芳賀幸四郎、『中世禅林の学問および文学に関する研究』（京都、思文閣、昭和五十六年十月）、三〇頁。
（4）芳賀幸四郎、『中世禅林の学問および文学に関する研究』、三頁。
（5）臨済義玄、『臨済録』の語録に「三乘十二分教、皆是拭不浄故紙」とある。
（6）義堂周信、『空華集』第十六、「錦江説・送機上人帰里」。
（7）義堂周信、前掲書第十七、「文仲説」。
（8）義堂周信、『空華日用工夫略集』、応安四年六月三日の条。
（9）議堂周信、『空華日用工夫略集』、応安二年九月二日の条。
（10）友山士偲、『友山録』、巻二、「跋知侍者送行詩軸」。
（11）芳賀幸四郎、『中世禅林の学問および文学に関する研究』、二五〇頁。
（12）彦竜周興、『半陶稿』、巻三、「呈桃源書」。
（13）芳賀幸四郎、『中世禅林の学問および文学に関する研究』、二五一頁。
（14）同前。
（15）桂菴玄樹、『島隠集』、文明丁酉年「汝南翁席上用同字和者十章之一首」。
（16）桂菴玄樹、前掲書文明己亥（十一年）元旦「呈竜雲老師蓋随例記愚齢也」。
（17）万里集九、『梅花無尽蔵』、第三、上「正月一日試分直」。
（18）藤原惺窩、『惺窩先生文集』、巻八、「書正徹老人親筆倭歌後」。
（19）以心崇伝、『翰林五鳳集』「序」。
（20）仲芳円伊、『懶室漫稿』、巻八、「送義山上人序」。
（21）雪嶺永瑾、『梅溪集』「螢入僧衣」。
（22）『中庸』第二十六章。
（23）『中庸』第二十二章に「唯天下至誠、為能尽其性、能尽其性、則能尽人之性、能尽人之性、則能尽物之性、能尽物之性、則可以賛天地之化育、可以賛天地之化育、則可以与天地参矣」とある。
（24）中巖円月、『中正子』「方円篇」。
（25）東沼周曮、『流水集』「頤室説」。
（26）芳賀幸四郎、『中世禅林の学問および文学に関する研究』、一二二頁参照。
（27）『孟子』「離婁章」上に「孟子曰、『仁之実、事親也、義之実、従兄是也」とある。
（28）『論語』「学而篇」。
（29）義堂周信、『空華日用工夫略集』、永徳元年九月二十二日の条。
（30）翺之慧鳳、『竹居清事』「序」に「建安朱夫子出於趙宋南遷之後、有泰山巌々之気象。截戦国・秦・漢以来上下数千歳間諸儒舌頭、躬出新意、聖賢心胸、如披霧而見太清。数百年後、儒門偉人名流、是其所是、非其所非、置之於鄒魯聖賢之地位。仰之如泰山北斗、異矣哉。三光五嶽之気、鍾乎是人、不然奚以至有此乎」とある。
（31）季弘大叔、『蔗菴遺稿』「東明説」。
（32）『孟子』「尽心章」下。
（33）『孟子』「公孫丑章」上。
（34）『孟子』「告子章」上。
（35）朱熹、『論語集註』。
（36）天隠竜沢、『天隠文集』「仁岳字説」。
（37）同前。
（38）足利衍述、『鎌倉室町時代之儒教』（東京、有明書房、昭和四十五年五月）、四一八頁。

(39)『大学』伝之十章に曰く、「所謂平天下、在治其国者、上老々而民興孝、上長々而民興弟、上恤孤而民不倍、是以君子有絜矩之道」。また曰く、「所悪於上、毋以使下、所悪於下、毋以事上、所悪於前、毋以先後、所悪於後、毋以従前、所悪於右、毋以交於左、所悪於左、毋以交於右、此之謂絜矩之道」。

(40)陳式鋭、『唯人哲学』(厦門、立人書報社、民国三十八年一月)、一六頁。

(41)同前。

(42)『論語』「里仁篇」に、「曽子曰、『夫子之道、忠恕而已矣』」とある。

(43)『論語』「雍也篇」。

(44)中巌円月、『中正子』「仁義篇」。

(45)『論語』「学而篇」。

(46)『孟子』「梁恵王章」下に、「(梁恵)王曰、『寡人有疾、寡人好貨』。(孟子)対曰、『昔者公劉好貨。詩云、乃積乃倉、乃裹餱糧。于橐于嚢、思戢用光。弓矢斯張、干戈戚揚、爰方啓行。故居者有積倉、行者有裹嚢也、然後可以爰方啓行。王如好貨、与百姓同之、於王何有』」とある。

(47)『孟子』「梁恵王章」下に「(梁恵)王曰、『寡人有疾、寡人好色』。(孟子)対曰、『昔者大王好色、愛厥妃。詩云、古公亶父、来朝走馬、率西水滸、至于岐下、爰及姜女、聿来胥宇。当是時也、内無怨女、外無曠夫。王如好色、与百姓同之、於王何有」とある。

(48)中巌円月、『中正子』「仁義篇」。

(49)同前。

(50)同前。

(51)祖溪徳濬、『水拙文集』「仁如字説」。

(52)祖溪徳濬、前掲書「文岳字説」。

(55)足利衍述、『鎌倉室町時代之儒教』、四一八～四一九頁。

日本江戶時代的儒學研究

——一六〇三～一八六七——

一、前言

自古以來，日本人士即從事研究中國的經、史、子、集，他們的這種研究工作，不僅至今猶未稍衰，反有愈來愈盛之概。彼輩既多專精一書，對某一問題作深入、縝密之探討，且多有獨到見解，著為文章，而其作品有如汗牛充棟，此乃有目共睹之事實。不過，自中國圖書於三世紀八十年代中期東傳以後，近兩千年以來，其研究工作也有興盛及陷於低潮，亦即停滯而無可觀業績之時。

在日本漢學史上，曾經出現過三個高峰：其一為自奈良時代（七一〇～七八四）至平安時代（七九四～一一八五），亦即因受隋、唐文化之影響興盛的時期。彼輩所為研究，均根據漢唐古註。此一時期的中心人物為中央的公卿與世家，如：石上乙麻呂、釋空海（七七四～八三五）、嵯峨天皇（七八六～八四二）、小野篁（八〇二～八五二）、都良香（八四四～八七九）等，他們的作品有《性靈集》、《經國集》等。其二為五山文學時代，亦即受宋、元文化之影響，而盛行於鎌倉時代（一一八五～一三三三）末期至室町時代（一三三六～一五七三）的五山文學。此一時期的主要人物爲五山禪僧，如：虎關師錬（一二七八～一三四六）、中巖圓月（一三〇〇～一三七五）、義堂周信（一三二五～一三八八）、岐陽方秀（一三六一～一四二四）、橫川景三（一四二九～三一四九三）等，他們的著作多被保存，被輯錄於以心崇傳編《翰林五鳳集》，上村觀光編《五山文學全集》，與玉村竹二編《五山文學新集》。其三則爲江戶時代（一六〇三～一八六七）受明、清文化影響，由儒者執牛耳之漢學流行時代。此一時期曾出現藤原惺窩（一五六一～一六一九）、林羅山（一五八三～一五六七）、中江藤樹（一六〇八～一六四八）、荻生徂徠（一六六六～一七二八）、山鹿素行（一六二二～一六八五）、伊藤仁齋（一六二七～一七〇五）、東崖（一六七〇～一七三六）父子、山崎闇齋（一六一八～一六八二）等大儒，各有著作留傳於世。

日本人士在其平安時代以前所爲之儒學研究，係根據漢唐古註，其作爲教材的版本是：鄭玄註《禮記》，服虔、杜預註《春秋左氏傳》，鄭玄註《毛詩》，鄭玄註《周禮》，鄭玄註《儀禮》，鄭玄或王弼註《周易》，孔安國或鄭玄註《尚書》。（註一）當宋儒新註書隨禪宗東傳以後，便隨著禪宗之發達逐漸爲朱子學所取代，終於成爲學術之主流。惟至江戶時代，則有人認爲朱子學是宋儒的獨斷論，而有如伊藤仁齋之主張直接閱讀孔孟之原書，以求聖人之本旨者。因此，本文擬對江戶時代學者研究儒學的情形作一概觀，以求諟正。

二、江戶時代的儒學

1.宋學的東傳：

宋學之說與禪之靈犀相通，其作為實修之「居敬窮理」，與禪之「打坐見性」有一脈相通之處，故易為禪僧所瞭解，使他們對它有親近感。與儒者之發狂似的（Hysterics）倡導排佛論相對的，以明教契嵩（一〇〇七～一〇七一）、北磵居簡（一一六四～一二四六）、癡絕道沖（一一六九～一二五〇）、無準師範（一一七八～一二四五）等為首的中國禪僧皆言儒佛不二，倡儒、釋、道三教一致，（註二）採包容儒學的立場，成為宋代禪僧之間的主要風潮。另一方面，藉宋學之概念、理論來說禪，對於在親近宋學的上層士大夫階級，或一般知識階級之間弘揚禪旨非常有效。因此，自宋至元的禪林，尤其江南的禪林，對儒家經典，尤其對宋儒學說作深入的研究。而日本禪僧之踰越波濤至中國學佛的時期，乃宋學風靡學術界、思想界之南宋以後之事，故他們之修習禪法所得之教養，乃得自承認宋學而予以包容之南宋及在那以後之禪林。其由中國赴日定居的禪僧，也都在此一時期買棹東航。所以宋學便隨著那些禪僧傳至日本，被視為「上國之風」，逐漸發達，終於風靡學術界，此乃自然趨勢。惟宋學之究竟於何時由何人始傳，其說有二三而尚無定論。（註三）

日本的禪宗是由於其僧侶至中國學習，及由中國禪僧東渡彼邦傳布的，而中國學術之東傳，則可能以後者之力量爲大。自普陀山僧一山一寧（一二四七～一三一七）受元成宗之命，於大德三年（一二九九）以使節身分東渡招諭日本，因受武士皈依而竟然不歸後，日本禪林便開展研究中國學術之機，此一時期適爲中國禪林文學世俗化的時代，(註四)故其作風也被原原本本的東傳日本。或許就因此播下促成日本禪林文學發達的種子，此乃由於以一山一寧爲始的禪林學術系統，經虎關師鍊以後，主要由京都東福寺傳衍下去，而東福寺又是五山文學之大本營之一的關係。因系出東福寺的禪僧具有古典主義的，研究學術的傾向，所以出身該寺的僧侶自然有擅長文學的，但鑽研學術者更多，如岐陽方秀、桂菴玄樹（一四二七～一五〇八）、文之玄昌（一五五五～一六二〇）等是。(註五)與此相對的，在元末前往日本的華僧有清拙正澄（一二七四～一三三九）、明極楚俊（一二六四～一三三八）、竺仙梵僊（一二九一～一三四八）等大師，他們都曾接受元末偈頌運動的洗禮，(註六)欲於日本佛教界推展文藝活動，乃以竺仙爲中心製作偈頌，而雪村友梅（一二九〇～一三四六）、月林道皎（一二九二～一三五二）、石室善玖（一二九三～一三八九）、中巖圓月等僧侶，則組織一個友社來從事創作偈頌。(註七)絕海中津（一三三六～一四〇五）則曾於明洪武元年（一三六八）至中國，曾先後參中天竺的季潭宗泐，道場的龍門清遠（一〇六七～一一一〇），靈隱的良用，其作品則受季潭的影響頗深，(註八)故他能將元末明初世俗化的中國禪林文學移植日本，及他之創作中國風格的詩文，乃理所當然之事。此後，絕海的門派主要以京都建仁寺爲中心傳衍下去。他們均擅長駢文而富於詩的技巧。與絕海同被譽爲五山文學之雙璧的義堂周信的門流，則大體以京都相國寺爲中心，作風平明而工於散文。（註九）由於當時日本禪林學習中國詩文的風氣盛，且出現擅長詩文、學行俱高的僧侶，則其他禪僧之群起效尤，造成研究中國詩文的風氣，殆無疑慮。

2.朱子學之興起：

日本中世的儒學已由公卿轉至僧侶之手。因佛教經典以漢字書寫，故漢學成爲僧侶必修之課程而鑽研訓詁之學。迄至鎌倉末期以後，由於大陸文物爲大家所喜愛而禪宗又興起，故充滿復興漢學之機運。然此並非回歸漢唐訓詁之學，乃欲學習宋人程明道、朱晦菴等人所倡性理之說。宋朝禪僧採朱熹新註之精神，多言儒、釋一致說，而日本之留華禪僧，及至日本之中國禪僧也不斷輸入宋儒哲學，以五山禪林爲中心探究宋學旨意。其成爲五山禪林之儒教主流者爲一山一寧及其門流，如：《元亨釋書》之作者虎關師鍊，室町幕府首任將軍足利尊氏（一三〇五～一三五八）之師而又建京都天龍寺的夢窗疎石（一二七五～一三五一）與其門流，及疎石門下的義堂周信、絕海中津等。他們不僅研究儒學，也擅長漢詩文，其優秀作品曾被明朝詩僧疑爲華人之作。因受五山儒學研究之刺激，公卿之間也風行研究朱子新註。地方儒學亦受此影響，致有凌駕五山之勢。非僅如此，其學反映了地方武將的道德規範的性格，故不似五山派之始終於講書、鈔書、作詩文方面，而且有強烈的精神的、政治的色彩，成爲近世儒學的源流。

儒學之被當作爲政者必須要有的教養而受尊崇，乃日本自古以來之事，所以中世的朝廷與公卿之間，及在五山與足利學校（註一〇）等處學習的僧侶之間，無不從事以儒學爲中心的中國學術之研究，其有關此一方面的知識，成爲天皇、幕府將軍、大名等上層爲政者的教養。因近世的儒學也從繼承這種傳統開始，故其初期的儒學只不過爲將軍、大名之「侍講」，亦即只有擔任個人教授工作的學者們在學習。然因這種以學者身分在幕府或在藩工作，乃在固定的身分制度——士、農、工、商之下所存在僅有之立身之道之一，因此，在牢人（浪人）與上層庶民之間，便出現許多有志於研究學問者，並且在一般武士與庶民之間，將在太平盛世的生存方式求之於儒學者也日漸增多。在這種情形之下，儒學便從貴族、僧侶等特殊身分者的世界獲得解放而普及於廣泛的社會。與之同時，他們已非單純的將其視爲外來知識來學習，也還把它當作活的學問，而有意活用於現實的政治與社會生活的傾向顯著。因此，日本近世儒學可與中世以前者區分的特色，就是這種社會的普及，和與現實生活結合在一起。（註一一）

江戶幕府前半的十七世紀至十八世紀初，乃儒學取代中世佛教，發展成爲近世思想之代表時期。如從社會的發展、普及之層面言之，此一時期之學者之欲從儒學謀求自己生存之基本方式者並不多，然在另一方面，卻出現許多具有獨創性的學者與思想家，給儒學之古典以新的解釋，形成有異於中國、朝鮮的日本獨有的儒學。因此，出現中江藤樹、山鹿素行、伊藤仁齋、新井白石（一六五七～一七二五）、荻生徂徠等鴻儒的此一時期，乃是可與在日本佛教史上法然（一一三三～一二一二）、親鸞（一一七三～一二六二）、道元（一二〇〇～一二五三）、日蓮（一二二二

二～一二八二）等高僧活躍的鎌倉時代相輝映的重要時期。（註一二）

3.採用朱子學：

在中世思想界隸屬於佛教的儒教，隨近世社會之成長逐漸從佛教獨立以後，即成為取代佛教之領導理論而為幕府所採用。此蓋由於儒教除言敬天外又重視現世，言從天命來領導人類社會而排斥佛教之彼岸主義，並以現有秩序為天命而予以合理化，抑制批判的精神而寬容它之故。江戶幕府雖以集宋朝性理學之大成的朱晦菴之學為正統而加以採用，不過朱子學之作為官學，在排斥佛教與禁止基督教方面固然起了很大作用，但在學術上並無特殊表現。

在江戶時代初期，日本儒學雖仍保留前一時代的遺風，但當藤原惺窩出，遂奠定其近世儒學之基礎，從而造成日本研究漢學的另一個高峰。

藤原名肅，字斂夫，惺窩其號。出身貴宦之家。自幼入相國寺為僧，學佛經，以俊秀見稱。後讀宋儒之書，服其性理之說，遂不慊佛教之絕仁種，滅義理，乃還俗歸儒。且為作進一步鑽研，於文祿二年（明萬曆二十一年，一五九三）啓程前往中國。途中，避風濤於薩摩（鹿兒島縣）山川港，偶得桂菴玄樹之「和點」（日式句讀）經書而歸，遂提倡朱子學說。玄樹曾於明天順四年（寬政元年，一四六〇），以居座（職銜）身分隨朝貢正使天與清啓至中國，清啓一行東歸時，他卻仍留在中原達七年之久。回國後應島津忠昌之聘，在薩摩講學，成為日本朱子學派之支流——薩南學派。惺窩雖提倡朱子學，但他不僅接受晦菴之學說，也還同時容納陸象山（一一三九～

一一九三）、王陽明（一四七二～一五二八）等人的思想。其門下有林羅山、那波活所（一五九五～一六四八）等俊秀，他們將原爲禪僧所擅長的漢文學繼承下來，開展近世文運之先聲。

江戶幕府成立當時，惺窩曾於京都市區公開講授朱熹所註《論語》，引起以儒學爲家學之清原秀賢的抗議，秀賢同時向德川家康（一五四二～一六一六）控告其未經天皇許可而講授儒學，所以應予懲處，但家康只笑而未予理會。（註一三）藤原此舉，實象徵著日本近世的學術已擺脫中世秘傳的家學之窠臼，開展了新時代的機運。

德川家康雖有意將學者與學術利用於政治方面，卻沒有像惺窩所期待那樣，根據儒家精神來施政。幕府成立後第三年，家康聞惺窩的弟子林羅山學識淵博，乃在京都二條城召見他，使他在幕府任職，然其地位卻只相當於學僧而使之取僧侶之號——道春，故其職務亦屬類似書記官之類，與幕府政治或幕臣教育毫無關聯。此後林家子孫世襲斯職，至第三代信篤時，方纔除去僧侶之名號與服飾，授與「大學頭」（職稱）之職，而居於代表幕府儒官之地位。雖然如此，實質上的工作內容並無太大的變化。這種情形不僅在幕府者如此，其在諸藩者亦大致相同。因此，在日本近世以學者身分仕宦者，雖可獲稱爲「儒者」之特殊地位，卻無法從事政治工作。這種情形雖使學者們心懷不滿，但此不滿情緒竟成爲一種原動力，促進了各種新思想的成長。（註一四）

自慶長（一五九六～一六一五）至元祿年間（一五九六～一七〇四）的儒學，通常可分爲朱子學、陽明學、古學三派，及以編修《大日本史》爲契機，裒集諸學派的水戶學。朱子學有以藤原惺窩爲始的京學，以桂菴玄樹爲祖的薩南學派，由南村梅軒（生卒年不詳）開拓的海南學派，及從這些學派發展出來的分枝。陽明學即江西派，係以中江藤樹爲始祖。古學派則是山鹿派（山鹿素行）、堀河派（伊藤仁齋）、蘐園派（荻生徂徠）。其中陽明學的中江藤樹，古學派的山鹿素行、伊藤仁齋、荻生徂徠等人，初時皆修習朱子學。及至壯年，反省往日所學而一改其學風，或傾倒於王守仁之學說，或提倡復歸周公、孔子時的儒家本來面目。因此三者對朱子學之反省主要在哲學上，其主張主要在宋學特有的理氣說之解釋上有異同，故雖有志擺脫宋學之境以求洙泗源流之志，卻未能完全拋棄宋學旨意。惟有徂徠與他們完全殊途，其對朱子學之反省，乃以洙泗爲目標而完全否定宋儒哲學，以從禮制恢復古代精神爲目的重新出發。所以江戶初期的這些學派，大都源於朱子學或由此分派而作不同主張，非源流不同而並行。因此，江戶時代具有特色的儒學，實以朱子學爲權輿。（註一五）

江戶時代被視爲日本近世的文藝復興，也是日本儒學的全盛期，與五山文學之爲僧侶之文學相對的，江戶時代的文學可謂爲儒者的文學。江戶時代之所以會出現一種稱爲儒者的新行業，其因有如下六端：

(1)因僧徒惰落，致無論在學問上或思想上，都無法維持前一時代的權威。

(2)上自織田信長、德川家康，下至各藩之爲政者，都獎勵儒學。

(3)在太平盛世無法以武功出人頭地，而以學問較易獲得他人之尊敬與地位。

⑷出版品的刊行頗盛，雖處於鎖國時代，卻可經由長崎輸入中國圖書，容易獲得自己所需之出版品。

⑸除幕府設大學外，各藩也都設校以培養人材，此一情形使庶民養成好學之風氣，從而促使私塾之發達。

⑹儒者除能較自由的從事研究外，無論公私都能過安定的生活。結果，儒者間人才濟濟，頗能成為時勢的領航者。（註一六）

三、朱子學派與陽明學派

1. 朱子學派：

藤原惺窩與林羅山都信奉朱子學，此乃當時學習儒術者的一般風潮。這種風潮乃室町時代以來的，尤其以五山為中心的禪林之間，因在思想上禪學與朱子學有許多契合處，並且當時無論中國明朝或李氏朝鮮，都以朱子學為科舉標準之正學而受重視，故對此一學術領域的研究極盛，其影響及於近世初期。惟日本當時的學者們之所以研究朱子學，未必出於自主的選擇，因此林羅山之被江戶幕府錄用，也不能以此視為德川家康將朱子學作為官學的原因。江戶幕府之所以把朱子學作為官學，並以之為幕府文教政策的根本，也絕非因幕府的當事者喜愛朱子學或尊崇朱子學，乃由於朱子君君、臣臣、父父、子子的主張適合於其幕藩體制（註一七），有利於其封建體制使然。然當時朱子學之所以廣泛傳布的理由，並不侷限於此。亦即朱子的思想對於當時社會的人們，尤其對武士們的生活意識具有頗爲適合的特性，這種特性，實與禪宗之適合於武士之習氣者相似。（註一八）

如前文所說，江戶幕府雖以集宋朝性理學之大成的朱晦菴之學爲正統而加以採用，不過朱子學之作爲官學，在排斥佛教與禁止基督教（天主教）方面固然起了很大作用，但在學術上並無特殊表現。林羅山掌幕府文教政策，排斥神儒佛習合說（神儒佛合一），倡神儒合一說而從事多方面的活動，卻無法逸出使幕府方針理論化的倫理道德思想之範疇。因此，在思想上實以不屬官學的海南學派，及系出此一學派的山崎闇齋一門之功居多。

十七世紀的日本之學術中心仍在京都而學者輩出，其中藤原惺窩的門流被稱爲京學，此乃當時儒學界的主流。當此之時，其樹獨特之學風者爲山崎闇齋。闇齋誕生於京都牢人之家，初時入京都妙心寺爲僧，後來轉至土佐（高知縣）吸江寺，與野中兼山（一六一五～一六六三）遊，受其影響而立志學儒術，曾從谷時中（一五九八～一六四九）學朱子學。明曆元年（清順治十二年，一六五五），開塾於京都。闇齋立志忠實遵奉朱子學，致有不許其弟子讀朱子學以外書籍之概。但他對朱子學之理解卻有某種偏差處。朱子以爲「窮理」之修養必須「居敬」，亦即將精神集中於事物方能「窮理」，但闇齋卻將重點放在「敬」方面，而且不僅就心字來說，還從「身心」，亦即從行爲之外表與精神兩方面來說應以「敬」爲修養之根本。故其所說之朱子學已喪失理性的、自主的特性，成爲教人忠實履行道德規範，亦即只教人犧牲小我，奉獻別人之心理準備而已。只因爲如此，反而更能打動人心。如果除從被囿限的秩序中之外便無法發現生存之道，爲此一時代之社會大衆所面臨之事實，則闇齋的思想實頗能符合那種群衆的生活意識。（註一九）

闇齋對神道也表示深切的關心，這應與其思想特性之非合理主義有關。神道（sintō）在近世時，從伊勢神道（註二〇）系統出現度會延佳（一六一五～一六九〇），又從吉田神道（註二一）出現吉田惟足（一六一六～一六九四），他們都採納朱子學而對神道作新的解釋。

闇齋後來前往江戶，爲幕府要員保科正之（一六一一～一六七二）之侍講而輔政。他不僅將程朱之倫理學作宗教的信仰，五十四歲時學得吉田神道，將宋儒張橫渠之〈太極圖說〉與《日本書紀》〈神代卷〉匯合，倡神儒一致（註二二）而創垂加神道（註二三）。但那也是在從順從已經有所限制的身分秩序中求生存的方式上給予宗教的根據。如據史書所記，闇齋在儒道、神道兩方面的弟子多達六千人，可見其影響力之大。

江戶時代的朱子學從藤原惺窩之門出了林羅山、堀杏庵（一五八五～一六四二）、松永尺五（一五九二～一六五七）、那波活所（一五九五～一六四八）等人。自從林羅山出仕德川幕府後，經鵝峰（一六一八～一六八〇）、鳳岡（一六四四～一七三二），朱子學遂成爲官學，成爲支撐幕藩體制的思想支柱，更成爲封建道德之形而上學的基礎。松永尺五之下有木下順庵、宇都宮遯庵等俊秀；木下之門則有新井白石、室鳩巢（一六五八～一七三四）而此一學派大爲流行。此外，貝原益軒（一六三〇～一七一四）在九州福岡尊奉朱子學；四國土佐的南村梅軒（生卒年不詳）所傳朱子學派，出了野中兼山（一六一五～一六六三）、山崎闇齋。佐藤直方（一六五〇～一七一九）、闇齋之門則出淺見絅齋（一六五二～一七一一）三宅上齋（一六六二～一七四一）而興盛。朱子學雖在元祿（一六八八～一七〇四）、享保（一七一六～一七三六）前後迎接其全盛期，惟在此以後則步上式微之路，而伊藤仁齋、荻生徂徠之學風靡天下。迄至寬政二年（清乾隆五十五年，一七九〇）五月，幕府發布異學之禁（註二四）。之後，出了柴野栗山（一七三六～一八〇七）、古賀精里（一七五〇～一八一七）、尾藤二洲等所謂寬政三博士致力振興此一學派，（註二五）卻隨著時代之變遷，居然出現陽朱陰王，亦即在表面上信奉朱子學，實則尊崇陽明學的學者，如佐藤一齋（一七七二～一八五九）便是好例。

京學派（正學、官學）：

- 藤原惺窩
  - 林羅山——林鵝峰——林鳳岡——柴野栗山
  - 堀杏庵——堀立庵
  - 松永尺五
    - 木下順庵
      - 新井白石
      - 室鳩巢
    - 宇都宮遯庵
  - 那波活所——那波木庵
  - 菅得庵
  - 石川丈山

海南朱子學派（正學）：

- 南村梅軒
  - 釋天室
    - 小倉政平（三省之父）
    - 谷時中
      - 野中兼山
      - 小倉三省——谷一齋——大高坂芝山
      - 山崎闇齋
        - 淺見絅齋
        - 三宅尚齋
        - 佐藤直方
  - 釋如淵、釋忍性
    - 長曾我部元親——長曾我部
    - 吉良親實

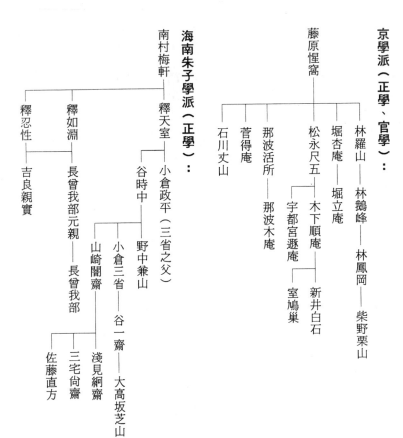

山崎闇齋
木下順庵┼貝原益軒（初學陸王，三十六歲時讀明人陳建《學蔀通弁》後改學程朱之學）。
松永尺五

此外，尚有朱子學派的別支水戶學（朱舜水、藤田幽谷、藤田東湖）。

2. **陽明學派（異學）**：

相傳陽明學於日本室町時代後期，了庵桂悟於永正七年（明正德五年，一五一〇）以朝貢正使身分使華，十年返國之際所傳，故可能當時已在五山禪林之間開始學習它。迄至江戶時代，陽明學雖成爲藤原惺窩、林羅山批判的對象而爲人所注目，然陽明學之離開僧侶朱子學者獨立，乃江戶時代初期中江藤樹以後。

衆所周知，朱熹的知行學說具有內在的兩重性，由此出發可向兩個不同方向發展，其一爲向內求知，其二則爲向外窮理。知行之論，學者不同。孫中山謂：行易知難，人之氣質不同，或不知能行，知更能行。王陽明則倡知行合一，而「求理於吾心」（註二六）。言：「知是行的主意，行是知的工夫。知是行之始，行是知之成。若會得時，只說一個知已自有行在，只說一個行已自有知在。」（註二七）又言：「未有知而不行者，知而不行，只是未知。」（註二八）所以「知行合一之功，正所以致其本心之良知。」（註二九）亦即他認爲只要透過致良知的工夫，使己心「純乎天理而無一毫人欲之雜」，就自然會有忠孝仁義之知，也會由此知發之於外而行忠孝仁義之行。

（註二〇）

朱子認爲凡人之心皆具「理」——道德之原理，人除窮理以自知外，還得在社會上依理而行。這種思考方式，與在日本戰國時代（一四六七～一五六七）的動盪中，武士們所修得注重個人名譽和自主性的生活方式有相契合處。其與這種武士精神相互結合以接受朱子學的代表人物，就是中江藤樹。

藤樹出身近江（滋賀縣）高島郡小川村。名原，字惟命（Korenaga），俗稱與右衛門。號藤樹、西江、頤軒、默軒。自幼由祖父吉長撫養。吉長原仕於伯耆國（鳥取縣）米子藩主加藤貞泰。元和三年（明萬曆四十五年，一六一七），因貞泰被移封至伊豫國（愛媛縣）大洲，藤樹亦隨之遷徙。年十一，讀《大學》而頗有所感，乃立志修習聖人之學。寬永二年（明天啓五年，一六二五），父吉次歿，乃繼其職而仕加藤氏，年俸百石，過著中級武士的生活。之後，曾求致仕，未果。十一年，二十七歲時，因思母心切，遂拋棄武士身分逃回近江，招收弟子講學。中江原修程朱之學。年三十七，讀《王龍溪語錄》，始知陽明，及獲《陽明全書》，遂悟朱子學之非，改奉陽明良知說，致力鑽研而終於樹立陽明學派。（註二一）

藤樹返鄉後，曾著訓誡後生書《翁問答》，他在本書裏，係站在「儒道」（Jyudō）即「士道」（Samuraidō），亦即站在儒學之教與武士道一致的立場，來思考武士的生活準則。故乃以武士應有的態度爲基準，來批判向上位者脅肩諂媚的頹廢的現實武士社會之情況。本書未經藤樹同意而被擅自刊行，只因它是名著，故流布甚廣。其所以爲名著，可能肇因於它是藤樹本身之生活體驗所證實者。由藤樹看來，像林羅山那種專門研究與儒學之實踐無關之學問的學者，或許只不過是隻蛀書蟲而已。（註三二）

返鄕後的藤樹已不復有以武士身分活動的機會，因爲擅自離藩是一種罪行，故在身分制度已經確定的近世武士社會裏，這種人物是不許任職他藩的。教導人們應進退有據的朱子學固以進退自由爲前提，但日本近世的武士並未被賦予這種自由。因此，對追求武士之生存方式的藤樹而言，被囿限於藩之組織的不自由，難免會給他的思想帶來某種陰霾。藤樹雖從三十七歲前後開始，拋棄前此信奉的朱子學而傾倒於陽明學，但直到他四十一歲離開人寰爲止，其思想與其說是陽明學，無寧言具有近於佛教的特性，亦即放棄對社會的關心，而只一心一意的求取「內心的安樂」，所以是消極的精神修養。藤樹之思想的遍歷，正說明了朱子學在一方面雖適合於武士的生存方式，卻有與兵農分離以後的近世武士社會應走的方向相互矛盾的層面。（註三三）

成立於明代的陽明學，雖以宋朝以來的官僚社會逐漸帶有頽廢傾向的時代爲背景，比朱子學更將重點放在不受周圍之束縛，從而確保自己內心的自由與主體性爲其特色，但它也是與官吏在政治上的實踐相結合的學問。所以王陽明的「知行合一」所包括：知行互含，即知中含有行，行中含有知；知行並進，不分先後；知行合一即是恢復良知之本體，所謂知與行，實際上是良知與良能的顯露、表現（註三四）等意涵，亦即王陽明雖透過行爲來教導人們自我認識，然這對已離開

政治的實踐之晚年之藤樹是無法理解的。（註三五）

藤樹的高足熊澤蕃山（一六一九～一六九一），也以與武士自立的精神相結合的方式來接受儒學。八歲時因家境清寒而爲外祖父——水戶藩士熊澤守久之養子。年十六，守久去世，因板倉重政、京極高通等人之推薦，仕於岡山藩主池田光政，獲其信任而參與藩政。二十二歲時，因讀《四書》而頗爲感動，決心棄武爲儒，翌年從藤樹學陽明學。後來前往京都，與公卿等遊，著《大學或問》而對幕府政治有所批判，遂引起幕府注意而受監視，被幽禁於下總（千葉、茨城縣）古河城，於元祿四年（清康熙三十年，一六九一）去世，年七十三。由此可知，在日本近世社會裏，武士之欲想貫穿著身爲武士應有的自主性來生活，是多麼的困難。

之後，陽明學派雖爲朱子學派所壓倒，及至三輪執齋出而復興。幕府末年則有佐藤一齋而同時信奉朱子學與陽明學，門下有吉村秋陽、池田草庵、山田方谷、佐久間象山、春日潛庵等人。由於此一學派以陶冶人之性情爲目標，重視經世與實踐，所以出現了大鹽平八郎、佐久間象山、橫井小楠、吉田松陰等富於活動力的英傑。

四、古學派與折衷學派

江戶幕府雖於寬政年間發布異學之禁（一七九〇），規定朱子學爲登用人才時的考試範圍，以壓制其他各學派的學術活動，但民間的古學派之伊藤仁齋（京都。古義學——堀川學派），與荻生徂徠（江戶。古文辭學——謖園學派）的學風仍風靡於天下，而折衷學派的學術活動也頗爲盛行。

由於江戶幕府所定爲官學的朱子學　於實踐而馳騁於空理，往往有誤解孔孟之根本精神的傾向。因此，伊藤仁齋、荻生徂徠等人遂主張應拋棄後世所作種種解釋，直接閱讀孔、孟之書，以吸取其眞精神。其於信奉朱子學的林羅山死（一六五七）後九年所出版，山鹿素行的《聖教要錄》三卷，實可謂爲批判、排斥朱子學，倡導復古的首部著作。之後，當伊藤仁齋的《語孟字義》，及荻生徂徠的宋學否定論出，古學派的聲勢便日益壯大。他們所提倡者在於經論，談實學，論政治、經濟，重視德行，以因應社會之變遷。

折衷學派則是起於江戶時代中期的儒學之一派。江戶時代雖與朱子學派、陽明學派相對的興起古學派（古義學、古文辭學）而互爭雄長，結果卻產生了折衷學派。此一學派不拘泥於任何派別，欲以自我批判方式，公平態度來求中國聖賢之道。茲將古義學、古文辭學、哲衷學各派的主要人物簡介如下：

1. **古學派**：

(1) 古義學：

①伊藤仁齋父子：

伊藤仁齋，名維楨，字源佐，俗稱鶴屋七衛門。初號敬齋，後稱仁齋。年十一，始讀《大學》，立志研究朱子學。三十七、八歲時，對朱子學發生疑問，以為其說有違孔、孟之本義，故認為如欲瞭解儒教之眞髓，就應直接接觸古典之眞義，因而創稱為古義學之學派。最能代表其學之著作為《語孟字義》二卷及《童子問》三卷。仁齋除鑽研儒家經典外，復以仁義為道德之根柢，專心致志於修德，身體力行。在京都堀川設塾——古義堂，課徒四十餘年，被稱為堀川學派，而從日本全國各地至其門下之學子多達三千餘人云。有子五人：東崖（原藏）、梅宇（重藏）、介亭（正藏）、竹里（平藏）、蘭嵎（才藏），因名中皆有藏字，所以有堀川五藏之稱。其中長子東崖與季子蘭嵎最為傑出，繼承了乃父之學。東崖在古義學上雖無獨自的主張，卻完成了乃父之學，且以民間教育者著稱。仁齋年七十九而歿，私諡古學先生。（註三六）

②山鹿素行：

山鹿素行亦為牢人之子。幼時學儒學、和學（日本學）、兵學而尤以兵學著稱。故從兵學家的立場探求有益於武士日常生活之學問，由思想上探求的結果，從寬文二年（清康熙元年，一六六二）四十一歲前後起，開始主張不要倚賴後世之朱子學、陽明學等學說，言應直接閱讀儒書，以學中國古代聖人之教。將以此方式發現的聖人之教稱為聖教或聖學，於寬文五年著《聖教要錄》三卷，對朱子學有所批判。故觸怒幕府要人——會津藩主保科正之（一六一一～一六七二）之怒，翌年被流放於赤穗（兵庫縣）。正之既是朱子學的忠實信徒，又曾受山崎學說之影響，故此一處置乃以保科個人之見解居多。因此，當保科於兩年半後去世，素行便獲赦，回江戶從事學術活動，爲包含「老中」（職稱）在內的許多大名所尊崇。

素行所發現的聖人之教，就是以「職業本分」爲自覺之根本，正確認識自己所處的社會地位，與隨之而來的責任。其欲從被賦予的社會秩序中依自己所處地位來決定生活方式的看法，實與闇齋之思想有相通之處。惟與闇齋相異者，乃非順從秩序而重視對秩序本身之客觀的認識。由此立場，素行對日本社會固有之傳統秩序，及武士社會之歷史的形成過程表示很大關心，撰著討論日本古代史的《中朝事實》，武士政治之歷史《武家事紀》等書，擬立足於具體的事實，以建立實用的學問。（註三七）

(2)古文辭學：

①荻生徂徠：

荻生徂徠，江戶人。名雙松（Nabematsu），字茂卿。幼名傳二郎，俗稱總右衛門。號徂徠，從居住日本橋茅場時起亦號蘐園，更因其祖先爲古代大氏族物部氏而以中國式稱物徂徠、物茂卿。生於館林藩（群馬縣）醫官之家。延寶七年（清康熙十八年，一六七九），其父方庵因觸怒藩主綱吉（後爲幕府第五任將軍）而被貶至上總國（千葉縣）長柄郡本納村，乃隨之前往。至元祿三年（清康熙二十九年，一六九〇）方庵獲赦回江戶，徂徠乃設塾於芝，講授朱子學。元祿九年三十一歲時，獲幕府將軍綱吉之執權（職稱）柳澤吉保之賞識，曾謁見綱吉而成名。寶永六年（清康熙四十八年，一七〇九）綱吉死後，致仕講學。門人有太宰春臺、服部南郭、山縣周南等俊傑，形成蘐園學派。

徂徠初奉朱子學，後來轉爲復古而攻擊朱子學，並且反駁伊藤仁齋之古義學而與之對立，另立古文辭學。古文辭學乃明代中期由李于麟、王世貞（一五二六～一五九〇）等始倡，以爲漢以前的古文方爲眞正文章。徂徠即據此以爲經書亦當從研究古言古語著手，纔能獲其眞義。在詩文方面，徂徠亦倡古文辭，尊唐詩而斥宋詩，鼓吹明詩。並且獎勵製作詩文，與朱子學之道學的學問相對的，採取使詩文擺脫道德羈絆的立場。他也曾請岡島冠山教授華語而致力於此一方面的學習。

又，徂徠認爲正確讀、解儒學古典，必須熟習中國古代的語言、文章。復由於他認爲用古語製作詩文爲做學問的方法而加以重視，故其學風方纔被稱爲古文辭學。

徂徠以後，在儒學方面並未出現欲以獨自的見解來建構有體系的思想之學者。徂徠的學風具有極大的影響力，故在十八世紀前半，幾乎有支配以江戶爲中心之學界之勢，但在思想上並無甚麼進展，所以徂徠所倡有關古文辭方面的主張，反成爲作詩文之理論而被重視，致服部南郭等文人風格的學者被視爲徂徠派的代表。而重視政治甚於道德的徂徠的主張與這種文人嗜好結合在一起，從而產生輕視道德的風潮，終於引發前文所提松平定信的「異學之禁」。

徂徠對學術方面所造成的影響，就是爲正確讀、解中國古典而採取實證主義方式，從而促使研究漢、唐古註之古註學，與使中國古典文章復原之考證學之發展，然這種學術卻有與現實社會脫節的傾向。在這種情形下，雖有人倡導綜合徂徠、仁齋之思想與朱子學的折衷之學，不過在思想方面卻難免有不完備之憾。（註三八）

- 荻生徂徠
  - 大內熊耳 — 立原翠軒 — 藤田幽谷
    - 藤田東湖
    - 會澤正志齋
  - 太宰春臺
    - 五味釜川
    - 松崎觀海
  - 服部南郭
    - 湯淺常山
    - 鵜殿本莊
  - 平野金華 — 戶崎淡淵
  - 山縣周南 — 龜井南冥
  - 釋大潮 — 宇野明霞

②太宰春臺：

太宰春臺，信州（長野縣）飯田人。名純，字德夫。俗稱彌左（右）衛門。號春臺、紫芝園。原姓平手，爲姻親太宰氏之嗣。初時從其父前往江戶，學程朱之學於中野撝謙之門。仕於出石侯，因病去職。在京都流浪十年後，因同門安藤東野之勸誘，捨往日所學，進荻生徂徠之門研究古學。徂徠去世後雖繼承其學而揚名於世，晚年卻對徂徠之說有若干不服處，故在詩文方面排斥李、王之古文辭。博學多聞，兼通天文、律曆、文字學、音韻學，而尤留心於經濟之學。生性剛毅狷介，自視甚高，凡事直言不諱。年六十八而卒。

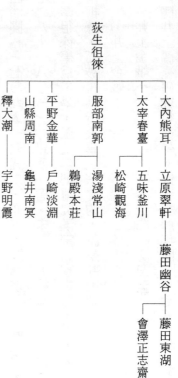

2.折衷學派：

如據原念齋《先哲叢談》的記載，所謂折衷學派就是「博究漢宋諸家之書，執其長，未必作門戶之見，折衷衆說，極致穩當」。此一學派興起於明和（一七六四～一七七二）年間。東條秦臺的《先哲叢談後編》舉神原篁洲（一六五六～一七〇六）謂：「近時所謂折衷派者胚胎於此」，而以篁洲爲其始祖。初時是以批判荻生徂徠爲目的，由井上金峨（一七三二～一七八四）、片山兼山（一七三〇～一七八二）等所倡，盛行於十八世紀六十年代至八十年代之間。

神原篁洲出於木下順庵之門，講授儒家經典時採用漢魏傳註，宋明疏釋而不拘泥於學派。中西淡園（一七〇九～一七五二）亦以古註爲宗，包攝衆說，採折衷的態度。其弟子細井平洲（一七二八～一八〇一）亦以漢、唐、宋、明的註解指出徂徠之誤而廣泛採用諸家之說。片山兼山初時奉徂徠學爲圭臬，至晚年則博究漢宋諸家之書，倡折衷諸家之說。其間，給折衷學以穩固的學術根據，而被視爲折衷學之宗主的，就是井上金峨。

①井上金峨：

井上金峨（一七三二～一七八四），名立元，字純卿，號金峨。早年從宮川熊峰修習仁齋學，後隨井上蘭臺研究徂徠學。惟至寶曆年間（一七五四～一七六一），卻著《弁徵錄》五卷，《讀學則》三卷以駁徂徠學；又著《易學折衷》、《經義折衷》以倡諸學之折衷，建立研究經學的新方式。門下有山本北山、原狂齋、吉田篁墩、石川滄浪、龜田鵬齋等。

②片山兼山：

片山兼山（一七三〇～一七八二），名世璠，字叔瑟，俗稱東造。上野（群馬縣）人。對荻生徂徠之學的造詣頗深，惟至後來批判其學，排斥修辭而重視經義，採唐宋諸家之說而倡折衷學。著有《周易類考》等。

③山本北山：

山本北山（一七五二～一八一二），名信有，號北山，俗稱嘉六。江戶人。初學古學，後來就學於井上金峨之門而倡導折衷學。以經學、詩文著稱於世。反對寬政異學之禁，故與市川鶴鳴等被稱爲「五鬼」。江戶詩文社團之盟主。著有《孝經集覽》等。

④太田錦城：

太田錦城（一七六五～一八二五），名元貞，字公幹，號錦城。加賀（石川縣）人。曾先後求學於皆川淇園、山本北山之門，完成哲衷學派。著有《九經談》、《疑問錄》等。

⑤三浦梅園：

三浦梅園（一七二三～一七八九），名晉，字安貞，號梅園、洞仙、季山、東山、二子山人、無事齋主人。豐後國（大分縣）東郡富永村人。初學於杵築藩藩儒綾部絅齋，繼則入中津藩（位於豐前下毛郡仲津）藩儒藤田敬所之門，亦曾遊學於長崎。平日對探究天地造化之理表示關心。年三十，知天地有條理，乃言：「天地者，唯是一氣物也，氣外無物，物外無氣。一條之妙理，貫徹宇宙而玄界無際，神化難測」。遂提倡調和儒學與西學，以說明宇宙結構之條理學，於寶曆三年（清乾隆十八年，一七五三）三十一歲時著《玄語》八卷二十八編，以論陰陽消長之度，氣物融化之道。後來又著《贅語》十四卷、《敢語》一卷，合稱「梅園三語」。天明年間（一七八一～一七八九）為杵築藩主所徵召，獲比照家老（職稱）之待遇。其學該博，兼通天文、物理、經濟、博物、醫學等。曾製作天球儀以觀測天體，也對人體之構造表示興趣。擅長詩、書，遺有《詩轍》五卷、《獨嘯集》一卷、《春遊草》一卷、《梅園詩集》二卷、《梅園詩稿》一卷、《梅園文集》一卷，及其他著作多種。（註三九）

此一學派雖選擇古學、朱子學、陽明學等各學派之長，從而嘗試提出穩當的學說，而在考據、道德學的層面獲得相當大的成果，卻欠缺獨自之理論的創造發展。

此外，又有原以朱子學為宗而後來採折衷說的，他就就是中井履軒（一七三二～一八一七）。履軒，明積德，字處叔，俗稱德二。諡文清先生。大阪懷德堂（註四〇）中井甃庵之次子，朱子學者竹山之弟。與其兄同學於五井蘭洲之門。明和四年（清乾隆三十二年，一七六七）三十六歲時，另設私塾水哉館，輾轉於大阪市內渡日。與乃兄之為大阪學界盟主相對的，不喜闊綽的交遊而自稱「幽人」，但與尾藤二洲、麻田剛立、三浦梅園等人私交甚篤云。履軒的學術上立場雖與其胞兄竹山同以朱子學為根本，其說卻採折衷方式。著有傾其畢生之力完成之《七經逢原》三十二卷（經書之註釋），與《七經雕題》五十六卷、《七經雕題略》十九卷、《中庸天樂樓定本》一卷、

《世說雕題》十卷、《小學雕題》二卷、《履軒弊帚》三卷、《水哉子》三卷，及《髦言》、《華胥國物語》、《均田茅義》等經世論。履軒之註經，係以朱晦菴《四書集註》爲根據，然後提出他與朱註不同的見解。文化元年（清嘉慶九年，一八〇四）乃兄辭世後，繼任懷德堂學主。十四年二月十五日歿，年八十六。（註四一）

五、學術上的實證主義的發展

1.經世論

江戶時代的儒學研究於元祿年間（一六八八～一七〇四）達到高峰後，迎接了具有量的擴大甚於質的高度之特色的時期。就學術或思想方面言之，從十八世紀初至十九世紀二十年代，即是在這種情況下普及而大衆化。十七世紀以前原屬於少數特殊的專家，或部分有志之士的學問，至此已成爲武士或上層民衆日常生活上應具備的素養而普及於廣泛的社會。（註四二）因此，新井白石（一六五七～一七二五）於其《本佐錄考》所謂：「世人之知有儒學，乃第五任將軍德川綱吉之功」，未必是溢美之辭。就有關日本古典的學問，亦即所謂和學、國學方面言之，其擺脫公卿貴族等特權階層性格的學問，而從民間出現許多相關學者，也是從元祿年間開始。（註四三）

當時的讀書人所關心的，已非如十七世紀以前之從精神層面來探討個人生存的方式，大都轉爲客觀的觀察社會或政治應走的方向，從而思考自己在工作上應盡的本分，與所應扮演的角色。

此一傾向雖已顯現於十七世紀後半的山鹿素行與伊藤仁齋等人的思想上，至此一時期則更爲顯著。這種現象固可視爲以士、農、工、商之身分區分爲基礎的幕藩體制社會的秩序，已成爲不可動搖的制度，規範了人們生存方式的一種反映，然在另一方面，卻可認爲人們爲從政治上謀求解決已開始表面化的社會矛盾之方策，引導人們對現實社會作客觀的考察。與外來學術——儒學相對的，日本學學者之開始倡導奠基於日本古典的「道」，也表示他們對成立於固有傳統上的日本現實社會的關心昂揚起來。這種擬探究事情實態所表示的關心，不僅對社會，對於成爲學術根基的古典之本文亦復如此。在此情形之下，無論儒學者或日本學學者，他們都孜孜矻矻的從事有關古典之客觀的、實證的研究。（註四四）

日本學者在儒學裏的客觀主義傾向，因荻生徂徠繼山鹿素行、伊藤仁齋之後上場而更爲明確。徂徠的學問與思想既富於獨創性，又是因應當時社會者，故他所造成的影響極大，而日本近世的思想界，實可以徂徠爲界析爲前後兩期。

儒學所謂之道，雖通常被釋爲個人應遵循之道德，然徂徠卻認爲它是中國古代聖人，亦即傑出的君主爲治天下所作「禮樂刑政」，也就是說它是政治上各種制度的總稱。因此他主張應制訂這種制度，將適當的人才安排於適當的職位使其充分發揮自己才能。爲能實現這種和平社會而教導政治之「術」的，就是儒學之古典。由於徂徠的這種主張，使前此無法以個人之道德的努力來解決之社會問題，便成爲施政者的政治責任之觀念明確化，故徂徠之思想具有劃時代的意義。其論述將此施政方式應用於現實社會，使武士們落地生根，消除遊民、盜賊等政治改革的，就是《政談》四卷。徂徠認爲政治制度與其用以表現的言語隨時代而變，故須作歷史的研究。（註四五）

繼承徂徠有關政治之構想，並使之發展，以提示幕府與諸藩在現實上所面臨各種問題之對策的，就是徂徠的門徒太宰春臺。春臺於其所著《經濟錄》〈附錄〉謂：各藩必須以藩營專賣（註四六）方式來重建財政。在學術上系出春臺的海保青陵則於遊歷關東、北陸、中國、四國各地後，根據其經驗，言君臣間的關係等於「市道」，亦即和商業相同的利益之交換關係這種合理的思考方式，於所著《稽古論》（一八一三年著）裏，開展其使藩財政充裕的政策論。與青陵大致同一時期，且曾受荷蘭學之影響的本田利明（一七四四～一八二一），則著《經世秘策》（一七九八年著），主張由官方來經營貿易之重商主義政策。也就是說，上述這些經學家都主張把發展經濟作爲施政的重點——經世論。（註四七）。此外，可謂爲徂徠之再傳弟子的馬場正通，他雖具有成爲大學者的資質，卻年僅二十六而去世。他著有《邊策發蒙》、《造幣策》、《長夜餘論》等，而《長夜餘論》乃正通發揮其爲經濟學家之面目者。全篇十八條中，十二至十八條係從經濟上來論述其矯正時弊之意見，而以當時日本人士之崇拜中國，模仿中國爲非，第十七條則以〈辨我邦名儒伊藤、白石、徂徠、太宰輩論國政之非〉爲題，言空文虛辭，於世少有裨益。

除上述外，五井蘭洲、中井竹山、雨森芳洲等人的著作雖亦論及經濟，但其說都欠缺組織與系統。《大學》雖謂：「德者，本也。財者，末也。外本內末，爭民是奪。是故財聚則民散，財散則民聚」。「生財有大道：生之者衆，食之者寡，爲之者疾，用之者舒，則財恆足矣」。「仁者以財發身，不仁者以身發財」。但此乃勸誡世人不可因愛財而流於貪欲，爲政者應避免苛歛而施惠於民，且言小人當政則往往爲財所誤，錙銖必求，弊多於利。由於這種思想充滿於日本近世儒者之間，遂導致他們不以錢財爲重，結果影響了他們對經濟學之本質之理解。加之，當時儒者大抵爲士人而領俸祿——米，且懷階級差異思想而有輕視工商階層之風氣，故不喜言金錢——經濟問題。在此情形之下，他們大都昧於經濟界的事，同時很少有人以學理的實證的方式，來探究經濟原理與其實際情況，致其經濟觀陷於迂闊。（註四八）

2. 倫理道德觀：

(1) 朱子學派的倫理道德觀：

在日本近世儒學裏，如要詳言每一學者的倫理道德觀，並非易事，因此，只能舉其二三具有代表性的人物對此一方面的見解，以觀其概。就朱子學派言之，其能代表倫理道德說之一個層面者爲山崎闇齋。闇齋的倫理道德說之引人注目的，就是「敬內義外」說。此說原爲程子所倡，「敬以直內，義以方外，合內外之道也」。所謂「內」，就是心，「外」，就是行爲。與伊藤仁齋強調「仁義」，荻生徂徠重視「禮樂」相對的，闇齋力言「敬」、「義」兩字。闇齋認爲人們應以「敬」的精神來端正內心，以「義」的精神來端正自己的行爲。因此他在〈垂加草〉裏說：「敬以直內，義以方外八字，一生用之無窮。……《論語》所謂君子修己以敬者，言敬以直內也。修己以安人，以安百姓者，義以方外也。孟子之守身、守本者，敬以直內也。君子之守，修其身平天下者，使義以方外也」。闇齋重視「敬」，以此爲倫理道德之根本，因此他繼前舉文字之後說：「天命之性者人心所具，故所以養性事天。存養之要無他，敬耳」。又說：「聖人之教有小大之序，而一以貫之者敬也，可以小學之敬身，大學之敬止見之。蓋小大之教所以明五倫，而五倫具於一身。是故小學者敬身爲要，大學者以修身爲本。君子修己以敬，親義別序止於信，天下之能事畢。」（註四九）亦即闇齋認爲人性本善，自具天理，所以應致力於存養，留意於身心之謹愼謙虛，這在道德上比甚麼都重要。心所發爲意念，意念有淸濁，即如事有錯雜，物有蔽障。人缺乏修養，行不由道，爲其意念濁蔽，迷失其心。性有欲有情，欲大於情爲惡，情大於欲爲善。欲多之至，所謂人欲橫流，則人之意念自必昏蔽。存於中，形於外，見君子（情大於欲者），自覺羞然；此時雖欲掩飾，亦屬無用。情大於欲爲誠，誠於中，形於外。誠與不誠，爲君子與小人之別。（註五〇）因此，闇齋對身心之謹愼謙虛問題，認爲須誠，至言：「聖者誠耳」（註五一），而重視「誠」字。

「誠」爲推動宇宙，變化事物，循環不息，爲天地變化之理。性之靈爲知，性之能爲行。性情善調情欲爲誠，誠至亦動亦化。故天下爲至誠可以盡人性，盡物（萬事萬物）性；能盡物性，則可以助天地之化育，亦可與天地參矣。先儒視天人通德，萬物一體。人之修道至誠，德業茂盛，其所接觸者，無不爲所感化。（註五二）因此，時代稍晚於闇齋的室鳩巢（一六五八～一七三

四），在道德方面亦重視誠敬而言「持敬」，認為吾人必須謹愼於心。（註五三）

(2)古學派的倫理道德觀：

在倫理道德說這個層面能爲古學派之代表的是伊藤仁齋。仁齋的學說以倫理道德爲中心而不似徂徠之言及政治、經濟。相傳其學源自吳廷翰（字崇伯，號蘇原），因讀廷翰《吉齋漫錄》，見其重視《大學》、《中庸》而發揚古道，遂倡古學云。

仁齋道德說之核心爲「仁義」兩字，此兩字固爲孔、孟所說，惟自五山文學以來，日本之儒學卻有偏限於朱子哲學之傾向，故五山禪林以讀朱註《論語》、《孟子》爲尙，至有人謂：「以一心窮造化之妙，至性情之妙。正《四書》、《五經》之誤，作《集註》，作《易本義》，流傳儒道正路於天下者莫若朱文公。不以朱子爲宗，非學也。」（註五四）結果，竟忘記朱子之原意在祖述孔孟之哲學，致產生敬重朱子甚於孔孟之風氣，亦即他們透過朱子學來理解孔孟哲學。仁齋在青少年時已發覺此一弊病，言：「余十六七歲時讀朱子《四書》，竊以爲此訓詁之學，非聖門德行之學。」（註五五）

儒家哲學之中心爲「仁」。仁、義、理、智爲先儒所講之道。智者，知也，知情，知理，知道之謂。仁者，人愛人之心也，爲道之本體。義者，宜也；禮者，履也，爲人對人行爲之範疇。仁爲道之本體，義禮爲道之用。孔子以仁爲主，孟子以義禮爲副。仁與義，前者爲德性，後者爲行爲。道之體，智者足以知之，但無仁心來守則必失；仁能守而臨之不莊重，則不能贏得他人之敬仰；仁能守而臨之亦莊重，但動之又不以禮，則猶未盡善。孟子曰：「君子所以異於人者，以其存心也。以仁存心，以禮存心；仁者愛人，有禮者敬人；愛人者，人恆愛之，敬人者，人恆敬之。」（註五六）衆所周知，孔子所言之道爲「仁」，至孟子則益以「義」而力言「仁義」。孟子以仁義無內外之分，僅有體用之別，發於心爲仁，形於外爲義；倘敬不由心，其行爲不得爲義。（註五七）仁齋所言者與孟子大致相同，以人之道爲仁義，離仁義就無人之道。而其所言仁義，係由「道」之概念出發，以爲貫穿於天地人三才的根本原理爲「道」。故天之道由陰陽，地之道由剛柔，人之道由仁義而成。曰：「人道之有仁義，猶天道之有陰陽，仁義外豈復有道哉！而仁之不包義，猶陽之統陰」。因此他認爲須以智之光照射仁義，並把握仁義在形式上的禮，亦即他以仁爲本，以義爲輔，在知識上正確保持仁義的概念，並自覺仁之所以爲仁，義之所以爲義，從禮之美的表現來維護個人與社會之間的秩序。（註五八）

(3)折衷學派之倫理道德觀：

折衷學派有關倫理道德方面的見解，可以中江藤樹爲例來說明。藤樹年輕時讀朱註《論語》、《大學》等，以爲「聖人之道在此」而力行其說，從而著〈原人說〉與〈持敬圖說〉。年三十三，讀《王龍溪語錄》，方覺這纔是自己所需要者。四年後，購得《陽明全書》，從而瞭解陽明學之全貌，開始講授其要旨。此固爲藤樹心靈飛躍的時期，卻因他年僅四十一而歿，故其弘揚此一學術的時間非常短暫，但其道德觀卻可從上帝說與良知說兩方面來說明。

①上帝說：

人類原始，對生命意識力甚微，所遇變化，不知其然，僅仰視於天而已。嗣知識漸開，想像天有主宰爲「天帝」，「帝」有意志，乃有命令，爲「天命」。而藤樹所謂「上帝」，其意亦如此。藤樹亦稱上帝爲「皇上帝」、「太一尊神」，有時則只稱爲「天」，亦即敬天思想成爲藤樹道德倫理說之根柢。（註五九）他認爲上帝就是宇宙的根本生命，它統一、支配由理氣二元所成之宇宙，言「人者小體之天，天者大體之人」。所以他相信：上帝既爲宇宙之根本生命，則具有造天地、生萬物之偉大力量，永垂不朽而宇宙間無不受其支配者。另一方面，藤樹又將「上帝」人格化，以爲上帝監視著人們之行爲，凡行善者賜以福，爲惡者降以禍。（註六〇）這種思考模式與中國人無甚差異，具有宗教的感情與現世的思想。

②良知說：

王陽明倡「知行合一」，如「惡惡臭」，如「好好色」，「惡臭」「好色」屬知，「惡」「好」兩字屬行。人既賦有「良知」與「良能」，對萬事萬物之演變，乃有自主之自信力，其對事物發生矛盾時，既不能由天解決，自覺責無旁貸，或思或學，以求治理。這種人生之覺醒，可謂人類文化之起源，人之價值，大爲提高；人爲萬物之靈，人乃勝天。（註六一）。藤樹對良知曾作種種解釋，其要在於：良知爲人本然之性（本心），畢竟眞實透徹，具有純一而炯炯靈覺之眞我（Das Wahre Ich）那是至善、光明、全智、至誠，忠孝仁愛俱包攝其中。因此，良知是人的行爲規範，從之則合於倫理、道德，違之則否。至人之所以違背其本心——良知，乃由於意的作用。意動時將產生種種欲望而妨礙良知之明徹的發動，惟如完全抑意則反而不自然，故應將其導往正確方向，再三自反愼獨，實行陽明所謂致知格物之旨，俾使良知充分發揮作用。如此而放出良知的光芒，便能臻於天人合一之境，與宇宙之根本生命合而爲一。亦即知識、道德俱爲人心之所具，所以人們應常內省、自愼，力除私欲，使意誠。（註六二）「惟天下至誠，爲能盡其性，則能盡人之性；能盡人之性，則能盡物性；能盡物之性，則可以贊天地之化育；可以贊天地之化育，則可以與天地參矣。」（註六三）

六、結　語

在江戶時代初期，日本儒學雖仍保留前一時代的遺風，但當藤原惺窩出，遂奠定近世經學之基礎，從而造成日本研究漢學的另一個高峰。

惺窩之弟子以林羅山最爲傑出，他博覽強記，日本程朱之學經他以後，遂奠定不可動搖之基礎云。羅山二十四歲時，經惺窩推薦擔任幕府儒官。之後，他極力排佛，駁老莊，斥陸、王，難耶穌教，力謀朱子學之振興。幕府雖曾於寬政年間發布「異學之禁」，壓制非祖述朱子學說（朱子學派）之其他學派的學術活動，但在民間的古學派之伊藤仁齋與荻生徂徠的學風仍風靡天下。其中，長於詩文的徂徠對李攀龍（一五一四～一五七〇）、王世貞（一五二九～一五九三）的古文辭學發生共鳴，乃以為程、朱不知古文辭，所以不通《六經》，以今文見古文，何能闡明先王之教？遂鼓吹文宗秦、漢，詩法唐人，而引起日本漢文學的一大革新。其門下的服部南郭且校刊李攀龍的《唐詩選》，致力使之普及。於是它取代前此《三體詩》之地位，流行至十八世紀末。

迄至十九世紀初的文化、文政年間（一八〇四～一八三〇），日本儒學又有了新風尚。那是因市河寬齋（一七四九～一八二〇）、大窪詩佛（一七六七～一八三七）、菊池五山（一七六九～一八五三）等詩人出，鼓吹南宋詩，遂開宋詩流行之機運。文章則唐宋八大家之文上場，取代李、王之古文辭。之後，直到清朝桐城派古文之東傳為止，唯流行八大家之文。

當時的日本漢學界除朱子學、古學派外，尚有以中江藤樹為中心之陽明學派，他們祖述王守仁的知行合一，主張注重德行，也是當時在野學術的一股洪流。得附帶一言的就是：在大正（一九一二～一九二六）、昭和（一九二六～一九八九）時代的日本學界，京都學派哲學家田邊元（一八八五～一九六二），他從親鸞（一一七三～一二六二）淨土眞宗的立場提出哲學上的新見解。

元，東京神田猿樂町（千代田區）人。東京大學大學院哲學研究科肄業。曾先後任教於東北大學及京都大學，且曾留學德國。元初學新康德派哲學，並對近代科學作批判的考察，在科學論的領域獲開拓性成就，而《最近の自然科學》（一九一五）、《科學概論》（一九一八）、《數理哲學研究》（一九二五），即是其成果。由於留歐且受現像學之刺激，其所作思索便朝向：由批判進為世界觀，由認識論進為弁證法，由數理的物理的自然進為人間社會的歷史。其《カントの目的論》（一九二四）即爲表示其轉機之指標。迄至昭和時代馬克思主義給日本思想界帶來強烈影響時，元乃對此作批判的對決，欲同時超越黑格爾的觀念弁證法與馬克斯的唯物弁證法，而在《ヘーゲル哲學と弁證法》（一九三二）裏構思其獨自的「絕對弁證法」。並且由此立場，於昭和九年撰〈社會存在の論理〉，以倡「種の論理」。此乃由批判西田哲學，使田邊哲學獨自之立場更爲明確者。他批判西田哲學把握「個」與「全體」之關係欠缺具體的媒介，而導入歷史的社會存在（種）作爲媒介項。因這種在具體上是民族與國家，包含著國家絕對化的傾向，所以遂成爲日本當局發動侵略戰爭正當化的邏輯。戰後則發表《懺悔としての哲學》（一九四六）以自我批判往日所採取的立場。（註六四）

註　釋：

註　一：《令義解》，第三（東京，吉川弘文館，昭和六十年八月），〈學令〉，「教授正業」條。

註　二：有關禪僧倡儒釋道三教一致的問題，請參閱拙著〈日本五山禪林的三教一致論〉，《漢學研究》，十三卷二期（臺北，漢學研究中心，民國八十四年十二月）、《中日關係史研究論集》，九（臺北，文史哲出版社，民國八十八年三月）。

註　三：鄭樑生，《日本通史》（臺北，明文書局，民國八十二年十二月），頁三一一。

註　四：玉村竹二，〈教團史的に見たる宋元禪林の成立〉，《墨蹟史料集》（《美術研究資料》）附册。

註　五：鄭樑生，《元明時代東傳日本的文獻》（臺北，文史哲出版社，民國七十三年八月），頁二八。

註　六：同註四。

註　七：同前註。

註　八：絕海中津，《蕉堅稿》〈序〉。

註　九：參看義堂周信，《空華集》，上村觀光編，《五山文學全集》，第二卷（京都，思文閣，昭和四十八年二月），及玉村竹二《五山文學——大陸文化紹介者としての五山禪僧の活動》（東京，至文堂，昭和四十三年二月）。

註一〇：足利學校，位於栃木縣足利市昌平町的日本中世唯一的學校設施，相傳爲足利義兼所創。首任庠主爲上杉憲實於永享十一年（一四三九）任命之鎌倉圓覺寺僧快元。

註一一：尾藤正英，〈近世の學問の成立〉，《圖說日本文化の歷史》，八，江戶，上（東京，小學館，昭和五十五年六月）。

註一二：同前註。

註一三：同前註。

註一四：同前註。

註一五：鄭樑生，《日本通史》，頁三一二～三一三。

註一六：猪口篤志，《日本漢文學史》（東京，角川書店，昭和五十九年五月），頁二三一～二三二。

註一七：幕藩體制，在中央統一政權——江戶幕府的支配下，擁有獨立之領國之藩與統治機構的政治體制。

註一八：同註一一。

註一九：鄭樑生，《日本通史》，頁三一五～三一六。

註二〇：伊勢神道，亦稱度會神道（Wataraisintō）、外宮神道（Gegūsintō）。以伊勢神宮信仰爲中心之神道說，乃外宮禰宜度會氏爲提高外宮地位而倡者。鎌倉初期受兩部神道之影響興起，至南北朝時代（一三三六～一三九二），由度會家行完成。以《御鎮座次第記》、《御鎮座傳記》、《御鎮座本紀》、《寶基本記》、《倭姬命世記》爲神道五部書，而以之爲根本聖典。

註二一：吉田神道，亦稱唯一神道、卜部神道（Urabesintō）、元本宗源神道。室町時代，京都吉田神社的神官吉田兼俱集其家學之大成而倡導者。與根據本地垂跡說之兩部神道相對的，主張應維護唯一之神之道之根本。其特色在於與以往之神道爲道德論的相對的，接受密教加持祈禱的形式。教義書有《唯一神道妙法要集》等。

註二二：神儒一致，江戶時代儒學家之神道崇拜思想。幕府雖以儒學，尤其以朱子學爲經世之學，但儒學家主要傾向於排佛，故神道亦成爲親儒教的。神儒一致思想始於江戶初期的朱子學家藤原惺窩，由林羅山積極提倡。羅山著《本朝神社考》，以日本爲神國，故言王道爲天神所授。之後，此一思想亦影響及於朱子學派以外之儒學各派，被稱爲儒家神道而發展。尤其山崎闇齋彙集前此神道之各種主張，完成垂加神道，言開天闢地之道，與天皇之德同一而成爲熱烈的尊王思想家。此一主張經淺見絅齋而給水戶學派以很大影響。

註二三：垂加神道，其正確名稱爲Sidemasusintō。江戶初期，由山崎闇齋所倡導之神道說。此係以朱子學之敬慎說爲中心，加上吉田神道、伊勢神道諸要素之神儒習合（合一）思想。言開天闢地之神道與天皇之德爲唯一無二，故尊王、尊重國體論之傾向極強，給水戶學以很大影響。尊王運動之前驅竹內式部亦出此一門流。明治維新時，此一學派的人曾經扮演了極重要的角色。

註二四：寬政異學之禁，江戶幕府對朱子學以外各學派的禁令。寬政二年（清乾隆五十五年，一七九〇），老中松平定信作爲政治改革之一而施行者。江戶幕府雖在成立以後即以朱子學爲官學而予以獎勵，惟至中期，在幕藩體制發生動搖的情形下，負責官學的林家不振，古學派、折衷學派盛行。因此，幕府爲加強封建教學而革新朱子學，且將林家的湯島聖堂作爲官立學校而改稱昌平黌，更規定以朱子學爲政府登用人才時的考試範圍。因此，並非禁止朱子學以外的各學派的學術活動，只是將其視爲會使風俗紊亂的異學。結果，諸藩藩學之改授朱子學者甚多，產生與禁止相同的效果。

註二五：和島芳男，〈近世における宋學受容の一問題〉，史學論集《對外關係と政治文化》（東京，吉川弘文館，昭和五十六年六月）。

註二六：王守仁，〈答顧東橋書〉。

註二七：王守仁，《傳習錄》，上。

註二八：同前註。

註二九：同註二六。

註三〇：葛榮晉，《中國哲學範疇導論》（臺北，萬卷樓出版社，民國八十二年四月），頁四一四。

註三一：原念齋，《先哲叢談》〈中江藤樹〉。

註三二：尾藤正英，〈近世の學問の成立〉。

註三三：同前註。

註三四：同註三〇。

註三五：同註三一。

註三六：《近世漢學者著述目錄集成》。《近世儒家人物誌》。原念齋，《先哲叢談》〈伊藤仁齋〉。伊藤仁齋的著作甚多，主要者有《論語古義》十卷，《孟子古義》七卷，《大學定本》一卷，《中庸發揮》一卷，《大學三孔書弁》一卷，《語孟字義》二卷，《周易乾坤古義》一卷，《春秋經傳釋義》二卷等。其子東崖的著作亦甚多，最主要者爲《制度通》十三卷，論述中國古代制度與其變遷，中國制度與日本制度的關係，及日本制度的特殊性等。下文出現之各人物的生平介紹，其典據同本註。

註三七：鄭樑生，《日本通史》，頁三一七。

註三八：尾藤正英，〈新しい學問への道〉，《圖說日本文化の歷史》，九，江戶，中（東京，小學館，昭和五十五年九月），頁一八三。

註三九：彰考館，德川光圀（一六二八～一七〇〇）爲編纂《大日本史》而設立之編纂局。該史書從明曆三年

（清順治十四年，一六五七）開始，在位於江戶駒込之水戶藩別邸編纂，寬文十二年（清康熙十一年，一六七二）遷至江戶小石川之本邸，並命名爲彰考館。光　去世後雖亦設於水戶（茨城縣），惟至文政十二年（清道光九年，一八二九）時，德川齊昭（一八〇〇～一八六〇）將其統一設在水戶，成爲水戶學之中心。《大日本史》完成後，則成爲彰考館文庫，以迄於今。

註四〇：懷德堂，又名懷德書院。享保九年（清雍正二年，一七二四），因大阪町人（工商界人士）之資助，以中井甃庵爲中心創設於大阪之學校。首任學主爲三宅石庵。甃庵之子竹山、履軒等爲教授。學生多庶民之子。富永仲基、山片蟠桃等爲該校俊傑。創設後兩年，獲比照官學的待遇而大爲興隆。明治二年（清同治八年，一八六九）廢校。

註四一：加地伸行，《中井竹山・履軒》（叢書《日本の思想家》），二四。

註四二：《漢學者傳記及著述集覽》、《漢學者傳記集成》。

註四三：同註三八所舉書，頁一八一。

註四四：同註四二。

註四五：同前註。

註四六：藩營專賣，江戶時代諸藩所經營之專賣。由諸侯掌握因獎勵國產而成長的農民之經濟作物，以謀充實藩之財政的措施。其所專賣之物品大都是各該藩之特產。

註四七：註三八所舉書・頁一八三～一八四。

註四八：高須芳次郎，《近世日本儒學史》（東京，越後屋書房，昭和十八年九月），頁一九五～一九六。
註四九：同前註所舉書，頁二〇九～二一〇。
註五〇：陳式銳，《唯人哲學》（廈門，立人書報社，民國三十八年一月），頁一〇。
註五一：山崎闇齋，〈垂加草〉。
註五二：陳式銳，《唯人哲學》，頁一二。
註五三：高須芳次郎，《近世日本儒學史》，頁二一〇。
註五四：咲雲清三，《古文眞寶鈔》，前集，〈朱文公勸學文〉。
註五五：轉引自高須芳次郎，前舉書頁二一二。
註五六：《孟子》〈離婁〉，下。
註五七：《孟子》〈告子〉，下。
註五八：高須芳次郎，前舉書頁二一六。
註五九：同前註所舉書頁二二一。
註六〇：同前註所舉書頁二二一～二二二。
註六一：陳式銳，前舉書頁三。
註六二：高須芳次郎，前舉書頁二二三～二二四。
註六三：《中庸》〈二十二章〉。

註六四：朝日ジャーナル編，新版《日本の思想家》，下（東京，朝日新聞社，一九八〇年三月），頁二一一～二一三。

山根幸夫與其《明清時代之華北定期市場研究》

一、前言

日本學者之研究明史者頗不乏人，他們所研究的範圍涵蓋民間宗教、經濟、社會、政治、學術思想、或對外關係等而遍及於每一個領域及層面，而其成果也多有足觀著。例如：野口鐵郎的《明代白蓮教史の研究》、佐久間重男的《日明關係史の研究》、田中健夫的《倭寇と勘合貿易》、《中世對外關係史》等是。姑且不論他們對各該問題的觀點如何，但那些著作之值得我們參考，殆無疑慮。就山根幸夫《明清時代の華北定期市場研究》而言，亦復如此。所以本文擬對山根的此一著作之內容 作一番介紹，以供各位讀者之參考。

二、山根幸夫的學經歷

山根幸夫，一九二一年八月誕生於日本兵庫縣神崎郡越知谷村越岩乙四百五十六番地，父名貫道，母富惠，幸夫爲其長子。

山根於一九三四年進兵庫縣立姬路中學就讀，四年後結束中學課業，隨即轉入姬路高等學校文科甲類就讀。一九四一年三月，高等學校畢業。四月，負笈東京帝國大學文學部東洋史學科，主修中國史。在東大期間，因受戰爭影響，故至一九四七年九月方纔修完大學部課程。大學部畢業後，爲繼續進修，乃於翌月爲該大學大學院之特別研究生，直到一九五三年九月爲止。明年四月，擔任位於東京的東洋大學講師。又明年，升爲副教授，並獲聘爲東京青山學院大學經濟學部講師，至六九年三月始解除此一職務。五五年九月末，因故離開東洋大學，五八年四月獲聘爲東京女子大學文學部助教授暨東洋文庫研究員。九年後，在東洋文庫籌設「明代史研究會」，經常與同好研讀中國史籍，爲推廣、研究明史而不遺餘力。自一九七五年七月起，則擔任「東方學會」評議員，九一年五月被推舉爲「東大中國學會」（後來改稱「中國社會文化學會」）會長，以迄於今。前此，他也曾一度擔任「東洋史研究會」評議員，在日本的中國史研究方面作出最大的貢獻，而在日本學術界頗爲活躍。

山根在東京女子大學任教期間，除從事上述各種學術活動外，也曾先後在東京大學文學部、早稻田大學第一文學部、御茶水女子大學文教學部、埼玉大學教養學部、專修大學文學部、熊本大學法文學部、宇都宮大學教育學部、新潟大學人文學部、東京都立大學人文學部、東京外國語大學、明治大學文學部、山形大學人文學部、茨城大學人文學部、國際基督教大學大學院比較文化研究科等學校、單位擔任兼任教授。山根雖於一九九〇年三月自東京女子大學屆齡退休，目前卻仍分別在明治大學文學部及國士館大學兼課，貢獻其所學，以嘉惠學子。

山根除在其國內從事學術活動外，也還參加海峽兩岸所舉辦之學術交流活動，對中、日兩國之學術交流盡了相當之力量。至於他在明史研究方面的業績，已獲中、日兩國學者之肯定而無須在此贅言。

山根教授的專著，除本文所要介紹之《明清華北定期市の研究》外，尚有如下各種：

- 《明代徭役制度の展開》（東京，東京女子大學學會，一九六六年三月）。
- 《論集近代中國と日本》（東京，山川出版社，一九七六年二月）。
- 《明帝國と日本》（《圖說中國の歴史》，七，東京，講談社，一九七七年七月）。
- 《近代日中關係の研究——對華文化事業を中心として》（科學研究費報告書，一九八〇年三月）。
- 《明代社會の研究——紳士層の問題を中心として》（科學研究費報告書，一九八六年三月）。
- 《明清史籍の研究》（東京，研文出版，一九八九年三月）。
- 《過ぎ來し方——中國史家として》（東京，燎原書店，一九九〇年三月）。

・《近代中國のなかの日本人》（東京，研究出版，一九九四年十一月）。

與人合著或編著、合編者有：

・《世界歷史辭典》，第二十三册，史料篇・東洋（東京，平凡社，一九五五年一〇月）〔合著〕。

・《明史食貨志譯註》，上、下（東京，東洋文庫，一九五七年二月）〔合著〕。

・《明代史研究文獻目錄》（東京，東洋文庫明代史研究室，一九六〇年一二月）〔編著〕。

・《日本現存明代地方志目錄》（東京，東洋文庫明代史研究室，一九九二年一月）〔編著〕。

・《皇明制書》，上卷（東京，古典研究會，一九六六年一月；下卷，同上，一九六七年四月）〔編著〕。

・《清國行政法索引》（東京，大安書店，一九六七年一一月）〔編著、題解〕。

・《光明日報中國關係論文目錄》（東京，汲古書院，一九七一年一一月）〔編著〕。

・《辛亥革命文獻目錄》（東京，東京女子大學東洋史研究室，一九七三年一〇年）〔編著〕。

・《中國農民起義文獻目錄》（東京，東京女子大學東洋史研究室，一九七六年五月）〔編著〕。

‧《近代日中關係史文獻目錄》（東京，東京女子大學東洋史研究室，一九七九年三月）（編著）。
‧《中國史研究入門》，上、下（東京，山川出版社，一九八三年九月）（編著）。
‧《新編辛亥革命文獻目錄》（東京，東京女子大學東洋史研究室，一九八三年一一月）（編著）。
‧《正德大明會典》，三册（東京，汲古書院，一九八九年六月）（編著、解說）。
‧《新編明代史研究文獻目錄》（東京，汲古書院，一九九三年一一月）（編著）。
‧《世界歷史地圖——西洋と東洋》（東京，統正社，一九五六年四月）（合編）。
‧《精選世界歷史地圖》（東京，統正出版株式會社，一九五九年四月）（合編）。
‧《日本現存明人文集目錄》（東京，大安書店，一九六六年一〇月）（合編）。
‧《日本現存元人文集目錄》（東京，汲古書院，一九七〇年四月）（合編）。
‧《增補日本現存明代地方志目錄》（東京，東洋文庫明代史研究室，一九七一年三月）（合編）。
‧《元代史研究文獻目錄》（東京，汲古書院，一九七一年八月）（合編）。
‧《中國土地契約文書集》（東京，東洋文庫，一九七五年二月）（合編）。
‧《和刻本大明一統志》，上、下（東京，汲古書院，一九七八年一一月）（合編）。

・《明清社會經濟史研究》（東京，研文出版，一九八〇年八月）〔與百瀨弘合編、解說〕。
・《中國史籍解題辭典》（東京，燎原書店，一九八九年九月）〔合編〕。
・《近代日中關係史研究入門》（東京，研文出版，一九九二年二月）〔合編〕。
除上述外，他也曾經翻譯中國大陸學者如下篇什：
・吳金成，〈明末洞庭湖周邊の水利開發と農村社會〉，（東京，《中國水利史研究》，第一〇號（中國水利史研究會，一九八〇年一〇月）。
・金鍾博，〈明代東林黨爭とその社會背景〉，上、下，《明代史研究》，第一一、一二號（東京，明代史研究會，一九八三年三月、一九八四年三月）。
・吳金成，〈明代紳士層の社會移動について〉，上、下，《明代史研究》，第一四、一五號，（東京，明代史研究會，一九八六年三月、一九八七年三月）。
・閔斗基，〈清代「生監層」の性格——特にその階層的個性を中心として〉，上、下；《明代史研究》，第四、五號（東京，明代史研究會，一九七六年一一月、一九七七年一一月）〔合譯〕。
・李成珪，〈清初地方統治の確立と鄉紳〉，上、下，《明代史研究》，第六、七號（東京，明代史研究會，一九七八年一二月、一九七九年一二月）〔合譯〕。
・吳金成，〈明代紳士層の形成過程について〉，上、下，《明代史研究》，第八、九號

（東京，明代史研究會，一九八〇年一一月、一九八二年一〇年）〔合譯〕。

・伍丹戈，〈明代紳衿地主の形成〉，《明代史研究》，第一〇號（東京，明代史研究會，一九八二年三月）。

山根教授的專著、編著、翻譯作品雖已列舉如上，但至一九九五年四月爲止，他尙有單篇論著七十八篇，雜文九十四篇，及胡宗憲撰《三巡奏議》，服部宇之吉著《清國通考》之〈解題〉，可謂著作等身。

在此値得特別一提的就是：山根在一九七四年創辦《明代史研究》學術性雜誌，至一九九五年爲止，已刊行第二十三號。此一刊物的最大特色，就是旣非以鉛字排印，也非用電腦排版，乃是他一筆一劃的親自繕寫，然後製版付印。

山根教授非僅爲其所主編之《明代史研究》從事繕寫工作，凡經由其所編撰之《明代史研究文獻目錄》、《日本現存明代地方志目錄》、《日本現存明人文集目錄》、《明本現存元人文集目錄》、《增補日本現存明地方志目錄》、《元代史研究文獻目錄》，以及其他各種目錄之編著與出版，無不利用此種方式。

由於這種工作旣艱苦，又吃力，如非有相當的恆心與毅力，實無法竟其功。而山根教授竟數十年如一日的持續從事這種艱鉅的工作，其超人的毅力，及爲學術所作之犧牲與奉獻，實鮮有可與比擬者。每當我們翻閱其手寫之各種刊物時，感佩之念不禁油然而生。

三、《明清時代之華北定期市場研究》之內容

本書共九章，每章篇幅之長短不等，所討論之主題亦互異，故可各自獨立成篇。第六章以後係屬「補篇」，這些篇章雖與定期市場無直接關聯，卻因言及〈中國中世的都市〉、〈十六世紀的中國之戶口統計〉、〈明代福建惠安縣的田土統計〉、〈福建省永安縣的土地關係文書〉等而牽涉到商業發達之情形與夫人口、土地等問題，所以並非與定期市場之形成和發展無任何關係，職此之故，著者乃將這些篇章附在一起，都為一冊。本書共二百五十三頁，凡三十二萬言。一九九五年一月，由東京汲古書院發行，定價日幣七千五百圓。

茲將其各章內容分別略述如下：

1.明清時代華北的定期市場

在中國所謂「市」，原指被限定的商業地區而言。自上古開始，商業活動即被侷限於「市」的地區，而無論提供物資或購買者，均赴「市」交易。「市」制之究竟始於何時？雖不可得而知之，但在秦、漢時代，它已經存在，而漢代長安之東市、西市、吳市、燕市，及唐代長安之東市、西市，洛陽之南市、北市，揚州之東市，淮安之西市等，即為其代表性例子。惟在縣城以下的小都市或鄉村的商業地區則未必有如此限制。那些商業區被稱為「草市」，此「草市」即定期市場之起源。

草市一詞，始見於東晉以後之文獻，其原義似爲「草料之市」。由於通常將草市設於縣城以外的地方，故城外之市乃不問其地點之遠近而逐漸被稱爲草市，終於將所有這類市集都以草市來稱呼，從而與城內正式之市相對的成爲公認的在野之市。初期草市多在城廓近郊，不久以後，也設於遠離縣城的鄉村交通要衝。

草市與城內之市不同，其舖子之設多不規則，且只在某一定時間從事商業活動，亦即開設定期市場。惟自唐末前後開始，因市制式微而在城市也有了定期市場，在鄉村則出現許多稱爲鎭、市、店等小都市，而在那些小都市也舉辦定期市。這種定期市通常稱爲「鎭市」，隨著鎭市的發達，以往的草市便被逐漸包含於鎭市之中而消逝。因鄉村民衆在鎭市出售自己的產品，並購其所需之生活物資，故定期市乃成爲他們在經濟生活上不可或缺者。宋代的定期市場雖只普及於江南，惟至明清時代，則遍及於全國。

山根根據光緒《岢嵐州志》、萬曆《寧津縣志》、崇禎《蔚州志》、光緒《寧陽縣志》、及乾隆《武功縣志》等的記載，以爲華北地方的定期市場係從將租稅改繳銀兩的明代中葉開始逐漸普及，迄至嘉靖、萬曆年間，在社會經濟顯著繁榮的支撐下發展。到清代，也仍持續著這種趨勢。惟至清末，因歐美資本主義入侵，近代都市急速發達，在大都市之若干地方的市集反而減少。然就一般情形觀之，則其定期市場網愈益擴大，依然成爲鄉村典型市場組織，張開其定期市場網。

定期市之最普遍的稱呼爲「市」，華北多稱「集」，華南則往往謂之「虛」或「墟」，四川方面叫做「場」，故其名稱多而將市、集、場、虛、墟、鎮、店等詞組合起來稱呼者亦復不少，就山東而言，即有如集市、鎮集、集場、市鎮、集鎮、商場等，但亦有稱如廟會、神會、山會、山市、會市、神人等的地方，故其名稱多而無法一概而論。

開設定期市的場所可大別為城內與鄉村，前者叫城集或在城集、城郭集、街市、城市、縣市；後者稱鄉集或四鄉集。城集雖設於城、州、縣治而謂之城集，其設置場所卻未必侷限於城中，設於城門附近（關或廂）者亦復不少。城集之典型例子，係在城中四街或四關舉行，逐日依次開市的時候多。就山東言之，其設於東西南北四街者有觀城縣、樂陵縣、濱州、高苑縣、蓬萊縣等。設於四街以外之其他十字路口或新街者則有禹城縣，設於四街與大隅首、南關者則可以華縣為例。除四關外，加上城內集者有定陶縣、寧海州，其特記城內集之場所者，則可以德平縣之在縣衙門前，滋陽縣之在中御橋、齊山橋，認為鄉集開設於(1)可謂為鄉村之小都市的鎮、市、店等，而定期市之有「鎮集」、「鎮店」、「集市」、「市鎮」等稱呼之本身，即表示集開設於這些場所。(2)交通要衝，例如在幹道的交叉路口、分歧處、橋畔、渡口等。其開設於橋畔者稱※橋集，設於渡口者稱※渡、※口等，而在驛站、舖等原為交通要衝處也設市。(3)在寺觀、佛廟門前舉辦市集之例亦甚夥，在此情形下舉辦者則稱為※寺集、※廟集等。這種市，通常似乎都被稱為「廟市」或「廟前市」。(4)也有在巡檢司、務，或衛所設市者。山根以為在巡檢司設市集的前後關係雖未必明瞭，卻舉乾隆《項城縣志》以證明曾於這種軍事基地設市之事實，並言在宋代的徵稅機構—

務之所在地有定期市場，如：平原縣之馬腰務、水務，德平縣之里合務等。至於在衛所設市之問題，則舉民國《威海志》之記載，以爲明初隨著創設衛所制度而在部隊的屯駐所在地舉辦定期市。鄉集則雖配合著地理條件而設，惟各市集間的距離也是重要條件，所以即使合乎地理條件，然如距離太近，也不得設市。華北有關此一方面的規定，似乎爲相距約十公里。

就舉辦市集的日期而言，山根以爲就如「定期」兩字所示，可大別爲每日舉辦之每日市與每隔若干日舉辦一次之「限日市」。華北稱每日市爲日日市、日日集、每日集等而城集以此種爲多。鄉集則除隔日舉辦之單日集、雙日集外，也有每隔十日、二日，或每隔一定期間舉辦者。山根不僅根據各地方志來考察明清時代在華北舉辦定期市的情形，更根據嘉慶《德平縣志》、乾隆《惠民縣志》、光緒《惠民縣志》、乾隆《樂陵縣志》等繪製《山東省西北部市集分布圖》，認爲其所考查之各市集間的距離與《支那經濟報告書》第十九號所錄《中國的市集制度》者較之，後者所謂華北的市集相距五十華里（約合日本之八里）的說法並不確實，實際上平均只有日本之二、三里，其在二里以內者亦屢有所見。

山根對明清時代華北的定期市場之開展問題雖有所論述，惟對此種市場之具體結構問題並未言及。至於在定期市場從事交易活動之商賈、牙行，及交易物貨的內容，政府之徵稅，或由商賈們自動而爲之市場統制等重要問題也未提到，認爲這些問題有待日後之考察。

山根復以爲鄉市集乃鄉村民衆能獲貨幣之唯一場所。他們購買日常用品時固需貨幣，但較此更重要者乃是必需獲貨幣以繳稅。由於市集之發達與租稅之必須以貨幣來繳納之問題有密切的關聯，所以在明代後半期的定期市網路便急速擴大，至清乾隆年間臻於高峰。

2. 明、清初之華北市集與士紳、豪民

山根幸夫教授曾於三十餘年前發表〈明清時代華化之定期市場〉一文，惟此一篇什只考察定期市場之表面問題而未論及當時的中國社會之定期市場所具有的具體結構，及其交易物品的內容，政府對此交易所作統制、課稅，商人們對市場所作自動的規範等問題。然在此一篇什，則考察、掌握這種市集之營運權者爲誰？

經元末的戰亂之後，華北的城、鄉荒蕪，致其交易活動一時陷於接近自然經濟的狀態，故明初的定期市場不多，即使有，也侷限於州、縣城。惟在此後，逐漸復設這種市場，而山根乃根據順治《臨穎縣志》、乾隆《德州志》、成化《門鄉縣志》、嘉靖《滎河縣志》、嘉靖《柘城縣志》、康熙《壽張縣志》、嘉靖《尉氏縣志》，以考察上述各種開設定期市場的時期，從而認爲無論城集或鄉集，當時在各地開設定期市場時，扮演領導角色的是知州與知縣。例如：臨穎縣之城集爲知縣李實，內鄉縣爲知縣沃頖，柘城縣則爲高峰，亦即他們爲各該縣的城集之開設者。就鄉集而言，尉氏縣之南曹寨集，申知縣劉紹、白家賈集，由知縣之曾嘉誥，內鄉縣之西峽口集，則由知縣沃頖所開設。此外，山根復舉道光《長葛縣志》、康熙《單縣志》，以爲長葛縣之石固店集係由該縣士人楊愼成，單縣興元鎭之鄉集則由該地有財勢者曹、馬兩氏所開設、營運。因此，

山根以爲城集之開設大抵以知縣爲中心，鄉集則既有由知縣主導者，由當地有財勢者所倡、營運的也似乎不少。至其從事城集之管理、營運者爲胥吏，在胥吏指揮下負責徵稅者則爲巡欄。鄉集之由當地有財勢者（地主）所設的，其負責營運的有稱爲集頭、商稅老人或集市老人之人士，但無論集市老人或商稅老人，他們可能都選自當地的有財勢者。

在經濟上較江南落後的華北各地從明嘉靖、萬曆年間至明末雖有顯著的發達，然至明末因農民叛亂與在那以後之清軍的入侵，致華北地區一時陷於荒蕪，經濟不僅未見進步，反而後退，所以各地城集、鄉集之受很大打擊，乃當然的結果。

當民衆因戰亂而四散逃亡，城鄉凋敝以後，集市之會受到嚴重打擊，自不待言。所以當天下安定以後，凡是有爲之地方首長都會謀求集市之復舊，以振興城鄉經濟，以蘇活民生。就這方面而言，山根也根據乾隆《濟源縣志》、乾隆《商水縣志》、順治《淇縣志》、康熙《裕州志》、雍正《武功縣續志》等，以考察在清初設集市之情形，從而認爲滿清入關以後，經康熙、雍正至乾隆年間，鄉集的普及情形顯著。惟若干地方則雖由縣官之大力謀求復市，也未必盡如人意。就此一方面之問題而言，山根曾根據道光《伊陽縣志》之記載來考察伊陽縣復其市集之始末，認爲該縣雖採積極招徠的政策，但所聚集之商民的半數並非土著，乃是從山西、陝西或河北來的商人。此外，也有若干知縣，如：靈寶縣江蘩之爲恢復該集市昔日繁榮的原貌而捐資解俸，在西關一帶興建房舍，使商民居住，終於使該地之集市得以復舊。至於靈寶縣，該縣之士紳及有財勢者，則可能模仿江蘩之作法，各依自己能力，捐款復其西關集。

山根以爲明代的市集，尤其在城集負責課徵商稅者爲巡欄，其負責管理此一方面之業務者則爲胥吏。在另一方面，知州或知縣之所以致力開設鄉集，其目的在於促進民生用品之流通，而可能並未企圖對其每一交易都課稅。惟當要課徵交易稅時，城集固由稅課局負責，但鄉集在初時曾由巡檢負責管理，然巡檢乃係軍職，由軍職人員負責此一方面的工作，其妥當性實值得懷疑。山根根據萬曆《彰德府續志》，卷上，〈田賦志〉的記載，得悉該縣在萬曆三年之前，商稅並無定額，至此始規定應繳之數，惟往往多徵（活稅）而弊竇叢生，故在兩年以後，知府常存仁遂悉革鄉集之商稅云。雖然如此，彰德府以外的其他州縣之是否採與此相同的措施，則不可得而知之。

我們雖知在明代前半期對城集課徵商稅——課稅鈔，但鄉集則似以無稅者爲多。例如乾隆《博山縣志》所載，在該縣十二市集中五集有稅而七集無稅。道光《武城縣志》則言：「課稅之集七集」而「無課稅之集一集」。光緒《泗水縣志》則舉有稅者五集，義集十四；民國《新城縣志》更言有稅集八，無稅集十六。又如據康熙《章邱縣志》、道光《武城縣志》、光緒《泗水縣志》、嘉慶《禹城縣志》、嘉慶《長山縣志》、民國《長清縣志》等地方志的記載，所謂「義集」，就是不課徵交易稅的市集，也就是由商民自行交易，「並無經紀在集抽稅」者。

當要設「義集」時，除知縣外，士紳、生員等都積極的各盡其力，或捐資以致力設無稅之集——義集。當地的統治階層之爲設義集而努力，固有因物資交易之活潑化與他們本身之利益有直接關聯，惟就當地的統治階層而言，其所以圖謀設義集，是否也有欲促使地方上之經濟發展的自負心使然？就這個問題而言，山根曾根據各地方志的記載，認爲「義集」之設，既有由商人捐款的，也有由鄉官發起，由好善之士互出基金的，更有由生員主導者，及由士紳倡導，並由他們各捐款若干以籌設者。

當一種制度或措施被付諸實施以後，歲月一久，弊端亦可能隨之而生，市集亦然。山根據萬曆《漢上縣志》的記載，以爲市集的弊害，其大者有三：第一、富者乘催科之急，以扼殺農民。賤取其粟，轉鬻他境，粟死金生。每涉冬春，糴價踊貴，與其說發自犧牲精神，無寧言利用鄉集之繁榮，使他們自己獲更大利益。亦即當地的統治階層利用農民們在繳稅期間亟欲以穀物換取現款的機會，以廉價收購，然後將那些穀物運往他處高價出售，以獲暴利。此一現象，乃市場商人與當地之有力紳、民（當地地主）相互勾結的結果。而有力紳、民之所以圖謀振興鄉集，乃由於可獲此種利益之故。

山根以爲市集的第二個弊端就是豪猾者獲開設牙行之許可，在市集從事種種不法勾當，向農民百般榨取。亦即在市集「多有豪劣揑寫鬼名，鑽刻牌面押帖，或令子弟、家僕充當，或招無賴光棍代應，而豪劣坐地分肥，無論何項物件，俱列行頭。有一行而分爲數人，混收濫索，指一科十」。「應納課銀一兩者，科歛數十而不止。至於米、麥糧食，重索斗錢，小民買賣，無不受其剝削」。

山根以為市集的第三個弊端在於胥吏。各縣之一切供應原委諸商人——鋪戶。官方收購時，並不給相當於時價之款項而使商人受苦，亦即「向因地棍、衙役科歛作踐，商民裹足」，「地棍、衙役，借民復擾害」，使商民受害不淺。

3.明清時代的華北市集之牙行

牙行又稱牙人、牙儈、駔儈、經紀，也叫行家、行機、九人行。華北的市集之發達始自明代中期，至嘉靖年間急速增加，普遍化。在市集裏使交易活動能夠順利進行，同時又向交易者徵稅的就是牙行。山根在本章引萬曆《汶上縣志》〈建置志〉的記載：「城市之害，其大者有三……豪猾托名給帖，受權量而私易置之。樸野之民，持物而易者，陰奪其十一，猶假公租以橫索焉，此害之在於市魁者也」，來論述牙行在市集所造成之弊害。並言明代的市集牙行之制度尚未完備，乃屬習慣法性質，其從事牙行工作的，係憑知州、知縣之判斷任意決定，故牙行不僅尚未有一定員額，其制度也尚未明確。

明代的市集牙行雖尚未制度化，然至清代則逐漸趨於完備而確立其制度。「凡市廛交易，但設牙帖，令牙儈評估物值，而州糾治之，其他悉聽民自為」。明代的市集牙行固以斗秤為中心而為，然至清代，則根據在市集所交易之貨物的種類來設各專門之牙行，而有斗行、牛驢行、絲絹行、布行、花行、木行、燒紙行、灰炭行、油餅行、雜皮行、糧行、花秤行、白布行、砟炭行、大豬行、小豬蓆行、羊行、河北綿花槀行等。但無論如何，山根以為牙行——經紀在城集裏的種類繁多，鄉集則僅有斗秤行，其員額也有限，故鄉集的牙行之勢力或影響力遠大於城集，有時會壟斷市集之營運，並容易引發圖謀獨佔利益之事發生。

牙帖雖由知州、知縣發行，惟至康熙年間，市集牙行的矛盾卻表面化，出現微細不堪之物亦有行名，或一行由數人朋充，或數行由一人獨霸之現象。更有進者，那些牙行「結黨連群，頭會箕斂，藉名官稅，盡飽私囊。總其終歲之所入，累百盈千，而輸之官者，曾不得什之一」。因此，官帖適足以導奸貪之谿壑，而牙稅徒以壯市儈之權衡，厲民之政，莫此為甚。更有甚者，只因官帖係每歲一更，所以也因而發生種種流弊。亦即舊例有牙稅押帖之陋規，而其換帖陋規有多至四百餘金者。如有賄於官，則必百苛取於民，復因每年均須換帖，故其弊害便更為嚴重。而發牙帖者又是知州、知縣，所以如果牙行與知州、知縣勾結，其弊害勢必更為嚴重。為匡正此種弊端，乃於雍正四年改革牙稅制度，將明代以來由州、縣衙門隨時發給之牙帖改由布政司發給，凡欲充當牙行者必須要有同行一人為其作保，萬一他有不法行為，則保人須負連帶償還之責。十一年，更規定充當牙行者之名額，唯有出缺或新設市集時方准新牙行，發給牙帖。惟當嚴格規定牙行之名額的結果，其有意當牙行者之中，便有無牙帖而逕自從事交易之所謂私充牙行或無賴牙行出現。非僅如此，更有因交易數量龐大，無法只靠額設牙行來秤賣，遂致不得不任其添人幫辦——小紀。只因牙行員額受到限制，故私充牙行者之出現，乃自然趨勢。此種牙帖制度到民國時也仍予繼承。牙帖稅亦稱牙行營業稅，它具有牙行營業許可證性質。

山根以爲牙行之主要工作內容有三：第一、牙行的工作之一，即如斗行、秤行等名稱所示，就是要檢量交易之物貨，務使斗秤公平，不使有大小之弊，輕重之差。凡私造斛、斗、秤、尺不平，在市行使，乃將官降斛、斗、秤尺作弊增減者，處以應得之罰。第二、評估物價。有時則說合買賣之雙方，以決定其交易之價格。其所以如此的原因，可能在於像牲畜等無法只以數量來評估之故。當牙行評估物價時，若以貴爲賤，或以賤爲貴，使其交易價格不公，就以其計所增減之價坐贓論罪。又如有將其中飽私囊者，則比照竊盜罪論處。第三、徵收檢量，評估價格之手續費。當時雖規定牙行之手續費，但牙行之是否依規定徵收，實不無疑問。

在市集裏，與買、賣雙方接觸，從而向他們徵收課稅與手續費的既是牙行，直接剝削民衆之利益的也是牙行，因此，如想貪圖暴利而充當牙行，便往往會產生極大的弊端。那些貪圖暴利的豪劣，既有使用假名充當牙行者，也有使其子弟、家僕代應的，更有招無賴、棍徒使之充當，而以其在地方上之強大之社會經濟勢力爲背景，在市集裏任意剝削者。山根以爲那些任意剝削小民買賣的勢豪與豪劣，同樣意味著上級士紳、市棍與家僕以鄉紳之勢力爲背景，在市集裏上場。山根復根據乾隆《解州安邑縣運城志》所錄御史楊繩武所定「約法八條」之一的「生員、衙役、官僚，不許攬充斗戶、市棍，不許插身把持」之規定，以爲此一規定適足以反映當時生員、衙役、宦僕之充當牙行者之多。山根更舉嘉慶《長山縣志》之記載，以爲當時騷擾市集的，除前舉者外，尚有胥吏。同時他也舉光緒《高唐州志》所錄「酌定花市經紀議」之言，以爲在市集裏任其評議者，但知其有完納課稅之名，並不知實際完稅之數。實在之數，胥吏知之，生監之好事者知之。生監有所圖而保之於先，胥吏有所圖而庇之於後。亦即生監與胥吏相互倚靠，掌握了市集之實質上的支配權。職是之故，即使生監與胥吏不充當牙行，卻可從事實質上的操控。在此情形下，與其說牙行不好，無寧言在牙行背後操控的生監與胥吏才是造成市集或城集的弊端之根源。

4.華北的廟會——以山東省爲中心

山根以爲在中國商業史上，定期市場所具有之意義相當重大，就這點而言，已有許多研究成果問世。惟在中國，通常所謂定期市場者，乃指「旬市」而言。此「旬市」不外乎爲西歐之「週市」(Wochenmarkt)。西歐除週市外，尙有一年舉辦數次之「年市」(Jahrmarkt)。在中國則通常將相當於年市的定期市場叫做「廟會」(Fair)。又，西歐將年市中規模特大者稱「大市」(Messe)，中國則並無區分年市與大市之特別稱呼。

山根以爲前此有關廟會的研究幾乎未曾著手，僅有天野元之助的〈現代支那の市集と廟會〉(《東亞學》，二，一九四〇)，及斯波義信的〈宋代江南の村市と廟市〉(《東洋學報》，四十四卷一、二號，一九六一)兩個篇什，而它們亦僅說明其概況而已。因此，山根乃在本章考察從明末至有清一代之華北，尤其山東省的廟會在經濟上到底完成怎樣的功能，及它之在中國商業史上居於何種地位。

天野元之助博士雖將中國之年市一概稱之爲廟會，山根仍之，其實廟會這個稱呼未必固定而各地之名稱互不相同。例如：與指稱定期市場之「市」、「集」等詞語相對的，也往往有反稱「會」者。此外，既有稱爲「山會」、「山市」、「會市」、「神集」、「神會」者，也有叫做「節場」、「輪鋪會」、「廟市」、「年市」的。雖然如此，通常都用「會」或「廟會」來稱它。

山根以爲中國最早的廟會之例爲唐、宋之際，在成都於春秋兩季舉辦之藥市，與在正月、三月舉行之蠶市。成都的藥市與蠶市，與其說是年市，無寧言爲全國性規模之大市。廟會雖濫觴於唐、宋之際，但至宋、元時代也尚未十分普及，似乎至小商品的生產全國性的普遍化以後方纔急速發展。

山根曾根據萬曆《萊州府志》、萬曆《安邱縣志》、乾隆《萊州府志》，及乾隆《昌邑縣志》等文獻來考察山東萊州府所屬各州縣的廟會之發達情形，舉辦各種廟會的日期。同時，又以光緒《鄆城縣志》所記載之內容來證明山東省鄆城縣之廟會增加的情形，使我們可從而得知，該縣的廟會之半數以上兼具市集角色，而在四十一個會中僅爲廟會者只有十九而已。此一事實可謂使以往與宗教的祭儀結合而發展的廟會之特性發生很大的變化。

廟會一詞，就如其名稱所示，原與宗教的祭禮發生關聯而產生，因此，初時舉辦廟會的場所多在有宗教設施的地方。雖說是宗教性的，與佛教祭典發生關聯者並不多，大都附帶於民間信仰而發展，因此，舉辦廟會的地點大都在「廟」，而廟會一詞之成爲中國年市的稱呼之原因在此。舉行廟會的場所固爲各地的各種條件所左右，然山根以爲其辦理這種活動最多的地方是藥王廟與城隍廟。亦即縣城的廟會多在城隍廟，並且由於在廟會裏的藥材之交易受重視，故在藥王廟舉辦的機會亦多。至於在玉皇廟、三官廟、火神廟、龍王廟、娘娘廟、關帝廟、泰山廟等廟宇作爲場地者亦有。在佛教寺院舉辦者雖不乏其例，惟在觀音廟、菩薩廟舉辦者似乎比較多。山根復以爲隨著廟會之發達，便逐漸不與宗教祭禮發生關聯，而在無宗教設施的地方也開始有廟會。亦即初時的廟會乃宗教的意義大於經濟的意義，但隨著廟會的發達，經濟的意義便逐漸加重，終於凌駕宗教意義。在此情形之下，終於產生與宗教完全無關之廟會，其不具宗教色彩的廟會主要在一向舉辦定期市的地方舉行。

山根以爲每年舉辦廟會的次數固爲一至二次，惟就季節上觀之，則多在春秋兩季舉行。例如：前舉山東省萊州府在乾隆年間的廟會，春會多在三、四、五月，秋會則集中於九、十月。雖然如此，舉辦廟會的時節未必如此固定，相當分散的情形亦有。因此，山根乃根據民國《莒志》，卷二二，〈建置志〉，下，「市集」條所舉「莒縣各鎭山會日期表」，及山東省立民衆教育館編《山東廟會調查》第一集（一九三三）之記載，認爲春會多以三、四月，秋會則以九、十月爲中心來舉行。並且春會多於秋會，在農務繁忙的五至八月間則幾乎不舉辦。

由於廟會屬年市，故與相當於旬市的市集較之，其商業規模自然大於後者。廟會的規模之所以較市集大，其因除上述者外，市集係以近鄰村落之居民爲對象，其所交易之物貨也侷限於日常生活用品，廟會則非僅有各該州縣的居民，也有鄰近州縣的人士參與，如係大廟會，則更有鄰近省份的客商聚集之故。

如據對一九二七年在河北省定縣所舉辦之北齊廟會（三月二十一日至二十四日）的調查，則當時參加此一廟會之商家有洋布店八十餘，首飾店三十餘，綢緞店六，各種洋貨店十五，紙花店六，竹工店二，掃箒店五十，鐵器店三十五，木貨店多數（其面積佔十畝以上），皮貨店十五，石店十，糞叉店十，風車店三，竹籠店五，筐子、籃子店十，柳罐、葦箔店各七，河洛麵店十二，餄子店十五，各種肉店十四，茶舖十，酒攤五，其他各種食品店三十，以及剃頭者二十，算命者十，說書者五，賣藝者三，西洋鏡六，賣藥者八等，可謂琳瑯滿目，種類繁多。山根謂在北齊廟會裏的家畜類交易亦盛，每次在此成交的牛、馬、騾、驢不下兩千頭，所佔場地約五千畝，每日聚集在此之人數則多達萬人云。由此觀之，其參與廟會的民衆，除購買所需物品外，上飲食店、酒店或理髮，或從事娛樂等，也成爲他們的重要目的。

至於舉辦廟會時所需之設備費與營運費，係由當地居民負擔。就河北定縣而言，每當接近廟會日期時，便由村裏的幹部聚集商討舉辦方式，俟有結論，即按居民之貧富與所擁有土地面積之廣狹來分攤。如前文所說，因在舉辦廟會時要演戲，故居民所分攤的費用之相當數目會被用於搭戲棚或其他設備方面。

舉行廟會時固有牙行介入其中，但他們之究竟透過甚麼機構來科派商稅，則不可得而知之。惟因萬曆《安丘縣志》，卷五，〈建置考〉「街市」條謂：「諸市皆官爲較勘斛、斗、秤、尺，又有牙役分之，以集頭總之。山市則縣倅親往治」。因此，山根認爲當舉辦廟會時，可能由縣衙派遣縣倅——縣丞、主薄、典史等爲監督官員，予以直接管理，並予課稅。當然在課稅時並非由監督官親自辦理，係由牙行來執行。

廟會的實際情況雖如上述，然在中日戰爭爆發以後，廟會也仍保留其原有型態而繼續存在，扮演其主要的原始市場之角色。惟廟會、市集等交易場所卻隨著交通之發達，農產品之商品化，及購買物品之增加而舉辦市集的次數逐漸增加，致每年舉辦一兩次的廟會已無法滿足農民們之需要。於是固定的店舖增加，市集、廟會所具有之功能便相對的逐漸式微。

5. 清代山東的市集與士紳階層——以曲阜息陬義集爲中心

市集普及的原因之一，固爲貨幣經濟之滲透農村，但稅賦之須以現金來繳納，及封建地主之要求佃農以現金來繳田租，亦爲其因素之一。因此，其直接從事生產的農民就非將自己的產品換成現金來因應不可。非僅農民如此，封建地主也將其所徵收之穀物出售換成銀錢以購買消費用品，並將其所剩金錢來購買土地或出借，故無論農民或地主，爲出售農產品以換取現金的鄉村之市集，實爲他們所不可或缺者。

如前文所說，市集有城集與鄉集之別，城集係在州、縣舉辦之市集，此乃各州縣從事商業活動的中心，然居住鄉村的農民要利用城集並不容易，其故在於農民所能利用者侷限於能夠在一日內往返、交易的場所。所以各州、縣都必須聽從農民們之要求，在各地設鄉集。

設於孔府莊園（祭田、屯田或自置私田）的市集與一般市集（被稱爲民集、官集）不同，謂之「屯集」，其餘則亦有稱爲「義集」者。當時雖從屯集徵收一定數目的行稅，但徵收此稅者並非政府機構而係孔府。孔府旁的屯集叫「欽撥集市」，惟那未必是事實。將田土賜予孔府的例子固多，卻無賜予市集之例。所以孔府可能爲獨佔市集之利而竟稱爲「欽賜」。當要舉辦屯集時，非僅孔府莊園的農民參加，居住於其鄰近區域的農民也加入其行列。因此，屯集便成爲支配該地區一帶之商品流通的場所，故其行稅收入多，結果便滋潤了孔府的財政。屯集雖由孔府管轄，惟其任命經紀（牙行、行戶），在慣例上由孔府向當地之州縣官提出申請，然後由布政司發給司帖——牙帖。亦即在實質上，屯集之設立雖出自孔府的意願，但似乎透過發給司帖的方式，來規範其濫設。

當孔府擬設屯集而與地方政府的意見相左時，有時則採如下的解決方式：亦即東平州的壽張集，魚台縣的古村集，係以變更同一地點的集期，交互舉辦屯集與民集。當時，屯集之集期由孔府的經紀徵稅，舉辦民集時則由州縣課徵。山根以爲孔府之所以一再企圖創設屯集，可能由於獨佔管理市場可獲鉅額利益所致。

在中國歷史上，孔府莊園乃不受政府任何干預之處，孔府在其莊園裏的經濟活動處於國家權力之外。因此，孔府的經濟活動自由，屯集的商稅之徵收，也完全委諸孔府。

迄至清代，屯集的管理方式曾有過變更。雍正七年（一七二九）以前，屯集的管理完全委任孔府，至八年，其管理工作便轉移到山東布政司及各州縣之手。結果，經紀的選充，行稅的徵收等一切權限便轉移到國家之手。前此，行戶（牙行）固從屯戶中遴選，至此則經紀也非從屯戶而由一般民戶來選充。

在市集裏，無論民集或屯集，必按行業別設「行」。無論規模如何小的市集，都有數行，大集則有十多行或多達二十餘行。行的種類有斗行、秤行、大秤行、小秤行、花行、布行、銀行、魚行、豬羊行、羊行、屠行、牛驢行、糧行、雜糧行、烟行、木行、地力（肥料）行、雜貨行、綢行、線行、染行、尺行等。在山東省的市集裏必設者有斗行、秤行、花行、布行、銀行等五行，而每行均有經紀——行戶一人至數人。

經紀在市集裏斡旋商品之交易，秤量商品，評定其價格，從而向交易者收取佣金——行用錢。在屯集，經紀有義務將其部分行用錢交與孔府作爲行稅。

有些市集在經紀之外別設集頭（或行頭），集頭可謂爲總經紀，負管理市集之一切責任。據說集頭制度在清末顯著普及。選任屯集之集頭時採「投包」方式，亦即同意向孔府繳納最高額之行稅者獲選。

屯集的經紀雖從有意擔任者當中來選任，義集也與屯集一樣，負管理市集之總責者爲集頭（或行頭）。義集的集頭，有的由鄉村裏特定的若干戶輪流擔任，有的則由地方上的有力士紳共同推舉。就後者言之，因他係經由推舉擔任斯職，故士紳們對他的影響力大。基於這個事實，山根認爲義集似乎是根據士紳們的意向來營運。惟當士紳們的意見無法一致，就會爲營運市場問題而彼此對立，或當地士紳與孔府之間會發生糾紛。

除因意見之不同而發生糾紛外，對於任免經紀問題而來的經紀與孔府之間的齟齬，有時也在所難免。因此，山根乃以發生在乾隆末年及嘉慶十五年（一八一〇）之事例，來說明個中情形。

山根以爲無論民集或屯集，企劃設新市集或推動此一方面之工作者，幾乎都是當地的士紳地主。由於設新市集可能需相當的設備與資金，而其能擔負此一方面之任務的，當然是當地的士紳地主。職此之故，他們可能就以這種經濟實力爲基礎，確立其營運市集的支配權。

爲支配市集而發生糾紛的當事者之一，通常都是士紳們。因此，山根乃以《曲埠孔府檔案史料選編》第三編第十四册所錄有關市集之史料，來考察發生於息陬義集爲市集支配權而發生之士紳們彼此對立抗爭的問題，及處理此一糾紛之始末，從而認爲支配市集而上場的士紳們之主要分子爲生員、貢生、監生等，有時則有舉人介入其間而他們俱屬下層士紳，並且均爲當地地主而在市集的支配上有著很大的利害關係。因此，對他們而言，掌握支配市場的實權，似乎也成爲他們在各該地區居於經濟優勢的表徵。

五、附　編

1. 中國中世的都市

日本學者之研究中國都市的歷史，較研究其他各領域的歷史爲落後，尤其有關中國中世（宋代～清代中期）之都市研究，乏善可陳。斯波義信曾在其〈中國都市をめぐる研究概況——法制史を中心に〉中，將中國都市之研究二分爲有關經濟的、社會的組織之研究，與有關行政的組織之研究，將以往之研究成果加以整理、分類，可見日本學者對中國中世都市的研究剛開其端緒。一般說來，前此所爲之中國都市的研究，係以首都等大都市的研究爲中心，且以研究長安、北京、杭州（臨安）、南京等曾爲首都者較多。惟首都固爲都市，其存在卻特殊，故無法以首都的實態來類推中國都市的整個形貌。因此，其散布於全國各地而設在州城、縣城的地方都市，方纔是應作爲考察之對象。雖然如此，有關地方都市的研究卻絕無僅有。

山根以爲被稱爲都市者，在歷史上，因時代、地區之不同而各具有其種種不同的特殊形態與特性，故很難求得一貫的都市之概念。當前則雖多以人口之多寡來區分都市與村落，但從歷史的觀點來看，都市的人口也較村落密集，故未嘗不可謂爲係具有某種特殊功能之地區。

形成都市的要素，除其爲政治中心，工商業中心，交通要衝，宗教聖地，軍事據點，軍隊駐防之所在等外，也可能有其他因素，惟這些要素未必是單獨的，因其複合要素而形成者亦復不少。

山根以爲中國的都市無法像歐洲的都市一樣，明顯的將其劃分爲古代都市、中世都市及近代都市。雖然如此，卻可作如下之說明：中國古代都市中最常見者係以首都而發達之政治都市，而先秦時代的主要都市爲周王朝之首都與諸侯之國都。那些都市都是在周圍構築方形（正方形或長方形）城牆的都市，此一特徵為在那以後之所有中國都市的相通處，城牆則為中國都市的象徵。

秦、漢以後，非僅曾為首都的咸陽、長安、洛陽，就連郡、縣等地方官衙所在地也出現發達成為都市者。因此，幾乎所有的古代都市都是政治都市，而唐代之長安則人口百萬而成為當時世界最大的政治都市。這些都市的共同特徵，就是具有非生產的，消費的性格。當然在古都市中也有像成為南海貿易之據點的廣州，或成為大運河之交通要衝的揚州似的，因經濟而發達之都市，但此乃屬例外。宋代以後，除政治都市外，也出現許多因經濟因素而發達之都市。在這些都市中，有不少是從草市發達之地方小都市，它們分布於華中一帶。對這些小都市方面的研究有加藤繁、周藤吉之、斯波義信、梅原郁等學者的研究成果。

山根以為中國古代的都市實施嚴格的市制，商業區受囿限，自由的經濟活動受到束縛，例如：長安之東市、西市，洛陽之南市、北市，其商業區被侷限於一定的地區，對其開市時間也有所限制。惟至唐末、宋初，市制崩潰，故限制商店之地點的束縛解除而在城中各地都出現店舖而可從事自由的商業活動。與之同時，城郭裏的坊制亦遭破壞而可面臨大馬路建造房門。

山根復以為在中世，經濟都市之所以發達的背景在於農業生產的顯著發展，及隨著交換經濟之開展而來的商業交易之增加。因此，他乃在此一篇什探究宋代都市之發達，及它們之在明清時代更為發展的情形。

山根復以為擔負著都市之經濟功能的是同業公會之「行」，此「行」原為保護同行之利益，排除侵佔他們之利益的行外商人之組織，其最大的共同利益，就是獨佔特定的營業項目，並由官方保證其獨佔。在宋代，坊制、市制崩潰而解除了嚴格的營業限制，其所以導致如此結果的原因在於社會、經濟的發展，尤其隨著商業之發展，往日的限制被衝破。惟此乃由官方所主導，所以由此產生都市共同體之要素完全不存在。

迄至元代，此一情形未曾改變，但在大都市新設「錄事司」，使之負責都市行政，此固爲中國制度史上的空前之舉，卻因元朝之滅亡而見廢。

山根以爲雖有若干都市因元末之戰亂而遭破壞，但至明代，大都市也仍持續發展。明初，因定南京爲國都而在華中出現許多新的大政治都市。至十五世紀初，雖遷都北京，南京卻維持著它作爲陪都的地位，保持其爲華中政治都市的面目。然至十六世紀，除這種政治都市外，相繼出現許多經濟都市——工商業都市，此一情形與中世紀前期大不相同。山根以爲其所以如此的原因在於自明代中期至清初之間，農業生產力大幅提升，手工業顯著發展，因此，商業交易也隨之而活潑，國內市場形成，亦即商業經濟的發展促進了都市經濟的發展。

對於中世地方都市發展的問題，山根以惠安縣城、天津縣城、滋陽縣城作爲考察對象，認爲這些地方都市非但爲行政都市，也兼具商業都市之功能。縣城既是商品流通的中心，在城裏也舉辦較鄉村更大規模的定期市——城集。

山根以爲中世後期之都市的另一個特徵，就是都市居民的意義提高，而此一意識在明末以「民變」方式爆發，亦即市民們團結起來對抗宦官、政府或上層士紳之橫暴。成爲其主力的固爲手工業勞動者與商人，有時則有下層士紳（生員階層）參與其間。

2.十六世紀之中國之戶口統計

中國在明初成立稱爲「里甲制」的鄉村統治組織。原則上各里甲以一百一十戶組成，亦即以里長戶十戶，甲首戶百戶組成之。所謂一百一十戶，此乃人爲的假設，係分合自然村落而編，故實際上有相當的通融性，可自由作若干增減。

山根之此一篇什，係透過收錄於葉春及之《羅浮石洞葉絅齋先生文集》之《惠安政書》，來考察福建惠安縣的各里甲之戶口情形。

明太祖朱元璋登極後，於洪武十四年（一三八一）在全國確立里甲制度，編造賦役黃册作爲新的戶籍簿。這種全國性的戶口調查，此後每十年實施一次，終明之世共舉辦二十七次。初時的戶口調查非常嚴密，正確性也相當高。惟至後來，調查方法逐漸鬆弛，遂產生只抄襲十年前之統計數字之弊端，致無法期待其正確的數據。非僅調查方法不完備，因戶口調查也兼具調查有能力負擔稅負之人員之效果，故民衆爲避免負擔沉重的稅賦，乃僞報丁數以逃避被登錄於戶籍，在此情形之下，戶口統計的正確性便每下愈況。

事實上，明代的戶口統計與其他各朝代不同，國初最多而其後則反而減少。山根以爲實際上未必減少而可能由於調查方式之不完備，及未被登錄於戶籍簿者的人數衆多所導致。因此他認爲明代的戶口統計也與前代一樣，其統計數字遠較實際人口數少。所以當把這些不正確的州縣之統計數字加以累計時，其所爲全國性的統計數字與實際人口數的差距便更大。雖然如此，山根認爲時代較晚的福建惠安縣之人口統計的數字之正確性頗高，其所依據者爲葉春及之《惠安政書》。

據山根的研究，葉春及，廣東歸善縣人。隆慶四年（一五七〇）任惠安知縣。當時，惠安適被倭寇寇掠，又因疾疫流行而受雙重災害之後，故葉春及從事各種改革，以減輕縣民的負擔。由於隆慶六年適逢改編黃册之期，故春及乃力除昔日弊端，在編造黃册時，排除成爲編造該册之癌的胥吏，而經由人民之手來自行製作，故此次戶口統計似較往日正確。春及在從事這種改革之際，同時撰著《惠安政書》，收錄惠安縣的一切利病與典故。其在本書所記載之戶口統計，可能根據隆慶六年編造黃册時之資料錄列。因此，山根乃認爲其統計數字可靠而據以考察該縣的戶口統計，並加以詳細的分析。

3.明代福建惠安縣的田土統計

此一篇什乃山根繼惠安縣之戶口統計後所作有關該縣之田土、稅糧問題的考察。山根在此所利用之資料，除以《惠安政書》爲中心外，也還參照嘉靖八年編《惠安縣志》，及萬曆四十年編《惠安縣續志》而成篇。

惠安縣面臨南海，北宋太平興國六年（九八一）始設縣於此。此乃析晉江縣之一部分而置，明代隸屬泉州府。

據山根的研究，隆慶六年當時的惠安縣的田土總面積爲官民共二四七二頃二十畝。因該縣之里甲共三十里，故各里之田土平均面積約八十二頃四十畝。又，當時的戶口總數爲三六四六戶，所以除其中之帶管戶（註一）三百四十六戶外，共有三千三百戶，而每戶所經營之田土平均面積則不及七十五畝。然因在帶管戶中可能有擁若干田土者，故其平均在七十畝上下。因此，山根乃根據此一事實，對惠安縣在嘉靖元年（一五二二）、隆慶七年（一五七二）、萬曆四十年（一六一二）的田土統計加以表列分析，並對隆慶六年當時的惠安縣各里別之田土統計數字加以揭示，以探求產生各里田土面積之差異的原因之所在，從而認爲惠安縣與土地集中化急速進行的江南較之，因係屬經濟上的後進地帶，對於均田、均役法的改革要求還不十分迫切。

4.福建省永安縣的土地關係文書

山根此一篇什係介紹性文章，乃福建協和大學《文史叢刊》之一所刊載傅衣凌教授著《福建佃農經濟史叢考》（一九四四）所引用者，該書分爲上下兩篇，上篇「明清時代福建佃農風潮考證」，下篇「永安農村的社會經濟關係」，與「永安農村賠田約的研究」，山根在此所爲之介紹乃下篇之前者。

永安縣位於閩江上游，相當於福建省的中央部分。該縣在明正統十三年（一四四八）鄧茂之亂以後，從此一農民叛亂之中心地帶的沙縣及尤溪縣各分出一部分而成立者。一九三九年夏季，傅衣凌教授在永安縣下的黃歷鄉偶然發現一批自十六世紀中葉起，至清末爲止的有關農村經濟之文獻。該批文縣以有關田地買賣者及典當契約書居多，其次爲租佃契約書、金錢借貸關係的證明文件、分家契約等。此外，尚有兩册流水帳，該流水帳綿密的紀錄著每年錢穀之出納情形，及物價之變動情形。傅教授所引用者雖僅是其中的一小部分，山根卻根據其所引用者依次加以介紹，使讀者能夠瞭解當時所立的買賣契約之格式，黃歷鄉的田地之售價，田地之典當價格，賠田（註二）之典、售價格等，故它對於研究清代有關此一領域之問題者當有所裨益。

五、結　語

山根的此一鉅著雖輯前此所發表各篇什而成，惟就如其本人所說，它並非原原本本的利用舊稿，乃係予以若干訂正及補充而成。

本書第二章曾由中國社會科學院歷史研究所的欒成顯譯成中文，以〈明及清初華北的市集與紳士豪民〉爲題，刊登於劉文俊主編《日本學者研究中國史論著選譯》，卷六，「明清」（北京，中華書局，一九九三年六月），第五章則爲薛新力所譯，以〈清代山東市集與紳士階層〉爲題，刊登於《渝州大學高等教育研究》，三卷四期（一九八八年十二月），可見此一鉅著的內容，不僅在日本國內獲得重視而予以刊行，中國學者也給予很高的評價，將其譯成中文，廣爲介紹。所以筆者在此對本書內容作一介紹，以饗讀者。

註釋：

註一：筆者按：所謂帶管戶，也叫畸零戶，而「帶管一百一十戶之外」被列於「圖後」之戶。亦即將「鰥寡孤獨」等無法獲得力役者，置於正管戶一百一十戶之外者。

註二：筆者按：所謂賠田，就是在開墾之際，爲地主所允許之根據耕作權而擁有之土地，這種耕作權被作爲典當、買賣之對象。

壬辰之役始末

十六世紀八十年代，豐臣秀吉隨著他統一日本國內事業之進展，乃將其眼光朝向海外，謀求併吞亞洲各地之策，而逐漸將此計畫具體化。萬曆十三年（天正十三年，一五八五），他在大阪城將其侵略中國之野心告訴傳教士斯巴爾·凱羅，並言欲得軍艦。翌年，當他征討九州時，便公開發表對外侵略之意圖。六月，以茶道家千利休為使，前往對馬島要求該島主宗義調在他出兵朝鮮時從軍。秀吉當時的構想，係擬從朝鮮、琉球兩方面出擊，而首先由朝鮮開始著手。

朝鮮君臣因循隱諱，坐誤戎機

萬曆十五年五月三日，秀吉為討伐九州之島津氏而抵薩摩（鹿兒島縣）川內的泰平寺。翌日，他從宗義調的使者柳川調信及柚谷康廣手中，接到義調於四月十三日所寫的書信。秀吉對此曾予覆函，謂希望宗氏在其發動侵略戰爭時，能擔任先鋒的任務。然宗氏一向以貿易等事而與朝鮮關係密切，因此他在接到如此內容的書札後，立場非常困難而難以答覆。於是義調乃請秀吉的心腹——武將小西行長從中斡旋。可是行長告訴他的，卻只是傳達秀吉的旨意，謂如果對秀吉的答覆有所拖延，則將會派軍船指向對馬。自此以後，行長常在秀吉與宗氏之間擔任聯繫工作。

我們從《明史》〈日本傳〉的記事可知，秀吉曾經從倭寇頭目王直的餘黨口中，得悉明朝人士畏倭如虎，而擬侵略中國。有關秀吉計畫入寇明朝之事，可由明人侯繼高著《全浙兵制考》卷二附錄之〈近報倭警〉，及日人伴信友所輯《中外經緯傳》卷四的記載得知其梗概。如根據這兩部書及《明神宗實錄》、《朝鮮宣祖實錄》、《國朝寶鑑》等中、日、韓三國史乘的記載，可知當時寓居日本的華人許儀俊（或書為儀後）、朱均旺等人，曾將秀吉有意入侵中國的企圖，報告福建巡撫趙參魯；明朝得此消息後雖曾採因應措施，但並未積極籌畫對應方案。明人陳申（或書為甲）也在得知消息後，與設籍琉球的華裔鄭迴謀，於中山王遣使之際，將此事報告明朝當局，但明朝仍未因此加強其防禦體系。雖然如此，眞正使事態惡化的，應該說是朝鮮本身。

當時正處於黨爭漩渦的朝鮮，在遭遇此空前的重大事件前夕，其顢頇的政要們之神經實過分遲鈍，始終未覺察大難已經臨頭；更有甚者，竟一味隱諱秀吉入寇的消息，直至明朝遣人查問，方纔於派遣第三次使節至中國之際，吐露實情。如果朝鮮當局能似許儀俊、朱均旺、陳申等人於獲悉秀吉即將入寇的消息後，立即哨報於明，請明採取應急措施，並加強其本國的防務，則戰局可能會成為另一種局面，因此可說，朝鮮在此戰役中所受的損害，有一部分肇因於其本身的過失，此可由當時史料推知。

日軍勢如破竹，十九日陷王京

萬曆二十年（文祿元年，宣祖二十五年，一五九二）四月十三日，秀吉遣軍十六萬六千餘人，兵分八路侵略朝鮮。侵略部隊從第一軍開始，依次登陸釜山浦與其周圍。翌日拂曉，圍釜山城並立即攻陷。十五日，攻陷東萊城；十七日，梁山城淪陷；十八日，宓陽城易主；十九日，彥陽城失守；二十一日，大邱落入日寇手中，慶州城亦被奪。

四月十七日，來自釜山的警報傳至王京，使朝鮮當局慌張不已。當時兵曹判書洪汝諄辭職，金應南繼任；柳成龍任體察使，申砬爲三道都巡察使，於二十二日離開京城。二十八日，申砬與小西行長戰於忠州陣亡，諸軍潰走。爲此，朝鮮君臣大爲氣索，不知所措，竟做出放棄防守據點的下策，令鳥嶺、竹嶺之守將後撤。

此時朝鮮朝議分成兩派意見：拋棄首都，撤退至平壤；及固守京城，請求明朝派遣援軍。右承旨申磼等人的意見屬於後者，但提議建儲。因宣祖無嫡長子，乃以其第二子光海君琿聰明好學爲由，欲立爲世子，而獲衆議決定。

宣祖的意見被接受的四月二十九日，王世子跟隨國王，臨海君珒（世子之兄）率金貴榮、尹卓然往咸鏡道，順和君玒（宣祖第六子）率黃廷彧、黃赫赴江原道募緊急之師，李陽元爲留都大將，與金命元留京防守。三十日，宣祖與王世子以下奉宗社主版，於五月一日抵開城。五月二日，侵略部隊渡漢江。宣祖聞首都淪陷，即離開城。八日，抵平壤。自侵略部隊登陸後僅十九日，王京竟輕易落入敵人之手。而臨海君、順和君二王子之募兵工作，也因二人被俘而終成泡影。

朝鮮宣祖赴遼東內附，請明廷遣軍援助

首倡請援於明的是吏曹參判李恆福，其意見被採納而在援例遣聖節使時，以柳成龍爲使，特告以宣祖入遼東內附之事，請明遣軍援救。臨津淪陷以後，侵略軍出現在大同江畔。這時朝鮮當局的意見，分爲撤退及固守以待明軍兩種；結果，採取退避寧邊的主張。五月十日，明兵部報告宣祖咨稱倭船數百直犯釜山，焚燒房屋，其勢甚爲猖獗；因此，神宗乃勅令遼東、山東沿海各省及直隸的總督、鎮撫等官嚴加整飭，訓練部隊防禦，毋致疎虞。迄至六月十一日，宣祖急遣知中樞府事李德馨至華請援。王妃先向北道出發，在咸興等候國王。國王本人則由平壤出發，經肅州、安州，於十三日抵寧邊。然宣祖在寧邊時並未前往目的地，而聽從李恆福的諫言，改向博川進發。兩日後，獲平壤淪陷的噩耗。

六月十三日，宣祖與大臣在寧邊開會，決定由王世子設分朝，他本人則入遼東內附，請明廷遣軍援助。十四日，宣祖離開寧邊。翌日，在博川與經通知返回的王妃會合。二十二日，抵義州。宣祖原擬立刻前往遼東，然因有大臣說尚有未被佔領之地，時機尚早，因此聽從建議，暫時留在義州。這時宣祖又得知明朝當局已同意他進入遼東，並決定使其居住義州對岸的寬奠堡，所以決

定不走。值得一提的是，當宣祖決定親自前往遼東內附而與光海君道別之際，曾給世子如下的訣別辭：

予既爲亡國之君，死將爲異域之鬼。父子相離，更無可見之日。惟望世子再造舊物，上慰祖宗之靈，下迎父母之還。臨楮涕下，不知所言。

以表示其捨身爲國，不期生還之決心。當他在義州時則賦五律一首謂：

國事蒼黃（遑）日，誰能李郭忠。
去頒存大計，恢復仗諸公。
痛哭關山月，傷心鴨水風。
朝臣今日後，寧復更西東。

而述懷宋之南都，以盼望其臣下不要再結黨派，應一心一德，以臨大敵。又，當秀吉的侵略部隊蹂躪朝鮮各地，使朝鮮官軍大喫敗仗之後不久，自慶尙、全羅二道開始，從各地民間奮起手執兵器與侵略軍作戰的義兵之事實，也是我們不可忽略的。

明廷懷疑日朝勾結，援軍遲遲不發

由於朝鮮哨報日本即將入寇事，不僅較許儀俊、琉球晚，而且受到明朝詰問以後方纔詳加辯護自我立場，而遣使至華報告此事，其所製奏文甚爲委曲，致使明朝對日本來寇之事未多加警戒，及作充分的防備。就這點而言，誤明、誤朝鮮者實爲朝鮮本身。所以明朝當局在初時懷疑朝鮮將嚮導日本入侵一事，至戰爭爆發之初也仍未全然釋懷，實事出有因，而非明朝無端懷疑。非僅如此，當日軍入侵之初，朝鮮當局雖曾告急於遼東總督，但當寬奠堡總兵於五月十九日爲援救朝鮮事，召見義州牧使黃璡時，黃璡竟言：「敝邑兵力，足以當賊，豈勞大人之救乎？」而予以回絕，所以更使明廷對朝鮮的立場與態度產生疑慮。

明朝當局既對朝鮮的立場與態度產生疑慮，因此當局勢日益緊張，國王出奔，京城被陷，各地官軍屢戰屢敗，面臨危急存亡之際，李恆福雖極力主張請援於明，而其國王也希望自入遼東請援，然而明朝對朝鮮的懷疑猶無法冰釋，乃當然之理。更有進者，其國王又逃至義州，欲入遼東，致連其國王身分之眞假也被懷疑，故一時難於決定是否援救。然而侵略軍之逐漸接近遼東，乃不爭的事實，而朝鮮王又正想入境，在此情形下，明朝當局對這兩件大事，自非謀畫對策不可。對第一個問題，明廷所採取的措施就是根據薊遼總督蹇達所條陳的備倭五策：一、儲糧餉以便征發；二、分重臣以便調度；三、抽南兵以便應援；四、留班軍以便戍守；五、預戰艦以便堵截。使各路兵馬進入戰時體制，而隨時都能夠徵調馳援。對第二個問題，則根據遼東巡撫郝杰的題奏，選擇一個完固城堡——寬尊堡，讓朝鮮王居住，一應供膳從厚，給予芻糧，明示撫恤。其所以選擇寬奠堡作爲安置朝鮮王處所，則係根據兵部尚書石星的建議而作如此安排。

如根據韓人魚叔權的《考事撮要》和申炅的《再造藩邦志》等書的記載，則神宗於採取上述措施之後，即召集文武大臣與九卿科道等官舉行御前會議。由於大家的意見紛歧，乃採用石星的提議，由兵部先遣遊擊張奇功攜帶犒賞銀二萬兩，前往朝鮮購買芻糧；又遣參將駱尚志領江南兵三千，留屯義州鴨綠江上；另派副總兵查大受領兵三千，先到鴨綠江衛護朝鮮王行宮；並攜大紅紵絲二表裏慰勞國王。然而明朝當局雖採取這些措施，但在此時仍未決定遣兵赴援。因此，呂坤乃上〈憂危疏〉說，以中國外患，惟有南倭北虜稱雄。倭人居住在大海之中，無法載運糧秣突擊中原。如果倭人取得朝鮮，藉朝鮮人爲兵，就朝鮮之地爲食，生聚訓練，窺伺中原，那麼，倭人進則斷明漕運，據通倉，而斷絕中國餉道；退則經營全慶，守平壤而窺伺遼東。如此則不及一年，明必京師坐困，此實爲國家大憂。所以中國如與朝鮮合則爲兩我，兩我而尙懷勝負之憂；倭人如取朝鮮，則成兩倭，兩倭則更費支持之力。因此，朝鮮一失，其勢必爭，與其爭於既亡之後，不如救於未破之前；與其獨力抗拒兩倭，不如合兩力以敵對一倭，而請神宗早作決定，併力東征。

明祖永訓援朝喪師，沈惟敬應募媾和

明朝之所以遲未決定派遣援兵，固由於朝鮮本身態度所致，但遼東總兵李如松正因當時前寧夏府副總兵哱拜叛亂，率兵前往征討，也恰好與此有關。

迄至六月，兵部奏遣指揮黃應暘至朝鮮覘其究竟，朝鮮王乃迎他於義州龍灣館。應暘索倭書驗其入侵之虛實，李恆福乃出示朝鮮王於萬曆十九年遣往日本之通信使黃允吉、金誠一等人所攜回的秀吉尺牘，應暘方知倭人原欲假道入明，遂回國向兵部報告此事。尙書石星聞報大喜，遂疏請派遣經略及督撫負責東征事宜，並責令吳惟忠統領南兵、火器手各三千，限五日內前往遼東，並發到兵馬及本鎭兵丁一萬，剋日赴義州，與朝鮮兵協力堵剿。薊、遼兩鎭則各選精兵五千，宣、大各選精兵八千、馬、步相半，擇將統領，於文到五日內即往遼東，各聽經略調遣。至於糧料，則由戶部速辦，並諭朝鮮王固守義州，以俟明軍收復其失土，不要甘蹈放棄國家之罪。當神宗接受石星的請求以後，即佈署援朝事宜。

初時，明朝由參將戴朝弁、游擊史儒各率一支援軍前往朝鮮，聞平壤已陷，遂由林畔驛回到義州。這是前此六月十七日，李德馨從定州至遼東請援，一日之間上書遼東巡撫郝杰六次，且至其帳下慟哭，終日不離，杰頗爲感動，於是不及上奏，便立刻決定先遣遼東兵五千相助的權宜措施。七月，遼東副總兵祖承訓銜命率兵五千往援。承訓雖爲遼東驍將，與北虜作戰有功，卻因不諳地理及敵人擁有鳥銃，更因未將諜報工作做好，使明廷的首批援軍竟告失敗。

祖承訓之敗，震驚國內，神宗因此採取一系列的國防對應措施，並懸賞有能恢復朝鮮者；結果有出身浙江的沈惟敬應募負責謀和，乃授予神機三營游擊將軍頭銜，使其前往平壤。惟敬談和的對手爲小西行長，而日方之所以願意接受和談，實與其侵略軍之士氣低落有關，當時日方所提的條件是以大同江爲界，割據其已侵佔之土地。惟敬以五十日爲答覆期限，返國報告日本所提條件。當惟敬在進行和談時，工部侍郎宋應昌與受命爲提督薊遼保定山東等處防海禦總兵官的李如松，正將兵員集結遼東。而惟敬與行長締結休戰條約之際，明廷以應昌經略防海備倭軍務。

幾經波折，中日達成和議

萬曆二十年十二月二十五日，由寧夏凱旋的李如松大軍，未返國都而越過鴨綠江，逕入朝鮮，明年正月八日，開始進攻平壤。如松以優越的軍勢，巧妙的戰略，及利用佛郎機砲等新式武器，在僅僅一兩小時內便使日軍潰敗逃走，收復平壤城。此時如松若能善用將士，則必能將日軍驅出朝鮮疆域；然他竟於同月二十七日的碧蹄館之役中，輕敵貪功，不帶南兵而僅率家丁千餘騎，遂為倭所乘，死傷甚多，遂還坡州，且有意重開前此進行的和談，而數次遣使至經略宋應昌處。宋應昌雖為主戰者，但提督李如松既有談和之意，最後終於贊同其意見。就日軍而言，亦懲平壤之敗而有媾和之意，唯有朝鮮反對談和而已。

朝鮮雖然反對媾和，明廷與日本卻逕自進行和談，開始外交折衝。提督李如松與經略宋應昌謀，於四月復將沈惟敬送至日本軍中，使其擔任交涉工作。日方所提的條件是和親，恢復自嘉靖以後中斷的貢舶貿易，日本、朝鮮兩國大臣之盟誓，割讓朝鮮南半及全羅、忠清、慶尚三道與日本，以朝鮮王子及一二大臣為人質。使我們感到不可思議的是，日本並非戰勝國而提出種種條件；明朝亦非戰敗國，卻未提任何條件，處處受制於日本，處處被動地位。此一交涉經過一波三折之後，終於在秀吉完全不知情的情況下決定：一、日軍全部退回本國。二、除册封外不許別求貢市。三、日本與朝鮮修好，同爲中國之屬國，不得復肆侵犯。

此後明廷雖曾遣臨淮侯李宗城爲册封正使前往日本，卻發生宗城爲流言所惑，以爲秀吉將拘囚使節，更因見渡朝鮮更戍之日軍，以爲戰火重燃，而擅自微服逃走的鬧劇。結果，改由副使楊方亨前往日本册封秀吉爲日本國王，並賜與誥命、日本國王金印與冕服。册封儀式雖順利完成，旋因秀吉得知此册封乃經沈惟敬、小西行長之策畫而成者，既不割讓土地、和親，朝鮮王子也不赴日「謝再造之恩」，而僅遣其陪臣來，因此爲自己的期望落空而震怒，乃立刻重下動員令。

萬曆二十四年九月，秀吉以上述原因決定再動干戈，日軍於明年正月十四日自日本出發，共動員十四萬一千四百九十人。不過日軍在此役裏，非但士氣低落，降者亦多，對朝鮮人的手段也頗爲殘酷。當日軍在朝鮮肆行侵略時，其元兇秀吉於二十六年八月十九日，在其居所伏見城身亡。因此，日軍陸續撤回本國；明軍則於兩年後，始全部歸國。前後七年，發動兩次的侵略戰爭遂告結束。

壬辰一役，三國均蒙重大損失

此一戰役使朝鮮全境幾乎都捲入戰爭漩渦中，導致社會、經濟陷於凋敝；而在人口的易動、身分的變遷，及兵制、稅制等方面也有很大的變革。日本則除未能達到出兵侵略之目的外，還損失約三分之一的出征將士與軍用物資；另一方面，則因吸收朝鮮進步的文化與技術而有所裨益。

秀吉也因發動此一戰爭，使其心腹諸將元氣大傷，加速了豐臣氏的滅亡。至於明朝，因援朝而動員數十萬大軍，花龐大經費而疲憊。在日本入侵朝鮮之初，明廷援朝行動雖因朝鮮本身態度而稍嫌緩慢，但明朝為保護屬國所作的救援行動，終能維護朝鮮疆域的完整。當時明朝如不伸援手鼎力相助，則朝鮮在四百年前便已成為日本的殖民地，而不待二十世紀初了。

日本的武士與切腹

日本的武士起源於其奈良時代（七一〇～七八四）莊園開始發達之時。所謂莊園，其性質與中國的佃莊有異，乃是從奈良時代至戰國（一四六七～一五六七）末期存在以田地爲主體的私有土地。其特徵在於那些莊園的所有者爲居住於遠距自己所擁有的土地，亦即主要居住於京師及其附近之貴族及寺院，而大都在政治上有相當的地位。

那些莊園地主受到律令國家政府之委任，向莊園徵收田租，從而營運其經濟生活。而莊園係在聖武天皇天平十五年（七四三）發布「墾田永世私財法」，亦即發布凡從事開墾田畝者，其所開墾之田畝可永久據爲私有之法令以後開始發達起來。

武士的起源

初期莊園叫「自墾地系莊園」。這類莊園乃因佔據土地，亦即由申請佔據未經別人開墾之土地，及從事開墾、經營其所佔據之土地發達起來者。田畝之開闢、經營，係由莊園所有者直接去做；其所需勞力之大部分，則是僱用「公民」（良民）或採租賃方式。

迄至十一世紀頃，各地方的農民便在當地開闢田畝，且為免「國」（行政區域）、郡司等地方官員之榨取，乃逐漸有人將自己所開墾之田畝，在名義上贈與中央勢豪之家的情形發生，這類莊園稱為「捐地系莊園」。

自墾地系莊園的莊官通常都由居住中央的莊園地主委派，捐地系莊園的莊官則除由中央的莊主派遣外，多由捐地的當地有勢力之地主（名主miyōshyu）來擔任。而當政府所有莊園的農業發達以後，便逐漸產生擁有許多田堵(tato)——承包耕作莊園地主之田畝者，與「名主」階級。那些田堵、名主之勢力強大者為要保護自己的權益，乃將武器給予自己的子弟，及「下人」、「所從」等隸屬民，使之練習武藝。而莊園地主則將田堵、名主等置諸麾下，以集中其武力。隨著時間的流逝，這種武裝與組織便逐漸成為常備，此即為武士之起源。

武士並非僅從莊園內部產生，在國衙、郡司也為禁止王臣家之擴充莊園與妨礙國務，以貫徹自己之統治工作而武裝起來。郡司階級的土豪則於律令體制式微，尤其隨著兵制之發生變化，亦即從原來的徵兵制改為由郡司及富人，有位階者之子弟服兵役的健兒(condei)制後武裝化，而與其內部的農民共同反抗其國司之暴政。

至於出身土豪的「在廳官人」——在國衙服務的官員，他們也為與國司、郡司、莊官對抗而武士化。於是莊官或地主乃在對莊家之兵役負擔與當地之統制的雙重關係下，逐漸加上武士的要素。他們除負責莊園、公家土地內的軍事、警察等任務外，也還設法擴充自己的土地。同時，他們雖然對沒有武力的莊主表示反抗的態度，企圖擺脫他們而獨立，但如果莊主的統制力量強大，則完全隸屬於莊主而個別分散於莊園及公家土地上。將那些分散的武士加以組織起來，使之成爲強大勢力的，就是源氏、平氏、藤原氏等上級武士，謂之「武士之棟樑」。

其成爲上級武士的，就是一些在中央有志難伸而到地方上擔任國司或其他職務的地方官，或其子孫在當地落地生根者。下級武士則除將自己土地捐給上級武士外，又成爲他們的屬下「家子」(ienoko)、郎等(rōtō)、「家人」(kenin)等。由於當時純樸的地方人士有強烈崇拜門第之風，所以國司多與當地豪族之女結婚，其子孫之於該地方長住者不少。於是其從中央至地方的貴族便將地方上的公地與在莊園伸張勢力的勢豪收爲自己部下，以之爲「家子」、「郎等」，進而負責擔任地方的警察工作。中央政府也將追捕使、押領使、地方檢非違使等有關治安的警察、軍事、監察等工作讓他們來擔任。在京師方面，也爲治安問題傷透腦筋，因爲就連宮城也難免遭受強盜之襲擊，故從宇多天皇（八八七～八九六在位）開始置「瀧口武士」，而上皇所居之處——御所，亦設「武者所」以爲防護。至於在中央政府掌握權柄的藤原氏——攝關家，則以他們爲「侍」(samurai)，使之衛戍自己所居之處。

武士勢力的擴張與干預政局

武士之勢力與日俱增，至十世紀三十年代，竟公然以武力背叛朝廷。從平安（七九四～一一八五）中期以來，以桓武天皇（七八一～八〇六在位）曾孫高望王爲始祖的桓武平氏，在關東（東京一帶）各地伸張其勢力。高望王之孫平將門（？～九四〇）繼承乃父位於下總（千葉、茨城縣）的土地而顯耀其勢力。卻爲其父所留下之土地，與叔父良兼、國香、良正，堂兄弟貞盛等發生糾紛；承平五年（九三五）他弑其叔國香，將門雖因此受其叔良正、良兼及國香之子貞盛等人之攻擊，卻將他們敗之於常陸（茨城縣）、下野（栃木縣）、下總等地。天慶二年（九三九），將門調停武藏權守（職稱）興世王、源經基與足立郡司武藏武芝之間的糾紛。豈料經基竟向朝廷上奏將門謀反，致受朝廷審問。當時又有常陸居民藤原玄明因拒繳貢租而受國司通緝，乃求助於將門。因此，將門乃縱火燒燬常陸國府，並聽從興世王建議，擬兼併上野、下野、上總、下總、常陸、相模、伊豆、武藏等關東八州而攻陷上野、下野兩國府，自稱新皇。並於下總猿島郡石井鄉構築王城，任命文武百官，而以其族人爲國司。第二年，朝廷以藤原忠文爲征東大將軍使之征討。在此之前，平貞盛與藤原秀鄉曾聯合對付將門，且連續將他擊敗於下野、猿島，將門遂在夾攻下滅亡。

與平將門在關東作亂幾乎同一時期，從五位下藤原良範之子純友（？～九四一）於承平年間（九三一～九三八）被命爲伊豫國（愛媛縣）掾。但純友卻與瀨戶內海的海盜勾結，橫行於其任所一帶。承平六年，其橫暴行爲雖經紀淑人鎮壓，但純友任期屆滿後竟不回京，成爲海盜首領，而以伊豫之日振島爲根據地搶劫公私貨物。繼則襲擊讚岐（香川縣），驅逐其國司，然後指向阿波（德島縣）國府。天慶三年（九四〇），小野好古、源經基等以追捕使身分西下征討。結果，純友因部下藤原恆利倒戈而戰敗，遂逃至大宰府，但爲征西大將軍藤原忠文所逐而逃回伊豫，終爲警固使橘遠保所捕殺。

武士勢力在十世紀三十年代既已發展到可以公然反叛朝廷的地步，此一事實對自古以來一直主宰日本政治的貴族階層自然造成嚴重的打擊。此後，那些武士，尤其是系出桓武天皇的平氏與系出清和天皇（八五八～八七六在位）的源氏，他們都曾接近上皇或權臣藤原氏，分別成爲他們的武力後盾而在中央擁有強大勢力，並左右了政局。迄至十二世紀八十年代，源氏消滅了平氏，在鎌倉（神奈川縣）組織幕府（一一八五）樹立武士政權。此後，經室町幕府（一三三六～一五七三）至江戶幕府（一六〇三～一八六七）成立時，竟發佈「禁中並公家諸法度」以規範天皇、公卿之行動。直到明治政府（一八六八～一九一二）成立，方纔結束六百八十餘年由武士主政的局面。

武士的主從關係

武士從古代末期起至中世初期之間，以桓武平氏或清和源氏爲其「棟樑」，開始團結而在各地形成了武士團。尤其在東國（東京一帶）方面，在族長制的結合下，大豪族乃將其同族子弟與小領主納入自己統率之下，以組織大武士團，如三浦、千葉、畠山等即其代表性例子。

當武士產生以後，那些武士與其首領之間便經由「御恩」與「奉公」而形成主從關係。此一關係主要形成於源賴朝（一一四七～一一九九）創設鎌倉幕府之際。鎌倉幕府之統治基礎在於統制「御家人」(gokenin)。所謂御家人，乃鎌倉幕府屬下之家臣尊崇其將軍而自謙之辭。御家人有在幕府成立以前即已服屬源氏者，也有在賴朝時方纔加入其陣營者。那些御家人所有的土地爲幕府所承認。與此相對的，御家人爲報答賴朝的此一恩惠，乃於戰時爲其出生入死，平時則爲幕府分擔各種費用，而此一義務謂之「奉公」。這種主從關係及族的地緣的結合形成以後，便產生隨著戰鬪而來的忠義、武勇之「武者之風習」(bushiyanonarai)、「武士之道」(Mononōmichi)等規範。

迄至江戶時代，此一規範因儒教，尤其因朱子學而被理論化，從而確立武士之倫理思想。於是以「御恩」與「奉公」之交換爲前提而成立的主從道德，竟成爲單方面的由家臣向主人表示忠誠爲其骨幹，而且又是觀念的。在此情形下，武士便被比擬爲儒教之士君子，而強調實現五倫五常之德爲治者意識。此武士道雖因明治維新而消逝，然自明治中期起，以國粹主義者崛起的井上哲次郎（一八五五～一九四四）等人乃主張武士道以忠君愛國爲根本，故其在明治二十三年（一八九〇）所頒佈強調忠、孝之「教育勅語」，便強要日本全體國民接受井上的這種解釋，終於步上軍國主義之路而難於自拔。

武士的切腹

當述及日本武士時，使人立刻聯想到的就是切腹問題：所謂切腹，就是以利刃割破肚皮自殺之意。如衆所周知，日本武士在腰部左方佩有長短不同的兩把刀，長者叫太刀(tachi)，亦書如打刀，長約三尺，主要用以戰鬪。短者謂之脇差(wakizashi)，長約一尺，副於太刀佩帶，切腹多用此。

切腹又叫割腹(kappuku)、屠腹(tofuku)、腹切(harakiri)。在明治以前被作爲武士自殺或行刑而採用。其作爲自殺方式，始自平安時代，至源、平兩氏互爭雄長時一般化，且被認爲武士之死應採此一方式。此一自殺方式盛行於中世、近世，乃是以短刀刺進左腹，向右切割將刀拔出，然後刀鋒向下刺進胸部下面，往下方壓下至肚臍附近，割成十字形，最後將刀刺進喉部，此爲其正式切腹。惟因切腹既痛苦，又無法在短時間內斷氣，故或許爲向別人表示自己的眞誠，或在戰場或在別人面前自殺最容易引起別人注意，且又最能表示其勇敢、壯烈，方纔選擇此一部位。就這樣，切腹遂成爲象徵武士的勇敢而普遍流行。戰國時代，敗軍將領多爲營救部下而切腹，但有時也因過失被命切腹。結果，切腹便逐漸儀式化而有事前設定的場所，並準備酒餚爲切腹者送終。當兩軍作戰時，敗軍的將士雖爲免被俘而多切腹自殺，但也有因主人物故而切腹殉死，謂之「追腹」(oibara)；又或因職責所在，或爲應付社會的情面而被迫切腹，這類切腹則謂「詰腹」

(tsumebara)。

切腹刑的執行方式

切腹之被當作刑罰之一，雖在中世末已有此一事實，但至江戶時代則已爲幕府及各藩所採用，成爲對武士中的上級武士——侍(samurai)之特別死刑。據江戶幕府的規定，年俸五百石以上的高級武士在諸侯官邸之院子，五百石以下則在監獄內院子，自黃昏起至拂曉之間執行。無論在何處執行，均派人監視。其被處切腹刑的原因雖多，然如據寬政年間（一七八九～一八〇一）公布的〈評議書〉，若因口角或因飲酒打架致對方死亡者，及對「侍」以上之武士均判切腹刑。

執行切腹刑時，在院子的一個角落之一丈見方的地方鋪上細沙，沙上放置兩塊未縫邊的草席（疊，tatami），並覆以白棉布、紅氈等以爲切腹場所。切腹者事前沐浴、梳髮，整肅儀容，然後身穿淺黃無家紋之上下兩段的武士服（裃，kamishimo）坐下。當其坐下時，正、副兩名「介錯人」(kaishiyakunin，爲減少切腹者之痛苦而在受刑人切腹之際砍其頭顱者）向前走，正介錯人自道姓名並向受刑人行禮，然後拔刀立於切腹者之後。當其他官員將以紙（奉書紙）包裹而露出刀鋒少許之長九寸五分之木刀放在「三方」(Sanpō)——上供用高腳盤端至受刑者面前放下時，副介錯人便上前將該「三方」與木刀放正，並協助受刑者整理衣服，俾便切腹。當受刑者推開肩衣(ka-taginu)，將手伸向上供盤取木刀的瞬間，正介錯人就揮刀斬其首級，副介錯人則拾取首級，將其側臉讓監刑者看。監刑者說完：「已看到切腹始末。」此一行刑便告結束。其被砍下的首級及屍體則發還給受刑者之部下或家屬自行處理。如據現存文獻的記載，自一七〇二年至一八六七年之間，在江戶小傳馬町之牢房所執行切腹的人數僅二十人上下，所以被判切腹刑者並不多。其爲刑罰的切腹雖採自殺方式，實際卻是斬首，惟被認爲此係不經由不結淨的劊子手而自服己罪，乃是重視受刑者之名譽的方式，故爲死刑中判得最輕的。根據《官中祕策》的記載，幕府監視執行此種刑罰時有「大目付」一人，「目付」二人，「徒目付」二人，「小目付」（以上俱爲職稱）一人臨場，當宣告切腹之命以後，「大目付」即回去，而由「家老用人」（職稱）與「介錯人」共同行刑。行刑後向「御用老中」報告結果爲慣例。

切腹本應以眞刀揷進肚皮，但爲減少切腹者之痛苦，故往往在刀子揷進肚皮的刹那即將其頭砍下，後來則剛伸手取刀時就砍頭。但也有加前文所說用木刀或竹刀來代替以象徵其切腹的，據說也有用摺扇或以食指在肚皮前一比劃，頭顱便落地者。

切腹的顯著事例

江戶時代武士切腹的許多事例中，最著名的是在元祿十五年（一七〇二）十二月所發生，赤穗藩（岡山縣）牢人（浪人）大石良雄（一六五九～一七〇三）以下共四十七人，爲其亡君淺野長矩（一六六五～一七〇一）報仇，殺死仇家吉良義央（上野介，一六四一～一七〇二）的重大事件。元祿十四年，欽差自京都東下前往江戶時，淺野雖奉命擔任接待使，卻爲接待禮儀問題無端受到負責指導禮儀的吉良之羞辱，而在江戶城內刃傷吉良。因幕府規定城中不得拔刀，故淺野便因干犯禁令而即日被命自殺，且被取消「大名」（諸侯）資格。

報仇雖爲當時法令所禁，但仍被視爲武士美德之一而爲社會所稱許。故常獎勵子弟爲父母、兄弟或主人報仇，視此爲孝悌忠信之德行。大石等人的舉動雖激於忠義之心，惟與紀律、國法不能相容。但忠孝亦爲立國之本，所以繩之以法之同時，也設法表揚其忠義精神，以爲社會人倫示範。因此，幕府處理此一事件時，除命大石等人切腹以維護法律尊嚴外，同時也以他們憤家主無端受辱，捨身報仇爲義舉而派遣重臣親臨監視他們之死，以示激勵。此一作法乃在弘揚儒家的教化思想，並普及孔子的倫理教義。

明治政府成立以後，也曾發生一件震撼內外的武士切腹事件。明治元年二月十五日，衛戍堺（大阪府）的土佐藩（高知縣）士兵，與同日乘法國軍艦 Dupleix 號來航，以端艇測量堺港後登陸遊逛之水兵發生爭執，因無通事而彼此無法溝通，而第六隊隊長箕浦猪之吉與第八隊隊長西村左平次所率領之土佐藩兵竟向端艇開炮，致該艇乘員死傷十餘人（死者十一）。

當時適逢岡山藩兵與外國士兵發生衝突所引起之神戶事件（一八六八年一月十一日）剛獲解決，而各國公使覲見明治天皇之議甫決定之際，故維新政府接到此一消息後非常驚愕，乃即刻解除土佐藩衛戍堺之職務，並急遣外國事務總督東久世通禧等人至堺，搜尋下落不明之法國水兵送還法艦。十九日，法國駐日公使龍洛珠(L'eon Ro Ches)向日方提出將肇事兩隊長及其隊員加以斬首，並賠償美金十五萬元等五個條件，迫其履行。明治政府當時正遣軍東征幕府，顧慮處死相關人員多達六十餘人將對國內造成不良影響，乃於二十二日將處死人員減少爲箕浦、西村兩隊長及隊員十八人共二十名，而向法方表示接受其要求。同月二十三日下午，在堺之妙國寺，由國內外人員的監視下執行切腹刑，那些切腹者不僅一個個割腹自殺，且有人將自己腹內掐出的內臟擲向在場的外國使節，故當第十一人切腹完了後，法國 Dupleix 號艦長 Thours Dupetit 便因不忍再看此種慘狀而要求中止，故其尚未切腹之九名得保住一命而被改判流刑。

外國事務局督山階宮晃親王與土佐藩主山內豐範等人遂親登法艦謝罪，賠款則每期五萬，分三期付清，事情終獲解決。其自戕之兩隊長以下十一名之遺體被葬於妙國寺北鄰之寶珠院，遇難的法國水兵則葬於神戶市「元居留地外人墓地」。

明治維新以後所頒「新律綱領」(一八七〇)雖仍承認士族之自盡爲合法，然同年所頒布「改訂律令」以後則廢除此一條款。雖然如此，切腹卻仍成爲自決方式而殘存。其在明治天皇殂落出殯之際，陸軍大將乃木希典夫婦之切腹殉死，最爲壯烈。迄至戰後，作家三島由紀夫(本名平岡公威)之於東京四谷切腹，也曾震驚全球。因切腹係日本特有之風習，所以對外國人而言，「腹切」(Harakiri)乃完全不存在於他們社會之奇異現象，故未必能夠瞭解此一作法。

太平洋戰爭期間日本政府的思想統制

自從日本於一九四一年十二月八日上午三時十九分（華盛頓時間七日下午一時十九分），由總指揮官淵田美津雄中佐下總攻擊令，從海、空兩方面同時偷襲珍珠港以後，太平洋戰爭於焉開始。在戰爭期間，日本政府除下令管制軍用物質，嚴格實施日常生活用品的配給外，對其人民的言論、思想、活動等也嚴加控制，而對其所發動之侵略戰爭不准有任何批判或反對的聲音出現。

軍政三原則

日軍偷襲珍珠港後，該國政府爲獲取軍用物資及重要民生用品，乃將戰場擴及東南亞和南太平洋；亦即它除對英美兩國宣戰外，也向荷蘭開戰。因此，先後進攻香港、馬尼拉、新加坡、爪哇等地，使東南亞各島嶼及南太平洋各海域均陷於戰爭的漩渦中。

值得注意的是，日本在偷襲珍珠港以前的同年十一月二十日，召開所謂「大本營政府連絡會議」，議決〈南方占領地行政實施要領〉，可見在尚未發動中國大陸以外的新的戰爭以前，就已規劃在占領東南亞各地以後，能夠迅速恢復當地治安及獲取國防資源，並確保其前方將士能夠自謀生存，而決定在各占領區實施軍政，此即所謂「軍政三原則」。換言之，就是在實施軍政以後將各占領區加以開發，俾能早日取得所需之物資。六日後，則制訂在〈占領區實施軍政之陸海軍中央協定〉，決定香港、菲律賓、蘇門答臘、爪哇、英屬婆羅洲、緬甸等地主要由陸軍負責管理，荷屬婆羅洲、西亞伯、摩洛加群島、小巽他群島、新機內亞、俾斯麥諸島則主要由海軍來擔任。明年三月十四日更制訂〈占領軍政處理綱要〉，要求在實施軍政時，不可激起各地土著之民族自決運動，致他們要求獨立，亦即要徹底控制各占領區之土著之各種活動，使之爲其做事。

又，前述「大本營」，爲日本戰時的最高統率機構，係於一八九三年根據〈大本營條例〉設置，直屬於天皇。陸軍參謀總長爲全軍之總參謀長，以輔佐天皇，一九〇三年修改條例以後，陸軍的參謀總長與海軍的軍令部長之地位相等。其設大本營則只有在發生中日甲午之戰、日俄戰爭，及第二次中日戰爭與太平洋戰爭之三次而已。

翼贊選舉

日本政府爲統一其國民意識，引導他們步上戰爭之路，乃於發動太平洋戰爭之前的一九四〇年十月十二日，組織「大政翼贊會」，以便達成其「實踐臣道」之目的。從而站在「與政府表裏一致的關係上，以謀上意下達，下意上達」，而以統制全體國民生活爲其中心工作。

在同一時期，又以每五戶至十戶爲一個單位，創設戰時體制下的鄰保組織——鄰組(tonarigu-

三)，在大政翼贊會的領導下，推動對外侵略的國策，成爲動員、提供各種物質、消化公債、配給物資、防空演習等之強大有力的實施單位，並發揮行政機關之末梢機構的功能。

另一方面，爲使國會成爲一言堂，在一九四二年四月三十日舉行衆議院議員的全面改選之際，採取以推薦方式推舉候選人，以期召開國會時不會出現反政府或批判政府的言論。亦即欲組織所謂「翼贊議會」，以重整因舉辦自由選舉而失去的政府在議會的勢力，並透過「翼贊議會」以謀集結社會力量。

當時的日本政府非僅以親政府、軍方者爲候選人，有些地方竟規定不得推舉如下之候選人：不徹底瞭解日本國體之本義者；只熱中於謀求擴充自己之選舉地盤或勢力範圍，而未能正視國家大局者；對達成總體戰之目標持悲觀態度，或有加以冷笑之傾向者。

至於對非經由親政府或軍方人士推薦而自行參選者，則給他們貼上「親英美」、「自由主義者」、「非國民」、「懷有反軍思想」等，被當時人認爲是致命的標籤。亦即舉行在表面上看來很民主的普選，使民衆參與政治，實際上是在政府與軍方密切配合下，刻意安排願意事事聽從政府與軍方之話的人士進入國會，使他們在國會裏個個成爲「橡皮圖章」，爲政府與軍方所發動之侵略戰爭背書。

那些非經推薦的參選者如果當選，則在軍方的淫威下，即使有批判政府的言論，也不敢反對「完成戰爭之目的」的「國策」。結果，選舉不再是爲參與政治而行使之權利，變成翼贊政府與軍方達成侵略野心之義務。此事就如《暗黑日記》昭和十八年（一九四三）七月二十二日條所記：

所謂議會，就是要議決對派往戰場的部隊表示感謝之意。

又如據大谷敬二郎之《昭和憲兵史》的記載，當時經由親政府、軍方人士推舉參選的，每人都可獲得五千至三萬圓的競選補助費（法定競選費為平均約九千四百一十二圓），而此項補助款均來自臨時軍費。至其自行參選的，若干地方的競選總幹事與運動員等，竟被當作經濟犯來扣押，競選文件與資金被沒收，就連到該競選辦事處的人也遭警察拘提。有些地方則縣知事（縣長）假藉教育會長之名，公開通知縣下各級學校校長，要他們轉告部屬將選票投給政府、軍方推薦的候選人，使其能夠順利當選。

言論統制

自從幸德秋水、宮下太吉等二十六名社會主義者，於一九一〇年（明治四十三年）因計畫暗殺明治天皇，幸德、宮下等被處死（一九一一年）而發生所謂「大逆事件」之後，日本政府便在一般警察之外，於警視廳（警政署）另設特別高等課，作為鎮壓反政府的社會運動之機構。一九二三年（大正十二年），復將此一機構分設於主要府縣，五年後則普遍設置於各府縣，直屬內務省而擁有極大權限。並以龐大機密費來培養特務人員，更以殘酷手段鎮壓左傾分子與其同路人，及剷除自由主義的言論、社會運動等，以徹底消滅反政府的、反侵略戰爭的一切作為。

非僅如此，在舉行參議院議員改選之前，亦即在偷襲珍珠港後九日的十二月十七日，爲更進一步統制言論而發布〈言論出版集會結社等臨時取締法〉。此一法令雖經由貴族院與參議院之審議，竟在同一天內獲兩院之議決通過，其速度之快，實屬空前。由此當可窺見其國會已遭政府、軍方操控之端倪。

該法案通過後，於同月十九日公布實施，主要內容是：

一、有關政治、思想方面的結社，須經內務大臣核准。

二、有關政治、思想方面的集會，須經管區警察首長之同意。

三、凡出版刊物，須經內務大臣核准；內務大臣得下令使其停刊一段時期。

四、爲時局問題造謠，或散播謠言擾亂民心者，要加以處罰。

如據當時首相東條英機的說法，發布此一法令的目的是：「在戰時體制下，如有人散播謠言使民心發生動搖，引起社會不安，或故意違反國家政策，致國民的意見無法統一，及有礙國家所發動之戰爭的目標，就要給予嚴厲制裁。」

當時的日本政府與軍方不僅嚴格取締批判它們的言論與行爲，同時也下令全國所有的廣播界、新聞界、出版界，以及其他大衆媒體，致力領導輿論，全面開展宣傳戰與思想戰，以激起全國人民同仇敵愾之心。其推動此一方面之工作的，就是「內閣情報局」。所謂情報局，就是在一九四〇年十二月，將原有之「內閣情報部」的規模擴充改祖而成。並且在改組之際，將許多陸、海軍現役軍官納入此一機構爲職員或單位主管，以操控主管大衆媒體的第二部。此第二部的幹部，不僅部長爲軍人，三位課長中的兩位亦屬軍方人士。各大衆媒體如要報導有關戰爭方面的消息，則事無大小，如非經「大本營陸海軍報導部」核准，就不得發布。

且說當時無論電台的廣播或報紙的報導，頭條新聞都是千篇一律的爲日軍戰果輝煌，損失輕微。損傷越多，所報導的戰果也就越大，採取與事實相反的報導方式。例如一九四二年六月發生於中途島附近的海戰，日本海軍在此一戰役中喪失航空母艦四艘，巡洋艦一艘，及由那些航空母艦所搭載的許多飛機，損失極爲慘重，致成爲由過去之時常獲勝變爲節節敗退之轉捩點。但其「大本營海軍報導部」竟大言不慚地宣稱：所屬將士擊沉敵人航空母艦兩艘，擊落敵機一百二十架；日本被擊沉的航空母艦一艘，被擊毀航空母艦、巡洋艦各一艘，未歸隊飛機三十五架。故其所報導內容宛如日本獲勝而自己的損失並不嚴重。《東京日日新聞》同月十一日的早報則更鄭重其事地報導這次作戰的情況，而於「帝國海軍在整個太平洋海域作戰，雄偉豪壯的戰略，在戰史上空前絕後」的大標題下，報導這次「大勝利」。當天的社論也以〈東太平洋之大勝〉爲題，說：「我們日本又獲勝，但戰爭還會持續下去。其加諸我們身上的使命，就是唯有累積著這種勝利的紀錄，由前線與後方作最密切的合作與聯繫，邁向獲完全勝利之路而已」。

據說，當時的「大本營報導部」與「內閣情報局」，非但時常發布假新聞以安全體國民之心。更一再召集各報社之優秀編輯人員，爲他們講解假造新聞的訣竅，有時竟指定其報導勝利的新聞之標題的尺寸之大小，並使之刊載「示範報導」之內容。

戰鬥的廣播

當時的言論統治，並不侷限於報章雜誌，對所有電台的廣播亦復如此。一九四一年十一月末，當時的日本之收音機普及率，以與電台訂有收聽契約者言之，其戶數與人數已超過六百三十萬，約佔全國總戶數的百分之四十三，故對日本當局而言，這是他們用以宣傳的最大利器。

日本對英、美、荷三國宣戰的消息，係在一九四一年十二月八日上午七時的臨時新聞播報時間向其全國人民宣布。自此以後，無線廣播就全面性地進入戰時體制，由「內閣情報局」操控廣播內容，所謂「戰鬥的廣播」就成爲它的口號與宗旨。因此，所有節目的企畫、編排，內容的取捨、研究等，均由內閣情報局、遞信（電信）局、日本放送協會（ＮＨＫ）三個單位協商決定，但實際上是由內閣情報局主導，其他單位無置喙餘地，所以日本放送協會幾乎完全喪失其自主性。

在此情形之下，情報局爲加強宣傳工作，以激起國民同仇敵愾之心，乃將原來每日報導六次的新聞時間增爲十一次。並且自宣布對英、美、荷作戰之翌日起，安排政府向全體國民呼籲之「告全體同胞」，及由民間各界之著名人士，或由社會各階層之有名、無名人士來談論此一戰爭之「國民的誓言」、「我們的決心」等節目，以鼓動全體國民奔向戰爭之路。此外，又有所謂「戰時國民讀本」時間，每週廣播二至三次，宣讀由內閣情報局所撰擬說明戰爭之意義、佔領地之情況的文稿。更有進者，無論陸軍或海軍，每天都各有一次直接「發表軍事」的時間，可見當時的無線廣播，其大部分時間都被用於鼓吹戰爭方面。

至其由民間擔任、負責之講演、廣播，則更進一層地加深戰爭色彩，利用德富蘇峰、常川周明、安岡正篤等帝國主義、軍國主義思想濃厚的人士來鼓動民心，宣傳主題以採用「身為大東亞領導者的日本之使命」、「美國侵略東亞的歷史」之類者佔絕大部分，以強調日本發動此次戰爭是被迫的，是為正義而戰。

檢閱與自我約束

廣播節目內容的檢閱，係在內閣情報局的領導下，由其所管轄之電信局負責。如據該情報局編輯的對外保密的小冊子《大東亞戰爭放送指針彙報》的記載，則其檢閱新聞之標準有如下四點：

一、現在播報這種新聞是否適當？——不僅新聞，凡有關檢閱方面的，這是首先要考慮的問題；因新聞有可讓國民知道的與不可的，對其取捨，須從國家的立場來判斷。

二、是否有以日本為軸心之觀點？——日本放送協會播報之新聞雖必須站在日本的觀點而發，惟不利於與日本攜手合作抵抗敵人之德、義兩國的消息，也非排除不可。第三國的消息則加上妥適的我方之主觀的註釋，表面上務必裝作客觀消息，使之對領導輿論有裨益。

三、是否協助政府？——對決定國民之輿論具有莫大力量的新聞，務必協助政府向前推動。

四、是否有反被敵人利用之虞？——敵人除收聽我之廣播外，也收聽東南亞各地之廣播，且有全部加以錄音之跡象。故不僅對我不利之消息，就連敵人喜歡用以反宣傳之新聞也非避免不可。

就報紙而言，其情形亦復如此，例如《朝日新聞》在報導美、日兩國開戰前夕的交涉文稿原有六十幾行，經檢閱，刪削後竟僅剩兩行餘而已。更有進者，文稿中原有雙方代表「握手」一詞，即被認為此一詞語會引起日本國民對美國之親近感而被刪，於是由此開始一直刪下去，到了最後，就剩下沒幾個字了。

各報社也為避免被刪而設「查閱課」，忖度當局之意圖而事先自我檢閱，而其自我約束之尺度竟比情報局還要嚴格。就這樣，在政府與軍方的領導與控制下，其大眾媒體已為戰爭所籠罩，被迫推動所謂「神聖的大東亞戰爭」。

剷除異端

日本政府與其軍方不僅操控電台與報章的報導，對一向印象不佳的評論家也列出黑名單，並指示不要刊登他們的文章。如據畑中繁雄《覺書昭和出版彈壓史》的記載，則在尚未偷襲珍珠港的一九四一年二月，為使大眾媒體配合國策，引導人民步向戰爭之路，乃利用中央公論社與內閣情報局舉行懇談之際，秘密提出黑名單。明年一月，《中央公論》編輯部長畑中還被特別高等警察第二課課長叫去，當面給予「忠告」，希望他不要再刊登羽生三七、武村忠雄、今中次磨、高倉照、土門拳等僞裝左傾或有左傾前科者的文章。亦即內閣情報局以非正式的向大衆媒體提出要求的方式來干預，藉收實質上與禁止執筆相同的效果，此乃當時的日本當局常用的手段。在此情勢下，其成爲輿論界、雜誌界之名角的，就是內閣情報局和大本營報導部之官員與軍人集團，如：情報局次長奧村喜和男，陸軍報導部部長谷萩那華雄，海軍報導部部長平出英夫，情報官陸軍少佐鈴木庫三等是。他們的「官製文稿」被爭相刊載，而充斥於各報章雜誌。

當時排除異端的行動，不僅來自政府與軍方，就連各大衆媒體內部也開始剷除異己，在「言論報國會」設調查部，從事評論家之思想與言論的調查，尤其是自由主義色彩濃厚的《改造》、《日本評論》、《中央公論》等綜合性雜誌和岩波書店等出版商，便成爲輿論界的衆矢之的。例如《改造》雜誌昭和十七年（一九四二年）八、九月號所刊登細川嘉六之論文〈世界史之動向與日本〉，便被認爲「這篇文章全面否定日本之領導性立場而鼓吹反戰主義，乃共產主義在戰時之巧妙的煽動」而大加撻伐。結果，《改造》便不得不以撤換所有編輯人員爲條件，才免受廢刊的處分。並且從此以後，其編輯方針也不得不作一百八十度的轉變。

日本當局之剷除異己，也及於學術研究方面；而其迫害學術界人士爲時較早，在盧溝橋事件爆發之前即已發生。一九三三年，京都大學法學部教授瀧川幸辰所著《刑法讀本》，因其若干內容觸犯政府當局之忌諱而被查禁，瀧川本人也遭當時的文部大臣鳩山一郎撤職，謂之「瀧川事件」。

兩年後，國粹主義者的同路人，貴族院議員菊池武夫批判憲法學者美濃部達吉之「天皇機關說」否認日本之國體。此原屬學術界之論爭，竟爲國會與政治界所干預。同年五月，日本政府發布強調皇權之絕對性的「國體明徵」，及排斥、攻擊「天皇機關說」之聲明，以爲統治思想的基礎。越明年，更於文部省置「教學局」，以爲該省之外圍機構，使之管制各學會與蒐集有關個人思想方面的資料，並推薦「優良」出版品，負責壓制國民思想。一九三七年以後，則凡違背對外發動戰爭之國策的一切學術活動都被鎮壓。迄至一九三〇年代末期，被迫害的學術界人士竟及於矢內原忠雄、河合榮治郎、津田左右吉等自由主義者，致學術、思想之自由爲軍國主義者之狂暴的鎮壓所蹂躪。

當時因違反「國策」而被鎮壓的較大事件，除上述者外，尚有「橫濱事件」等。於是日本國民就在其政府的嚴厲管制下，耳朵被塞，眼睛被蒙，嘴巴被封；思想的一元化成爲「皇國」向前邁進的獨一無二之道。

得在此附帶一提的就是：當時的電台廣播或報章雜誌之報導，不僅要配合國策，報導有關陸、海兩軍的消息，也還得顧及雙方分量的平衡，否則可能會被認爲是親陸軍或親海軍而受罰。（本文資料之主要來源：林茂，《太平洋戰爭》；及《圖說日本文化の歴史》12）

楊梅的鄭氏家族

一、前言

臺灣與大陸發生關係，雖遠在隋煬帝大業年間（六〇五～六一六），但聲息互通，往返頻繁，乃始於十六世紀中葉，福建漳、泉人與當地原住民貿易；（註一）至若開荒拓土，創基立業，長於斯，繁衍於斯，則大致在明永曆（一六四七～一六六二）初年，清軍大舉南犯，東南沿海一帶居民渡海避難之後。（註二）就桃園縣而言，其開闢本縣縣境，有資料可供稽查者，就時間言，約始於康熙二十年（一六八一），鄭克塽部將陳降經略淡水、雞籠（基隆），而形成部落；全面發展，至乾隆（一七三六～一七九五）中葉乃臻鼎盛。（註三）就空間言，北部之南坎、竹圍及竹北二堡一帶最先開發，漸及中部、南部，其西部楊梅壢（楊梅）區域，至乾隆五十年間，墾業始興；而迤南邊陲之角板山地區開拓最遲，至光緒（一八七五～一九〇八）末年，墾務隨「蕃務」之擴展乃逐漸有所開拓。（註四）

現今桃園縣所管轄的地域，在開拓當時可析爲：南坎竹圍、桃園、大溪、竹北二堡、楊梅壢五區。其中楊梅壢區，尤其楊梅鄭氏家族在此一地區的發展過程，及對開拓此一地區所作貢獻，就是本文所要探討之重點。惟因文獻史料闕如，難作較深入之考察，是爲憾事。但如因此篇什而獲得各位之諟正，從而得以瞭解此一家族之更多史事，則幸甚。

二、來臺以後

楊梅鄭家的來臺始祖名大模，字宗創。原籍廣東省惠州府陸豐縣大安墟方郭都鄭家寨。父某某，母某氏。生於康熙五十五年（一七一六）七月二十五日亥時。據說大模年幼時父母先後去世。父母雙亡後由誰照顧，及其青少年時期的生活情形如何，已不可得而知之。惟就其年屆若冠，即非背井離鄉，隻身冒險遠渡重洋，尋求自己未來幸福不可的情形推斷，他在家鄉時的家境必非良好，亦從而可知。

如據史乘的記載，滿清入關後，爲防前朝遺民之反清復明活動，及杜絕臺灣鄭氏接濟，故嚴禁東南沿海各省居民出海。此一禁令，至康熙二十三年（一六八四）方纔解除。（註五）但靖海侯施琅於第二年三月上〈論開海禁疏〉，認爲海疆底定，今後宜加謹愼，以垂永安，故乃立海防特制。置分巡臺廈兵備道兼轄臺灣、廈門，稽查出入來往閩、臺之船隻、人口，限制閩、粵地區之人民赴臺，而尤以「粵地屢爲海盜淵叢，以積習未脫，禁其民渡臺」。又如據《臺灣省通志稿》所引《鹿洲初集》所載，藍鼎元致巡視臺灣御史吳達禮〈論治臺灣事宜書〉所謂：

廣東饒平、程鄉、大埔、平遠等縣人赴臺傭僱佃田者，謂之客子。村落每聚居十人，或數百人，謂之客莊。客莊居民朋比爲黨。睚眥小故，輒譁然起爭。或毆殺人，匿滅其屍。健訟，盜竊，白晝掠人牛，鑄鐵印重烙以亂其號。凡牛入客莊，無敢向問，問則縛牛主爲盜。易己牛，赴官實之。官莫能辨，多墮其計。此不可不知也。

則據藍鼎元所言來臺的廣東地方的人士不僅好鬪、好興訟，而且是殺人、搶劫，無所不爲的不良分子，這種說法雖不免有以偏概全之虞，或許可以再商榷，但當時政府之對粵籍人士的來臺限制較閩籍爲嚴，殆無疑慮。

當時，雖然「往臺灣的人，必由地方官給照。單身遊民無照偷渡者，嚴令禁止」，（註六）但當時臺灣情形，沃壤日闢，生產日增，糖、穀之利甲天下。閩、粵人士之希望來臺者，勢不可遏。加之，自大陸買棹東航臺灣，可供上岸的地方頗多，（註七）所以即使有意禁絕偷渡臺灣，也防不勝防。清政府雖於雍正（一七二三～一七三五）末年稍爲放寬海禁，准許在臺「有田產生業，平日安分循良之人，有情願攜眷來臺入籍，地方官申詳該管道府實查給照，使其渡海回籍。一面移明原籍地方官，查明本人眷口，塡給路引，准其搬攜入臺」，但這係專指閩屬，對於粵屬，仍在嚴禁。（註八）即使朱一貴被平定以後，當局在討論准許閩人攜眷赴臺之是否得當問題時，粵籍人士之赴臺問題，也仍無人顧及。在上述歷史環境之下，鄭大模於雍正十三年（一七三五）二十歲時買棹東航，抵臺灣北部的某一口岸，而他來臺之方式可能屬偷渡性質，似無需贅言。他之所以要到臺灣的目的，應與一般來臺者無二致。

大模來臺後，在北部找尋吉地，認爲「楊梅地區的田寮子暫可安身，營盤腳可以樂歲」（註九），乃決定在此謀求發展。因隻身來臺，無處棲身，遂至桃澗堡北勢庄，受雇張姓人家爲長工，從事開墾田畝，負耒荷耜的勞力工作。故其每日生活忙碌、艱苦，非有健全的體魄與堅忍不拔的精神，無法勝任。他的日常生活雖然忙碌而艱苦，但他具有客家人傳統的刻苦奮鬪，任勞任怨之精神，所以能夠每日披星戴月，無怨無悔的爲東家辛勤工作，二十年如一日的將人生最寶貴的青春歲月奉獻給主人。

大模除勤謹於己，也誠實、忠厚待人，故深得張氏夫妻之賞識與喜愛，在大模四十一歲時，將其年僅十六的愛女許配給他。據說當張氏夫婦主動找媒人向大模提親時，他以「深恩未報，哪敢娶其千金」爲詞，不敢接受這門親事。由於主人的態度積極，而煤人又一再相勸，終於答應這門親事。（註一〇）我們雖無從查考張氏夫妻共有幾位女兒，但大模之得主人眷顧，竟主動將自己年僅及笄之愛女許配於他，則他待人處世，做事勤奮的態度，及主人對他的賞識，當可由此推知其一二。

年逾不惑始成家，這可能爲貯存更多的工資來購買土地，以完成隻身來臺開創自己天地，或者當時漢人女子之來臺者尚不多，不易找到合適對象使然。但無論如何，當他與張家千金結爲連理後，在生活上總算安定下來，於是他來臺的第一個目標——成家，達成了。第二個目標——立業，無論如何也非完成不可。因此，大模成家經數年以後，決定要完成來臺當初的宏志——創立家業，乃向岳父母秉明擬到他處開創自己天地的構想。張翁聽後非但未予反對，反而認爲愛婿有志氣而欣喜萬分，將其位於楊梅壢的土地數百甲分給他，作爲日後創立家業之根基。（註一一）這數百甲土地的絕大部分雖都是未經開墾的原野，但只要肯付出勞力，總會有相當之收穫。於是他辭別岳父母，帶著妻子，來到楊梅壢，準備開創自己天地。

三、墾殖經緯

前文已說，楊梅壢的開發，在桃園地區屬於較晚著手的地帶，至乾隆五十年間，墾殖始興，所以鄭大模之離開岳家至此拓墾，實扮演了開荒先鋒的角色。

如據郭薰風等修《桃園縣志》，卷首，〈志略篇〉的記載，楊梅壢地區於乾隆（一七三六～一七九五）中葉時，爲防禦生蕃——原住民之隘口，當時僅有隘丁設險駐屯。至乾隆五十年，始有政府顧問劉、朱、溫三姓人家獲當局許可，組織開拓機構，名諸協和，著手開墾；並派鄭大謨（模）、黃燕禮二人爲佃首，經營墾務。然據楊梅鄭氏族譜的記載，大模在乾隆四十五年（一七八〇）二月二十一日巳時與世長辭，享年六十五歲。諡號「樸」。則《桃園縣志》所記：「乾隆五十年，始有政府顧問……」云云，在時間上必有誤，即使那些政府顧問以鄭大模、黃燕禮兩人爲佃首之事屬實，至遲也應在鄭大模逝世的乾隆四十五年二月以前。惟就如前文所說，鄭大模之所以至楊梅壢從事開墾，乃因其岳父給他數百甲土地。而鄭大模之被諸協和派爲佃首，經營墾務事，楊梅鄭家不僅從未有人提及，鄭阿雪，《楊梅鄭家史略》也隻字未提，故《桃園縣志》所言內容恐未足採信。或許鄭大模至楊梅壢從事開墾的時間與諸協和著手楊梅區開發的時期相仿，而其所擁有之土地又相當廣闊，方纔將此兩個開發事業混爲一談。

但無論如何，當時在現今楊梅地區從事開發工作的，每墾成一地，即命一新名。如：大溪漧隘口爲諸水流合成者，名水尾庄。其四面楊梅樹多，而中央形成一大壢者，名楊梅壢。開闢土地完成七成之處，名七份庄。山形似蛾眉處，名月眉山下庄。山大而秀麗之處，名大金山下庄。陂生草而滴泥多處，名草湳陂。山一半矮，一半坪處，名矮坪仔庄。從隘口土牛溝至新竹之第一川，名頭重溪。第二川，名二重溪。（註一二）地勢稍高的稱高山頂。《桃園縣志》以爲當時居住楊梅壢者約五十戶，所以是正等待開發的地區。

桃澗堡北勢庄的張氏給他愛婿的土地主要位於水尾庄、隘口寮、月眉山下庄、矮坪仔庄及高山頂、瑞原、三湖、員笨，而尤以水尾庄、隘口寮、月眉山下庄、高山頂、瑞原、三湖等處的面積最廣。鄭大模初到此地，即在月眉山下，面臨水尾，背向高山頂的隘口建造住宅，以爲棲身處，然後著手開墾田園。他們夫妻究竟從何處開始動手，雖已不可考，但據情推理，應該是由引水灌溉、交通兩方面都方便的住宅附近——隘口寮著手，然後逐漸擴及於水尾、瑞原等處。他們一面開墾，一面種植水稻，地勢高亢，缺水灌溉的地區如高山頂等，則種植茶樹，生產茶葉，故其每日生活忙碌而且艱苦。

由於鄭大模夫妻同心協力，慘澹經營，經過若干年以後，其墾殖事業已略具規模。楊梅鄭家不僅成為此一地區的大戶之一，也因為他們的胼手胝足，克勤克儉，誠信待人，敦親睦鄰的舉止贏得里閭之尊敬。（註一三）惟正當繼續謀求發展，以奠定更穩固的家業之際，大模竟因積勞成疾，與世長辭，葬於住宅附近的自家園地。迄至乾隆五十四年，改葬於楊梅大平里鹿鳴窩。一九六一年，在水尾隘口寮營建之榮陽家竣工之際，遷葬於此而奉為塔主。

鄭大模去世時，夫人張氏年始不惑，長子仁潛年甫二十，其下尚有四位十來歲的兒子。他們雖遭喪夫、喪父之痛，卻能抑住悲懷，為完成夫、父志業而繼續奮鬥。鄭大模來臺後曾在張家當長工二十年，其間容或有工資，但當時的工資是以一年幾石穀的方式來計算，而其數量亦屬有限，即使張家對他特別優遇，但可能會顧慮到其他工人而不能給太多，故其所儲蓄之金錢自屬有限。又當其成為張家女婿，離開張家自立門戶時，張家雖給他數百甲土地，但它們並非良田，乃是必須付出許多勞力方纔有收穫的未墾之地。《楊梅鄭家史略》雖記載他從岳家獲得一大筆土地，並未提及岳家給予經濟上的支援，所以即使當時張家曾經給予金錢，其數目亦可能不會太大，因為張家本身也仍從事開墾且依然需要大量資金。在這種情形之下，鄭家夫妻獨立從事開闢田畝的艱辛情況實不難想像。地是開墾了，田畝增加了，收穫當然也會增加。然他們必須將此收穫投資在開墾方面，所以始終過著粗茶淡飯、艱苦卓絕的生活。它們之所以如此，無非想多開墾幾甲良田，留給子孫，使子孫們無須再如此辛苦。（註一四）這種做法，既是中國人鍾愛子孫的情意，也是客家人所具有堅忍不拔、刻苦耐勞之精神的具體表現。

鄭家子弟在日後也與一般家庭一樣分戶獨立，但有一個共同特點，那就是大家都繼續開發祖宗留下的土地，無論遇到甚麼困難，也絕不放棄土地。例如三世承添，因土地被古姓人士侵佔，纏訟十餘年，後來雖獲勝訴，取回土地，卻積欠大筆訴訟費用，無力償還，遂不得不賣子還債，以維護父祖留下的產業。所以他們雖擁有一大片土地，卻爲開發、守護那些土地而備嘗辛苦。

鄭家土地的開發，自大模以後經過大約一百五十年的十九世紀末方纔大致完成。其所以經如此漫長的時間才完成的原因，在於欠缺開發資金，全憑自己勞力之故。當開發土地的工作大致告一段落以後，已無須將大筆金錢投入此一方面，所以日常生活便逐漸獲得改善。生活獲改善後，方纔顧及子弟們的教育問題。因此，楊梅鄭家子弟之接受較多教育，是從來臺後的四世，亦即從十九世紀末開始。

四、重大變故

鄭大模與張氏之間育有仁潛、仁坤、仁齊、仁涯、仁貴五子，個個謙恭有禮，做事認眞，頗獲父母喜愛，贏得閭里好評。（註一五）大模去世時，他們雖正值青少年，（註一六）卻能抑住悲懷，秉承母訓，繼承父親志業，勤奮工作。這與今日驕生慣養的青少年較之，何啻天壤。

未幾，為愼終追遠，母子商議，將原有住宅的正廳修建成為祠堂，以奉祀祖先。惟因其父大模來臺時既未攜帶族譜，也未曾詳言來臺以前之事，故只好將自己父親奉為來臺開基始祖而稱一世祖。並為使日後裔孫生男育女時，輩分不致重複錯雜，遂以大模之大字為始，定如下字輩之先後次序：

大仁承德，玉生石瑞。紹祖勤賢，奕世榮貴。宗良尚創，家興水美。業經謀成，永在恩惠。

自從大模雍正時三年（一七三五）來臺，至今已滿兩百六十八年，已傳至第十一世的勤字輩。這兩百多年來，楊梅鄭家子弟都能維護勤勞節儉的淳樸家風，敦親睦鄰，為地方，為社會貢獻自己力量。因此，如今楊梅鄭家不僅已成為當地望族之一，其在事業上的成就也贏得大家之敬重。

大模去世後由長子仁濳綜理家務，雖有高堂在上，但家庭內外的一切事情都由他發落。年齡剛滿十八的他，知禮識義，自負非凡，帶領正値兒童、青少年期的四位弟弟，每日披星戴月，辛勤工作。因經濟稍為好轉，而所居房子又年久失修，母子乃共同商議，擇日修築。據《楊梅鄭家史略》的記載，他們母子經過一再商議後，決定修繕方式，依傳統的習俗，並請地理師擇定佳期動工。惟因該地理師不學無術，不知自己替鄭家所擇日期有問題，而他們母子又是婦道人家與涉世未深的孩子，未將所擇日期拿去覆課，看看是否妥當，就深信不疑的根據該日動工。結果，兄弟們竟犯了神殺，五兄弟中遽失四位，僅餘長兄仁濳一人。姑且不論他們兄弟是否因犯神殺而早殤，但原本生活美滿、快樂的家庭頓失四位活潑可愛，又肯聽話的孩子，僅遺母子兩人，這種人間悲劇，在太平盛世實可謂絕無僅有。故張氏母子的悲痛，自不難想像。

仁潛同時失去四位愛弟，雖心如刀割，卻能夠從悲痛中勇敢的站起來。過去由五兄弟分擔的工作，如今則非咬緊牙根，單獨挑起來不可。這種既要勞心，又要勞力的墾殖之雙重負擔，及喪弟的悲痛，使他心身俱疲，故於嘉慶九年（一八〇四）四月十二日亥時，年僅四十五就撒手人寰（謚「勤義」）。仁潛去世後，乃母更是悲痛逾恆，丈夫與五個兒子都先他而去，人生悲哀，豈有甚於此者？張氏因仁潛辭世，悲傷過度，在三年後的嘉慶十二年（一八〇七）十一月三日卯時壽終內寢，享年六十八歲。謚「慈」。葬於祠堂右畔癸山丁向。該墓園於一九六一年擴建為「榮陽冢」，與大模同被奉為塔主。

仁潛娶葉家女子為妻，葉氏出身楊梅地區望族，其娘家距鄭家不遠，他們的結合，可謂門當戶對。葉氏秀外惠中，頗知應對進退之禮，且胸懷大志，做事不讓鬚眉，有如今日所謂「女強人」。夫妻膝下有承福、承財兩子。承福於嘉慶四年（一七九九）十一月二十二日申時，承財則於嘉慶七年（一八〇一）上旬某日未時誕生，故仁潛去世時，其兩子分別為六歲與四歲。由此推之，仁潛年近不惑始得兒子。

仁潛過世後，葉氏除侍奉年邁婆婆及撫養兩個稚齡兒子外，還得管理廣闊的田園，與處理家庭內外的一切大小事務，故其忙碌，自不待言。但她卻能把它處理得有條不紊，而牢牢守住夫家產業。就這點而言，在鄭家日後的眾多媳婦中，實無人能出其右者。

張氏個性仁慈，每痛良人兄弟五位，僅存一己，寂寞難堪，又哀諸父幼殤，無嗣繼承，而耿耿於懷，乃爲每房各立一位繼承人。而他所立之各位繼承人都是年幼的孩子，如爲第四房仁涯所立之承添，他到鄭家時，是個僅有四個月大，尚在襁褓中的嬰兒，但葉氏對這四位小姪兒無不視如己出，把他們照顧得無微不置，俾使他們長大成人以後能夠繼承諸父香火，使鄭家仍有五房子孫永恒的繁衍下去。當這四位姪子長大成人後，又將家產平均分予五房，毫無偏坦自己兒子。（註一七）葉氏之此一作爲，不但今之男婦不能行，即使古代的殷豪良富，也罕有具此心懷者。這眞是善能興宗昌後，卓卓男子終無其儔。語云：「有識婦人，勝於男子」，此斯妣之謂矣。這與重視貨財，兄弟、叔姪爲爭田土而拳腳相向者較之，實不可同日而語。故鄭家後世各房子孫不可忘此恩德。

葉氏爲其四位叔叔立嗣後，自來臺始祖至四世的譜系如下：

- 大模（張氏）（來臺始祖）
  - 二世 仁潛（葉氏）
    - 三世 承福（范姜氏）
      - 四世 德秀（范氏）
      - 德良（溫氏）
    - 承財（彭氏）
      - 德興（徐氏）
  - 二世 仁坤
    - 三世 承祖（彭氏）
      - 四世 德海
      - 德俊
      - 德應
      - 德河
      - 德曹
      - 德滿
  - 二世 仁齊
    - 三世 承宗（吳氏）
      - 四世 德耀（林氏・賴氏）
      - 德苟
      - 德進
      - 德石
      - 德愛（葉氏）
      - 德旺（李氏）
      - 德姓（林氏）
      - 德乾
  - 二世 仁涯
    - 三世 承添（鍾氏）
      - 四世 德喜（吳氏）
      - 德發（鍾氏）
      - 德蘭（廖氏）
      - 德標（過繼給新竹鄭寶樹爲男）
  - 二世 仁貴
    - 三世 承德（張氏）
      - 四世 德安（陳氏）
      - 德聰（吳氏）
      - 德會（陳氏）

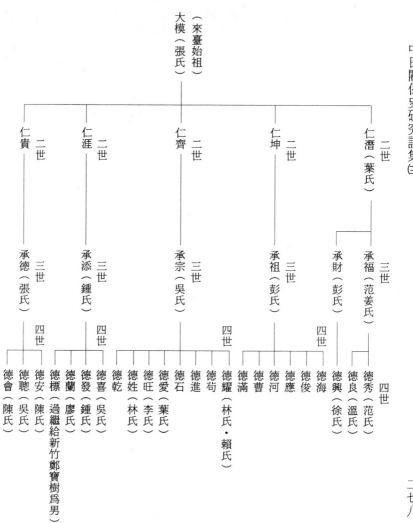

五、鄭家近況

前文已說，楊梅鄭氏自大模於雍正十三年（一七三五）來臺至民國九十二年（二〇〇三），已滿二百六十八年。其間，隨曾遭遇極大變故與無數次挫折和打擊，但都能夠勇敢的站起來，或克服一切困難，繼續奮鬪下去。大模離開岳父家時雖獲得數百甲土地，但那些土地都未經開墾，所以如要把那些荒地變成可以耕稼的地方，自非加以開墾不可。開墾既須勞力，也須資金。如有充裕資金，只要僱請大批人員來協助，便可在短時間內完成此項工作。然當時的鄭家並無資金。大模在張家工作二十年，容或有若干積蓄，但在興建住宅時幾乎已用罄，當然無錢僱工助墾。無錢僱工助墾，就得全靠自己勞力。因此，鄭家產業之由荒地變成阡陌，其過程是漫長而艱苦，不是只用胼手胝足就能夠形容。前文雖說二世祖妣葉氏將家產平均分配給五房姪子，惟三世的五房子弟所得到的大都是尙待開墾的荒地，而他們所欠缺的，都是資金，所以都非靠自己勞力不可。有時則因土地被人侵佔而不得不興訟。興訟須要訴訟費，因家無分文，只好告貸。向人借錢，非還不可。然因無力還錢，只好賣子償債，如前舉第四房承添之所以將其幼子過繼給新竹的鄭寶樹，就是因興訟時，在衙門當差的寶樹代墊費用，勝訴後無力償還，只得以時年十一的幼子抵債。承添雖可以出售土地方式來還債，卻以祖產不可易人爲理由不肯答應。據說承添窮得往往三餐不繼，卻堅守祖產，爲開發祖產而盡力。詩云：

1.祖先恩德大如天，歷盡風霜守業堅。戴月開荒心不厭，披星創造志無遷。朝餐野菜和根煮，晚飲薯湯並麥煎。留得平疇遺後裔，擔薪換米過窮年。

2.艱難守業漫咨嗟，貧不賣田志可誇。節義坊邊生竹筍，清廉雪裡吐梅花。爛衫補有千條線，破襖摺無半寸紗。訓誨兒孫勞倍甚，克勤克儉始成家。

3.平生大志石同堅，振立綱常啓後賢。不畏風霜寒徹骨，無愁雨雪冷隨肩。柴門兩扇蘿藤補，茅屋一椽雞犬旋。貧到家公無米煮，饑餐渴飲開成田。

4.寬懷態度自和融，到處人人拜下風。兒得親言成大器，孫承祖訓定昌隆。勤能補拙家聲大，儉可養身姓字洪。鬻子留田遺後裔，一生堅忍問誰同？（註一八）

此詩雖是描述三世承添之生平者，據說楊梅鄭氏三世以前的生活情形大致如此。

三世以前的情形既如此，鄭氏子弟之能有機會接受較好教育，係從四世開始。雖然這樣，他們所受者也僅是啓蒙性質，能用於日常生活之記帳或用於讀、寫簡單的尺牘，能記名姓而已。所以他們之有較好的國學基礎者，在五世以後，如玉滿、玉雪、捷生等，他們在儒學上的造詣，在楊梅壢有其一定地位而爲地方人士所敬重。而他們之所以有此成就，乃由於家庭經濟已較往日寬裕之故。此時距大模之來臺已逾近兩百年。此後，隨著家庭經濟之好轉，接受較好教育者也日益增加，在學術上佔有一席之地者亦不乏人。他們分別在文史、理工、農經、醫學、建築等領域活躍著，對國家、社會各有其相當之貢獻。惟值得注意的是：楊梅的鄭家子弟似乎都對政治不感興趣，除六世榜生曾擔任過數年鎮長外，對各級民意地方代表，或中央級各民意代表都無人問津，此或由於家風較爲保守使然。

鄭家雖曾有過廣大的田園，然隨著經濟的好轉，接受高等教育的人日多，專事農耕的便相對減少，所以就把自己力所不逮的田畝出租，只留一部分自己耕種。結果，臺灣光復後，因實施三七五減租與耕者有其田政策，那些出租的田地就被佃農放領，換回不值幾文錢的公營公司的股票。但那些股票也在通貨膨脹的衝擊下如同廢紙。在這種情形下，歷盡千辛萬苦經營、保護了兩百多年的產業，在轉瞬間就落入他人之手。鄭家雖因經過此一劇變而喪失大部分的產業，但多能夠堅強的站起來，另求謀生之道。

目前，楊梅鄭家共有三百餘戶，男丁一千三百餘。他們除在上述各學術領域活躍外，在工商界奮鬥者亦復不少，其中也有數人在閩粵地區設立工廠，從事生產事業。所以這個家族雖未曾出現達官貴人或富商巨賈，但他們都接受良好教育，也都能秉承父祖的遺訓，刻苦耐勞，腳踏實地的去奮鬥，這當是可以告慰祖先在天之靈者。

由於鄭家祠堂已經兩百年，墻壁斑剝，樑柱已有腐朽之虞。復因戶、口不斷增加，每年清明節舉行祭祖大典時頗感場地窄狹。因此一再召開宗族大會，幾經討論後，決定在原址重建，屋宇與庭院都較原有者大三倍，而從一九九五年初秋開始鳩工構築，目前已竣工。當決定重建時，同時也決定撰寫歌詞以激發所有鄭家成員的凝聚力。歌詞曰：

惟我先祖，肇自滎陽，春秋隆盛，武公湫芳。
九經三禮，康成文章。子孫繁衍，陸豐發祥。
乘風破浪，遠渡大洋。大模始祖，駿業始張。
炎黃世冑，綿延無疆。千秋俎豆，萬古流芳。
勉我後生兮，惟賢惟良；願我鄭氏兮，百世其昌。（註一九）

這首歌，也可以說是楊梅鄭氏的一部簡史，透過它，讓所有的楊梅鄭家子弟都能夠緬懷祖先創業之艱辛與守成之不易。大家都要效法歷代祖先的奮鬬事蹟與德業，使之永遠流傳。同時也勉勵鄭氏的子孫，都要進學修德，賢良處世，希望鄭氏「道東堂」一系子孫，世世代代隆盛發達。

六、結　語

衆所周知，鄭氏祖先在周爲周的宗室，最早居住在河南滎陽縣，歷代設郡、城、縣，現在河南鄭州仍然是以鄭爲地名，是河南的大都市，也是省會。因此，鄭氏大都以「滎陽」做其堂號。楊梅鄭氏則在祖先牌位上雖仍書寫「滎陽」兩字，表示自己肇自滎陽，但堂號則根據鄭康成講學山東，儒學復盛。時人稱：「吾道東來」的故寔，將堂號定爲「道東」。同時也因祖先曾經居住過廣東惠州府陸豐縣，所以在墓園的碑石上刻著「陸邑」兩字，以示不忘本。

楊梅鄭家有祭祀公業，組織財團法人，並由每房公推兩名管理公產及有關祠堂的一切事宜，經費則除公田收益外，由族人認捐。每年清明節舉行祭祖大典時均以古禮進行，所以不僅要讀祭文，也在禮生的唱導下上香、敬酒及行跪拜禮。

楊梅的鄭家子弟除專心於各自的事業外，也未忘記敦親睦鄰與回饋地方。就回餽地方而言，不但時常為地方公益而出錢出力，也曾捐出位於水美隘口寮面積約三十甲的丘陵地作為公用墓地，解決楊梅地區民衆死後的安葬處所。由一個家族捐出面積如此廣闊的土地作為公益事業，這在地狹人稠的臺灣而言，實屬罕見。自己雖然備嘗辛苦，卻能夠將自己以血汗換來的果實讓大家分享，這也許是一向過慣儉樸生活，遵從歷代「凡事要為別人著想」的遺訓使然。

註釋：

註一：當時大陸人士之與臺灣原住民從事貿易者有林鳳等人，惟他們被視為倭寇而受政府查緝。

註二：郭薰風主修，石璋如等纂，《桃園縣志》（臺北，成文出版社，民國五十一～五十八年）卷首，〈志略篇〉，第三章　拓殖，第一節　開拓。

註三：同前註。

註四：同前註。

註五：同前註。

註六：黃純青、林熊祥等修，《臺灣通志稿》（臺北，成文出版社，民國三十九～五十四年），頁七一。

註　七：同前註。
註　八：參看註六所舉書，頁七四。
註　九：鄭阿雪，《楊梅鄭家史略》稿（未出版）。
註一〇：同前註。
註一一：同前註。
註一二：註二所舉《桃園縣志》，卷首，〈志略篇〉，頁三九。
註一三：鄭阿雪，《楊梅鄭家史略》稿。
註一四：同前註。
註一五：同前註。
註一六：大模去世時，長子仁潛年滿十八，其他兄弟則仍爲兒童、青少年。
註一七：鄭阿雪，〈三世祖誕生壹百參拾肆歲紀念〉文（民國五十年）。
註一八：鄭阿雪，〈讚三世祖承添公詩〉七律六首中之四首。
註一九：此〈歌〉由楊梅鄭氏六世孫樑生所撰擬，每一句歌詞都附有解釋文字，俾使每一族人都能夠充分瞭解詞意。

楊梅道東堂鄭家史略

一姓之有家譜，猶一國之有史記；或用以敦厚人倫，資治之通鑑；或溯本而追其源，遺訓子孫。史籍須貫穿百家之說，總彙殊方之誌，馳騁古今，錯綜檃括，始成一代之紀；家譜則列敘祖上德業，行事屐痕，血脈親疎，使萬派得以歸宗，克紹先人遺緒，遺厥孫謀，乃爲一姓之宗譜。雖小大有殊，所用亦異，然冀以傳諸後世，永垂寶用，其旨則同也。

鄭姓始載，源本鎬京，周室內畿，宣王二十二年（八〇六B.C.）封其庶弟鄭桓公友於今陝西省華縣西北，其後平王東遷，乃徙於濟西洛東河南潁北四水之間，號爲新鄭，領有開封祥符、滎陽滎澤之地，位處中州要衝，是以孔子春秋首論鄭伯，終春秋之世，是爲鄭國。其後世澤綿長，賢良輩出，漢有康成，訓詁群經，號爲鄭箋；北魏鄭義，摩崖刻石，北碑所揚；唐朝鄭虔，柿葉丹青，藝文三絕；宋有鄭樵，考據倫類，厥爲通志；宋末思肖，忠直剛介，鐵函心史；明有延平，創格完人，開臺聖王；清有板橋，憫恤百姓，書畫奇絕；南遷陸豐，長發其祥，楊梅鄭家，祖德流芳。

臺灣楊梅鄭家者，初祖諱大模，字宗創，原籍廣東省惠州府陸豐縣大安墟方郭都鄭家寨，生於清康熙五十五年（一七一六）七月二十五日亥時。系屬二房。幼失怙恃，家境非良，艱苦卓絕，意氣昂揚。雍正十三年（一七三五），年方弱冠，買棹東航，兄弟英特，志在四方；告別鄉關，寓旅臺疆。北臺登岸，審視吉地，田寮子暫安身，營盤腳可樂歲，徐圖發展。棲身桃澗，北勢莊堡，委身長工，因耒耜以開荒，負重擔而身強。刻苦奮鬪，披星戴月。終以誠懇忠厚，謹飭立身，年屆不惑，得主人張氏之青睞，許千金爲賢配，誠乘龍之嘉婿，躊躇北臺以開疆。夫婦同心，創業鄉邦，楊梅奠基，譽滿桃莊。因地爲陂，灌溉旱荒；平地爲田，坡地茶香，胼手胝足，閭里稱揚。迨至貳世仁潛公，幼秉母訓，善繼父志，知禮明義，英俊果毅，自負非凡，懷如日月。內助葉母，下撫稚兒，上事高堂，丁火所嗣，同規五房，無偏無私，百世其昌。不讓鬚眉，懿德流芳，古之賢媛，莫之能方，萬世子孫，毋負毋忘。

祖德如天，經霜彌堅；戴月開荒，矢志不遷；野菜根香，薯湯麥煎；平疇無限，豈忍遽捐。創業不易，守成維艱，訓誨兒孫，人生沛顚，克勤克儉，誓勿賣田；志如金石，爲士爲賢；知識爲寶，智慧淵泉；處世寬綽，令名可鐫，克紹箕裘，福澤綿延；開枝散葉，百業周旋；文史理工，醫農俱全；勗勉子孫，無黨無偏；勤業守分，遺澤萬年。爰爲歌詞，萬世傳揚：

天啓發皇，遠水滎陽，春秋隆盛，武公泱泱。九經三禮，康成文章，子孫繁衍，陸豐昂揚。
乘風破浪，越渡重洋，大模祖宗，創業興邦。華夏世胄，綿延無疆，千秋柤桓，萬古流芳。
勉我後生兮，世代賢良；唯我鄭氏兮，道東隆昌。

二〇〇三年歲次癸未初春吉日